BIBLIOTHÈQUE SOCIOLOGIQUE INTERNATIONALE
Publiée sous la direction de M. RENÉ WORMS
Secrétaire-Général de l'Institut International de Sociologie

XII

SOCIOLOGIE ET POLITIQUE

PAR

LOUIS GUMPLOWICZ

Professeur de sciences politiques à l'Université de Graz
Membre de l'Institut International de Sociologie

Avec préface de RENÉ WORMS

PARIS

V. GIARD & E. BRIÈRE
LIBRAIRES-ÉDITEURS
16, rue Soufflot, 16

1898

SOCIOLOGIE ET POLITIQUE

OUVRAGES DU MÊME AUTEUR

Das Recht der Nationalitäten und Sprachen in Oesterreich-Ungarn. Innsbruck, Wagner, 1879.

Rechtsstaat und Socialismus. Innsbruck, Wagner, 1881.

Verwaltungslehre mit besonderer Berücksichtigung des österreichischen Verwaltungsrechts. Innsbruck, Wagner, 1882.

Der Rassenkampf ; Sociologische Untersuchungen. Innsbruck, Wagner, 1882.

Le même en français : **La lutte des races; Recherches sociologiques.** Traduction de Charles Baye, Paris, 1893.

Le même en espagnol : **La Lucha de Razas.** Madrid, 1894.

Grundriss der Sociologie. Wien, 1885.

Le même en français : **Précis de Sociologie.** Traduction par Charles Baye. Paris, 1896.

Das österreichische Staatsrecht. Wien, 1891.

Die sociologische Staatsidee. Graz, 1892.

Oesterreichische Reichsgeschichte. Berlin, 1896 (contenant l'histoire constitutionnelle de l'Autriche depuis le moyen-âge jusqu'au ministère Badeni).

Allgemeines Staatsrecht. Innsbruck, 1897 (Cette œuvre est une seconde édition augmentée et remaniée du **Philosophisches Staatsrecht,** publié en 1876 et traduit en espagnol sous ce titre : **Derecho politico filosofico** por Luis Gumplowicz. Traduccion, Prologo y Notas por Pedro Dorado Montero, Profesor en la Universidad de Salamanca. Madrid, 1893.

BIBLIOTHÈQUE SOCIOLOGIQUE INTERNATIONALE
Publiée sous la direction de M. RENÉ WORMS
Secrétaire-Général de l'Institut International de Sociologie
XII

SOCIOLOGIE ET POLITIQUE

PAR

LOUIS GUMPLOWICZ

Professeur de sciences politiques à l'Université de Graz
Membre de l'Institut International de Sociologie

Avec préface de RENÉ WORMS

PARIS

V. GIARD & E. BRIÈRE

LIBRAIRES-ÉDITEURS

16, rue Soufflot, 16

1898

SOCIOLOGIE ET POLITIQUE

PRÉFACE

I

Le titre de l'ouvrage du professeur Gumplowicz, que publie la *Bibliothèque Sociologique Internationale*, réunit les deux mots : « sociologie » et « politique ». La première question que se posera le lecteur, sera donc sans doute celle du rapport de ces deux termes, des deux sciences ou des deux arts qu'ils désignent. Nous voudrions, sur cette difficulté préliminaire, lui donner immédiatement une réponse.

Suivant quelques esprits, politique et sociologie seraient synonymes. La politique est l'art de conduire les groupes sociaux. Mais la sociologie n'est-elle pas l'étude de la question sociale, de la lutte des divers éléments sociaux et des diverses classes, et cette question n'est-elle pas aujourd'hui le principal souci des hommes politiques dans les plus grands pays de l'Europe et du Nouveau-Monde? A ce compte, tout homme politique, ayant forcément certaines théories sociales, serait un sociologue.

Et tout sociologue serait aussi, au moins virtuellement, un politique, sinon un politicien.

Nous ne saurions, pour notre part, souscrire à cette conception. Elle nous paraît, en effet, fausser le caractère de la sociologie. La sociologie ne se confond nullement avec l'étude de la question sociale actuelle. A certains égards elle comprend plus, et à certains égards elle comprend moins que cette étude.

Elle comprend plus. Car elle ne limite pas ses vues au temps présent ni à un pays déterminé, elle étend ses recherches sur toutes les époques et sur toutes les sociétés. En outre, elle ne se borne pas à envisager le seul problème de la lutte des classes, en particulier de la classe patronale et de la classe ouvrière, auquel se réduit dans le langage courant la question sociale. Elle étudie la totalité des éléments du corps social, envisageant chacun en lui-même et le décrivant avec la complexité de sa structure et de ses fonctions, avant de l'opposer aux autres éléments, avant de le dresser dans l'attitude du combat. Elle connaît la paix aussi bien que la guerre, et ne saurait s'intéresser moins à la première qu'à la seconde. De ce chef, elle embrasse donc beaucoup plus que le champ de la question sociale contemporaine.

D'autre part, elle ne revendique pas pour elle

ce champ tout entier. Elle examine les données de la question sociale, car elle décrit les groupes au sein desquels naît cette question. Mais elle n'élève pas la prétention d'apporter elle-même un terme à ce débat. En indiquant la position du problème, elle laisse à d'autres le soin d'en rechercher la solution. Elle fait l'analyse d'une situation compliquée, mais il ne lui appartient pas de donner à cette situation un dénouement heureux. Car l'amélioration de la vie sociale ne peut se faire que par l'action, et la sociologie n'est pas action, mais « contemplation », au sens où les Grecs prenaient ce mot, c'est-à-dire enquête et investigation toute mentale. La sociologie, à cet égard encore, ne saurait donc être confondue avec la politique, qui est, par essence, militante, et dont le but n'est pas d'édifier des théories, mais d'agir d'une façon pratique.

II

En face de la conception que nous venons de repousser, s'en place une autre diamétralement opposée.

Dans celle-ci, la sociologie et la politique, loin de se confondre, n'auraient plus, à vrai dire, aucun lien l'une avec l'autre.

La sociologie, disent les défenseurs de cette thèse, est une science. La politique n'est rien de semblable. Ce n'est pas une science, ce n'est même pas une étude. C'est une activité d'ordre tout matériel ; c'est un effort pour conduire les hommes dans une certaine voie, au plus grand bénéfice de leur meneur. Faire de la politique, c'est gouverner, administrer, agiter : ce n'est, à aucun degré, méditer. La pensée, d'un côté ; l'action, de l'autre : nul point de contact entre ces deux choses.

Ne le voit-on pas, en effet ? L'homme qui agit n'a pas le temps de longuement étudier, de s'enquérir scrupuleusement de tous les précédents historiques et de toutes les connexions lointaines. Il a un point limité à trancher, et son principal mérite sera de le trancher avec décision et avec promptitude. Les difficultés auxquelles il s'attache changent incessamment, comme changent les circonstances mêmes de la vie : comment donc saurait-il, dans cette mobilité perpétuelle, s'attacher à des recherches scientifiques qui exigent du loisir, de la continuité, de la patience ?

Inversement, comment l'homme de science voudrait-il descendre dans l'arène politique ? Il lui faudrait, pour cela, se plier à des façons d'agir auxquelles il n'est pas accoutumé et auxquelles répugnent son tempérament et son éducation. Les méthodes de critique rigoureuse dont use la science ne sont guère praticables en politique. La précision n'y est pas de mise; l'expérimentation lente et prudente ne s'y applique pas; les scrupules infinis y sont de trop. L'homme d'étude trouve les milieux politiques trop grossiers pour lui, trop peu intellectuels, et même d'ordinaire trop peu moraux. Il hésite donc à s'y engager, il préfère se tenir à l'écart de leurs bruyantes agitations et poursuivre dans la solitude son enquête patiente et désintéressée.

Cette opposition, qu'on signale entre la sociologie scientifique et la politique, est par malheur, très souvent exacte en fait. Nous nous garderions bien de le méconnaître. Mais nous estimons que, en principe, l'opposition n'est pas aussi irréductible qu'on le soutient parfois, et que, dans la règle ordinaire tout au moins, la science et l'action, tout en restant distinctes, se peuvent et se doivent entre-aider.

D'abord, en effet, l'homme de science se doit à lui-même de ne pas se désintéresser de la vie publique. Car si la science renonce à guider la politique, qui donc la guidera, si ce n'est l'ignorance? Et doit-on admettre que le trésor d'expérience accumulé par la sociologie, par l'étude de la vie sociale dans tous les temps et dans tous les pays, soit perdu pour la conduite des nations ? Quel sociologue pourrait être assez mauvais citoyen pour se refuser à mettre au service de sa patrie ce qu'il a acquis de connaissance positive et d'esprit méthodique ? La sociologie doit donc devenir le flambeau de la politique.

D'un autre côté, la politique aussi peut rendre à la sociologie certains services. Le sociologue ne sera jamais qu'un savant incomplet, s'il se borne à étudier dans les livres seuls. Il lui faut, pour bien faire, prendre le contact de la réalité vivante. On ne saurait, pour être un sociologue, s'en tenir à la recherche de ce que l'histoire nous apprend sur les peuples disparus, ou l'ethnographie sur les peuples lointains. Pourquoi ne pas voir tout d'abord ce qui se passe dans notre propre pays ? Et comment le faire, sans s'intéresser à la façon dont il est dirigé, dont se comportent chez lui le parlement, le gouvernement, la diplomatie, l'armée, l'administration, les corps judiciaires ? sans se mêler, en un mot, au mouvement général de sa vie politique ? Le sociologue a là des renseignements innombrables à recueillir, d'autant plus précieux que, se rapportant au lieu et au temps où il vit lui-même, ils sont plus aisément contrôlables et criticables par lui, plus susceptibles par conséquent d'entrer comme matériaux vérifiés et solides dans une construction scientifique.

Mais comment amener cet accord des études sociologiques et de l'action politique ? Comment, tout en respectant leur distinction, établir leur harmonie ? C'est ce que nous voudrions maintenant indiquer, en tentant d'établir, entre la conception qui les identifie et celle qui les oppose, une vue intermédiaire, plus compréhensive et plus exacte.

III

Pour pouvoir résoudre ce problème, il faut d'abord, ce nous semble, distinguer deux sens que reçoit le terme « politique ». Ces deux acceptions sont également légitimes, mais elles gagnent à être précisées séparément.

En une première signification, la politique est purement et simplement l'action, la pratique. L'homme politique, à ce point de vue, c'est celui qui gère les intérêts publics ou qui aspire à les gérer, qui agit au nom de l'Etat ou (qu'on nous pardonne ce demi jeu de mot) qui agite les masses populaires. C'est en ce sens qu'on emploie couramment l'expression « faire de la politique », et c'est la politique ainsi entendue qui fait partie de la vie courante de toutes les nations et y joue souvent un si grand rôle.

Mais il est une autre façon encore de prendre le même vocable. Cette pratique dont nous venons de parler, on en peut faire la théorie. On peut essayer de plier à des règles générales l'empirisme administratif, de poser des principes directeurs à l'action des pouvoirs publics, de découvrir un but supérieur, un idéal à poursuivre dans le gouvernement des hommes. Ceux qui se livrent à cette tâche sont généralement des écrivains, des publicistes. Eux aussi font de la politique, non plus de la politique agissante, mais de la politique spéculative, non plus de la pratique politique, mais de l'art politique. Et cet art politique peut s'élever à une très grande hauteur, témoins Montesquieu et de Tocqueville, pour ne citer que deux de ses représentants en notre pays.

Maintenant, entre l'art politique et la pratique politique, il peut, il devrait même y avoir des relations incessantes. L'homme politique, celui qui pratique, devrait aller chercher ses inspirations chez l'écrivain politique, celui qui spécule et édifie la doctrine. Il le fait quelquefois, et, pourvu que la doctrine n'ait rien de trop rigide, ou qu'il sache la plier aux exigences de la situation, cet emprunt n'a rien que d'excellent. La Constituante n'eut-elle pas raison de s'inspirer de Montesquieu? Il est vrai que Rousseau est responsable de plus d'une décision de la Convention. De nos jours, dans les grands pays, les hommes politiques sont souvent fort instruits et fort éclairés. La plupart ont fait des études supérieures, quelques-uns sont eux-mêmes des écrivains de grand mérite. Tous sont du moins au courant des vues théoriques fondamentales émises par les principaux publicistes de l'époque. L'action emprunte donc de plus en plus à la doctrine, la pratique politique se guide sans cesse davantage sur l'art politique, et on ne peut que s'en féliciter.

On le voit donc, les deux formes de la politique sont bien distinctes, mais elles sont loin d'être inconciliables. Il était nécessaire de montrer leur diversité, mais en même temps d'établir la possibilité, la réalité même de leur lien, pour qu'on fût bien fixé sur le sens complet — ou sur les sens — du mot « politique ».

Mais nous n'avons fait ainsi que la moitié de la route. La politique, même théorique, même conçue comme art et non comme pratique, n'est pas encore la sociologie. Seulement, cet art politique est l'intermédiaire entre la sociologie et la pratique politique. Nous allons le montrer. Et pour cela, nous définirons la sociologie elle-même,

nous dirons comment l'art politique s'en distingue
et comment il peut pourtant s'appuyer sur elle.

IV

La sociologie scientifique ne saurait, d'abord,
être confondue avec l'art politique. Car entre une
science et un art, il existe une radicale différence
de nature. La science cherche à apprendre ce qui
est ; l'art vise à indiquer ce qui devrait être. La
première a pour domaine le passé et le présent ;
le second se tourne vers l'avenir. L'une s'attache
au réel ; l'autre se réserve l'idéal. La science procède par observation ; l'art, par construction.
Celui-ci édifie des théories subjectives fondées sur
les aspirations de leur auteur ; celle-là constate
des faits objectifs, et ne fait que dégager la marche
de l'évolution générale. Elle aboutit à des lois,
qui résument les phénomènes existants ; l'art, lui,
pose des préceptes, qui doivent diriger l'action et
engendrer, s'ils sont suivis, des phénomènes nouveaux. Leurs sphères d'action sont donc fort
différentes, et aucun des deux ne peut prétendre
absorber l'autre. L'art ne rend pas inutile la
science : car l'homme ne vit pas que d'idéal. La
science ne détruit pas la nécessité de l'art : car

l'avenir n'est pas fatalement déterminé par le passé et le présent ; l'homme a une personnalité propre, il peut et doit se tracer à lui-même une règle de conduite et ses déterminations personnelles influeront grandement sur la marche des événements. Son idéal ne peut pas être uniquement de suivre les traces de ses devanciers ou de copier ses contemporains : il lui appartient d'apporter dans le monde quelque principe original de direction et de conduite.

Cette distinction nécessaire de la science et de l'art n'implique, toutefois, nullement leur antagonisme. Pour poser un idéal raisonnable, il faut que le théoricien s'enquière des conditions de la réalité. Car cet idéal, il doit vouloir que tous ses semblables, ou au moins tous ses concitoyens, l'acceptent. Or ils ne le feront que si l'idéal proposé répond à leurs propres besoins, à leurs aspirations personnelles. Le théoricien, l' « artiste » politique ne pourra connaître ces besoins et ces aspirations qu'en étudiant le monde dans lequel il vit, c'est-à-dire en faisant de la science. Son idéal, subjectif dans sa formation originaire, prendra ainsi toute sa valeur en devenant objectif, ce qui lui permettra de s'universaliser. — En outre, une fois qu'il a posé l'idéal, il reste au théoricien à indiquer les moyens de le réaliser. Or ces moyens ne peuvent se trouver que dans la mise en action de certaines forces qui existaient déjà, au moins en puissance, dans le milieu social. Il faut que le théoricien soit très bien renseigné sur ces forces pour pouvoir fixer avec précision quelles sont celles qu'il convient de faire mouvoir et comment il convient de les faire entrer en jeu, afin d'amener le triomphe de ses combinaisons. Or, ces renseignements, c'est de la science seule qu'il peut les tirer. — On voit donc que la science sert doublement à l'art : pour aider à formuler l'idéal, pour aider à le réaliser.

Et maintenant on peut comprendre, ce nous semble, comment se résout la difficulté posée dans l'un des précédents paragraphes de cette étude. Elle tenait à l'opposition de la vie active et de la vie contemplative. Mais nous venons de voir que la « contemplation » qui constitue la sociologie, c'est l'examen du réel, lequel n'est complètement possible que si le savant se plonge, au moins à quelques moments, dans l'agitation de la vie concrète. Et nous avons remarqué, réciproquement, que l'action, que la pratique n'est sage et fructueuse qu'à condition d'être inspirée par un idéal, d'être dominée par une théorie généralisatrice : or cet idéal, à son tour, nous l'avons prouvé, n'est bien conçu et n'est réalisable que si celui qui l'a posé s'est au préalable inspiré des données les plus sûrement acquises à la science. — Une double conclusion ressort, croyons-nous, avec évidence de tout cela. D'un côté, la science se forme à l'école de l'expérience pratique. De l'autre, la pratique s'inspire, par l'intermédiaire de l'art, des faits réunis par la science et des lois qu'elle a posées. L'art politique forme, à ce dernier égard, la transition nécessaire entre les recherches du savant et les actes du praticien : ses théories s'alimentent des découvertes de l'un et servent à diriger la conduite de l'autre (1).

V

Il nous faut insister encore et préciser davantage, si faire se peut, les rapports de l'art politique et de la science sociologique.

Le problème que nous voudrions résoudre actuellement est celui-ci : La correspondance de cet art et de cette science est-elle parfaite? C'est-à-dire, s'appliquent-ils à une même matière, sauf à la traiter, l'un du point de vue de l'idéal, l'autre du

---

1. Comparez, sur tous ces points, notre livre : *La science et l'art en économie politique* (Paris, Giard et Brière, 1897, un volume in-12).

point de vue de la réalité? Ou bien, au contraire, existe-t-il quelque différence intrinsèque entre l'ordre des phénomènes auquel s'adapte l'art politique, ou plutôt qu'il cherche à adapter, et l'ordre des phénomènes qu'étudie la sociologie ?

Cette différence n'existerait pour ainsi dire point, et il y aurait correspondance parfaite de l'art politique et de la science sociologique, si l'on admettait pleinement la doctrine que défend dans le présent livre M. le professeur Louis Gumplowicz. Qu'est-ce, en effet, pour lui que la sociologie? « Elle se divise d'une façon naturelle, nous dit-il (1), en deux parties que l'on peut .... appeler avec Comte : statique et dynamique.... La partie statique de la sociologie a pour devoir d'examiner les fondements du groupe social, les rapports des cercles donnés à leurs membres, la cohésion plus ou moins grande de ces cercles.... La partie dynamique s'occupe des lois des mouvements des groupes sociaux, de leurs tendances conformes aux lois naturelles et des influences réciproques qui en résultent et dont se compose l'évolution sociale. »

La matière sur laquelle portent les investiga-

1. *Sociologie et Politique*. Livre second, l'histoire en tant que processus naturel. § 23, la matière et la division de la sociologie, pages 141-2.

tions de la sociologie, c'est donc le groupe social, sa composition et son fonctionnement naturels. Dans la personnalité du groupe s'absorbe complètement celle de l'individu, au moins quand on regarde les choses du point de vue sociologique. L'être auquel s'attache le sociologue, c'est la nation, l'État, la collectivité, en tant qu'unité indissoluble, tandis qu'il peut appartenir au moraliste, au jurisconsulte, à l'économiste, de s'occuper des devoirs, des droits, des intérêts de l'être humain isolé de ses semblables.

S'il en est ainsi, la sociologie ne se distingue guère, à ce qu'il nous semble, de la science politique. Celle-ci, tout en différant de l'art politique, lui est unie par le lien le plus naturel. L'art politique est une théorie sur la manière la plus convenable de guider les groupes nationaux dans leurs actes et leurs transformations. La science politique est une étude sur la façon dont ces groupes nationaux se comportent et évoluent spontanément. Mais ce dernier rôle est justement celui que M. Gumplowicz assigne à la sociologie. Il en faut conclure que, pour lui, les expressions « sociologie » et « science politique » sont synonymes. D'où l'on inférera immédiatement que la sociologie ne diffère de la politique que comme la science diffère de l'art; ou, en d'autres termes, que la première tient, dans l'ordre des sciences, exactement la même place que le second occupe dans l'ordre des arts ; qu'en définitive cette science et cet art se correspondent l'un à l'autre avec la plus parfaite exactitude.

VI

Seulement, cette vue de M. Gumplowicz est-elle complètement exacte ? Nous ne saurions, pour notre part, l'accepter sans réserves. Et nous croyons être tenu de consigner ici les réflexions qu'elle nous suggère.

En premier lieu, l'identité de la sociologie et de la science politique ne nous paraît pas établie. Il ne nous semble pas que les deux épithètes de « social » et de « politique » doivent être confondues. Les habitudes du langage reçu protestent là contre. On sent bien qu'il y a une différence entre le domaine social et le domaine politique. L'idée qui, à cet égard, vient tout de suite à l'esprit, c'est que le domaine social est plus vaste et jusqu'à présent peut-être moins bien délimité que le domaine politique. Nous essaierons, tout à l'heure, de préciser leurs frontières respectives. Mais une autre observation doit être faite au préalable.

La conception précitée nous semble, en effet, pécher encore sur un second point. Elle fait trop bon marché de l'individu, elle admet trop aisément que la société puisse être étudiée à part des individus qui la composent. Pour notre compte, nous admettons bien volontiers et même nous proclamons que l'individu ne saurait être complètement connu que si on l'envisage dans ses connexions multiples avec ses semblables, avec ses concitoyens, qu'il ne doit pas être abstrait du groupe dont il est une partie intégrante. Mais la réciproque nous paraît d'une évidence plus palpable encore : si les éléments sont inexplicables hors du tout, le tout est inconcevable sans les éléments. Comment comprendre la constitution et le fonctionnement du groupe social, comment même se faire une idée quelconque de ce groupe, si l'on ne connaît la nature et le genre d'activité des individus qui le composent ? Aussi ne pouvons-nous personnellement admettre que la sociologie entende borner ses recherches à l'ensemble complexe des sociétés, en laissant de côté la vie et la mentalité des êtres humains, relativement simples, qui les composent. Pour nous, la sociologie peut bien être définie : « l'étude scientifique des sociétés »; mais elle peut être définie également, et à tout aussi bon droit : « l'étude scientifique des êtres vivant en société ». Plus exactement même, ces deux définitions doivent, suivant nous, être adoptées conjointement et ne se voir jamais séparées l'une de l'autre. La première s'attache à l'existence collective des groupes sociaux ; la seconde, à l'existence individuelle de leurs membres ; mais ces deux existences sont indissolublement unies, ou plutôt elles ne font qu'un : car l'homme ne subsiste que par la société, et la société n'existe que par les hommes. Nos deux définitions expriment les deux faces opposées d'une même réalité ; elles en sont, pour ainsi dire, l'endroit et l'envers ; cela prouve que chacune d'elles serait fausse si on l'isolait de l'autre, et qu'elles ne sont exactes qu'associées, complétées, limitées, corrigées l'une par l'autre.

VII

Quel est donc, d'après cela, le domaine de la sociologie ?

Elle peut être définie, croyons-nous, « la science sociale générale ». Ce n'est pas à dire qu'il appartienne au sociologue d'étudier lui-même tous les éléments de la société par le détail. Ce champ-là est immense, et de nombreuses sciences sociales particulières se le partagent. Mais ce qui est la tâche propre de la sociologie, c'est de réunir les résultats acquis par ces sciences spéciales, et de les combiner en des conclusions plus synthétiques, plus générales et plus hautes. La sociologie prendra de la sorte, vis-à-vis des diverses sciences sociales, la place que la biologie occupe dès aujourd'hui par rapport aux sciences naturelles particulières.

Quelles sont donc ces diverses sciences sociales, qui viennent apporter chacune leur tribut à la sociologie générale ?

Pour les reconnaître, il suffit d'énumérer les différents ordres de faits sociaux, en tenant compte des points de vue variés auxquels on peut se placer dans leur examen. M. Gumplowicz distingue, avec Auguste Comte, le point de vue statique et le point de vue dynamique. Ce sont là des distinctions empruntées aux sciences du monde inorganique. Il vaudrait mieux peut-être, si les études sociales doivent emprunter leur terminologie à d'autres études, qu'elles s'adressassent à celles qui leur touchent de plus près ; et, puisque le monde organisé est à coup sûr plus proche du monde social que le monde inorganique, qu'elles fissent ces emprunts de préférence aux sciences naturelles. Nous serons donc plutôt conduit à dire, avec Herbert Spencer, qu'on peut envisager la société, comme on fait pour un être vivant, soit du point de vue anatomique, soit du point de vue physiologique. Le mot « anatomique » correspond d'ailleurs au terme « statique » et le mot « physiologique » au terme « dynamique », mais ils y ajoutent quelque chose de plus précis et de plus adéquat à la matière sociale. — En déclarant qu'il faut étudier la société anatomiquement, puis physiologiquement, qu'entendons-nous dire? Qu'il faut envisager en elle, d'abord les éléments dont elle est composée, puis la vie de ces éléments; en d'autres termes, d'abord sa structure, puis son fonctionnement. Reste à expliquer en quoi consistent, et cette structure, et ce fonctionnement.

Parlons brièvement de la structure. La société humaine se compose de deux éléments principaux : un milieu et une population. Le milieu comprend : le sol ou territoire, l'air et l'eau, le sous-sol et ses richesses minérales, les espèces végétales ou animales qui vivent sur le territoire donné. Il faut, dans son examen, tenir compte aussi des conditions météorologiques et climatériques du pays considéré. L'ensemble de ces études sur le milieu, toutes rapportées, bien entendu, à une fin sociologique, constitue ce qu'on peut nommer la géographie sociale. — La population, de son côté, présente à étudier, entre autres, les difficiles problèmes suivants : chiffre de la population ; natalité, nuptialité, morbidité, mortalité, émigration ; division de la population entre les sexes et les âges, entre les régions, les professions, les classes, les associations de tout genre. Les travaux qui y sont relatifs peuvent être groupés sous le nom de démographie.

Une fois connue la structure de la société, on peut s'enquérir de son fonctionnement. Comment donc, dans le milieu donné, vit la population considérée ? Son existence se manifeste par divers ordres de phénomènes. Les zoologistes distinguent deux grandes séries de fonctions chez l'animal et chez l'homme : celles de la nutrition et celles de la relation. S'exerçant dans le monde social et s'y compliquant par le concours des individualités, ces deux séries de fonctions donnent naissance à deux groupes de faits très considérables. D'une part, la vie de nutrition (en prenant le mot « nutrition » dans son sens le plus large : acquisition et utilisation des éléments nécessaires à la vie) engendre, dans le domaine social, les phénomènes économiques : ceux de la production, de la circulation, de la répartition et de la consommation des richesses. De l'autre, la vie de relation crée entre les hommes de multiples rapports d'ordre intellectuel, desquels naissent la langue, les mœurs, la morale, la religion, l'art, la science. Ce sont les productions spontanées de la vie sociale. — Mais, dans l'exercice de leur activité, il est souvent arrivé que les hommes se sont heurtés entre eux. Il a donc fallu instituer une règle assurant le bon ordre dans la société, et cette règle a été le droit. De plus, pour maintenir le bon ordre, des autorités se sont établies : et ce fut l'origine de l'organisation politique de l'Etat. Sans doute, il peut se faire (nous le concédons volontiers à M. Gumplowicz) que les premières autorités n'aient point été constituées par le libre accord des citoyens, qu'elles se soient imposées par l'usurpation et la violence, que les plus forts aient créé le pouvoir à leur avantage. Mais, même dans ce cas, cette organisation du pouvoir a eu pour résultat de faire régner dans la société un certain ordre, profitant sans doute surtout à quelques hommes ou à une classe, mais assurant cependant la sécurité matérielle, et réalisant le droit tel qu'on le concevait alors. La nature de ces autorités, le mode de leur constitution, leurs rapports avec les citoyens, sont l'objet particulier de la science politique (ou science du gouvernement, ou histoire politique) tandis que les autres faces de la vie sociale ressortissent aux sciences (ou histoires) des phénomènes économiques, des phénomènes linguistiques, moraux, religieux, esthétiques, scientifiques, enfin des phénomènes juridiques.

Telles sont les diverses enquêtes, très complexes, que comporte l'étude des sociétés. Ce sont les conclusions de ces enquêtes particulières, que réunit la sociologie. Quand elle le fait pour une société particulière, on la nomme sociologie descriptive. Quand elle le fait pour un groupe de sociétés en les rapprochant les uns des autres, ou *a fortiori* pour toute l'humanité, on la nomme sociologie comparée. Dans l'un et l'autre cas, elle procède par voie synthétique, en puisant ses éléments dans des sciences d'ordre historique, au nombre et au sommet desquelles se place la science politique.

VIII

Nous voici arrivés au terme de notre recherche, et il est possible désormais d'en dégager les conclusions.

Nous avons constaté, premièrement, que par le vocable « politique » on désigne deux choses, que d'ordinaire on ne prend pas soin de suffisamment distinguer : l'action, la pratique politique elle-même, d'un côté ; et, de l'autre, la théorie, l'art politique, qui doit guider cette pratique. L'art politique, avons-nous dit, c'est l'édification des règles idéales pour la conduite du gouvernement.

Mais, dans un troisième domaine non moins différent, se tient la science politique, recherche des conditions effectives dans lesquelles fonctionnent les gouvernements des diverses époques et des divers pays. Cette science politique n'est pas toute la sociologie. Car la sociologie est l'étude synthétique de la société en général et la science politique n'envisage la société que sous un de ses aspects, sous l'aspect où on le nomme plutôt l'Etat, sous l'aspect des relations entre gouvernants et gouvernés. Seulement, cette science politique, comme toutes les autres sciences sociales particulières, est indispensable à la sociologie, puisque l'édifice de celle-ci ne saurait se former que de matériaux pris aux études spéciales sur les divers ordres de phénomènes sociaux.

Quelle est donc, enfin, la relation de la pratique et de l'art politique avec la science politique et avec la sociologie générale ? Nous l'avons déjà vu, l'art doit s'inspirer de la science pour formuler des règles idéales acceptées de tous, et la pratique doit s'en inspirer aussi pour faire passer ces vues idéales dans la réalité. Mais de quelle science peut-il s'agir, quand ce sont l'art et la pratique politiques qui cherchent des inspirations ?

D'abord, cela va sans dire, il peut et il doit s'agir de la science politique. C'est elle qui correspond directement et immédiatement à l'art politique, qui tient, pour reprendre nos expressions, dans la série des sciences particulières le même rang qu'il occupe dans la série des arts particuliers. La connaissance de la science politique, c'est-à-dire de l'histoire comparée des gouvernements, est donc ce qu'il importe en premier lieu d'acquérir au politique théoricien ou praticien.

Leur suffit-elle, cependant? Non pas. Tous les phénomènes sociaux sont intimement liés les uns aux autres. On ne saurait agir sur certains sans en toucher de différents. Il est donc nécessaire que le gouvernant, avant de prendre une mesure d'ordre politique, s'enquière des répercussions qu'elle peut avoir dans les domaines économique, moral, intellectuel, etc... Aussi doit-il avoir une connaissance au moins générale des diverses sciences qui étudient ces domaines. Mais n'est-ce pas dire qu'il lui faut être au courant de la sociologie, puisque c'est celle-ci précisément qui groupe les recherches de ces sciences particulières ?

Voilà donc établie la nécessité pour l'art et la pratique politique, de s'appuyer sur la science politique et sur la sociologie générale. Inversement, nous avons dit précédemment que l'homme de science doit s'éclairer en prenant contact avec la pratique. En outre il est clair que ses recherches sur le passé et le présent auront souvent comme point de départ, des vues d'amélioration et des projets d'avenir, émis par ses contemporains, vues et projets qui relèvent de l'art ; souvent même il arrivera que, dans le monde, ses recherches ne seront connues et prisées que parce qu'elles apportent une confirmation ou une réfutation de ces vues. Or ces considérations sur l'homme de science sont également vraies, soit qu'il s'agisse de celui qui limite ses travaux à la science proprement politique, soit que l'on considère celui qui s'occupe de sociologie générale. Pour l'une comme pour l'autre de ces disciplines, il est donc exact de dire que, si elles peuvent prêter un très utile appui à l'art et à la pratique politiques, elles ne sont pas non plus sans en retirer un secours qui n'est nullement à dédaigner.

IX

Au cours des observations qui précèdent, nous avons été amené à présenter quelques réserves sur la conception que M. Gumplowicz se fait de la sociologie. Cette divergence ne nous empêche d'ailleurs en aucune manière de reconnaître et de proclamer le haut intérêt de son ouvrage « Sociologie et Politique ». Ce livre parut pour la première fois en allemand, avec la date de 1892 (1). La traduction qu'on va lire a été faite par un membre de la Société de Sociologie de Paris, et l'auteur y a inséré, sous forme de notes, plusieurs additions importantes pour tenir son travail au courant des faits principaux qui se sont produits et des théories les plus marquantes qui ont été émises dans les six dernières années. On a cru devoir, dans cette traduction, maintenir la distinction que l'original allemand avait établie entre deux sortes de textes : le grand, qui contient l'exposé des principaux fondamentaux de l'auteur, et le petit, réservé à des explica-

---

(1) Sociologie und Politik, von Ludwig Gumplowicz. — Leipzig, Duncker et Humblot, 1892. — 1 vol. in-8º de 162 pages.

tions sur certains points spéciaux qui se présentent à l'occasion du développement de ces principes.

Le livre se divise en quatre parties. Les deux premières exposent ce qu'est, pour l'auteur, la sociologie, en quoi elle se distingue des autres sciences, de quelle manière elle envisage l'humanité. La quatrième indique ce qu'ont pensé, sur ce sujet, les sociologues les plus récents. Quant à la troisième partie, elle traite de « la politique comme sociologie appliquée ». Ici l'auteur se lance dans l'étude de quelques-uns des plus ardus problèmes de la politique contemporaine. Il est probable que beaucoup des lecteurs de son livre, en France et en Russie notamment, ne penseront pas comme lui sur ces problèmes. Ils trouveront trop sévère, inique peut-être, le jugement qu'il porte sur la politique traditionnelle de l'Empire Russe ; ils n'approuveront pas ce qu'il dit de la politique actuelle de la République Française. Qu'ils se souviennent que M. Gumplowicz est d'origine polonaise, qu'il a écrit son livre en langue allemande, et ils comprendront sous quelles influences ses doctrines se sont formées. Pour notre part, nous sommes loin de nous ranger aux théories politiques de l'auteur. Mais nous n'avons pas cru que cette raison pût suffire à écarter de la *Bibliothèque Sociologique Internationale* la traduction d'une œuvre si originale et si suggestive. Les idées de M. Gumplowicz sont toujours présentées avec une vigueur et une verve qui font réfléchir : lorsqu'elles ne convainquent pas, elles provoquent la discussion. N'est-il pas bon de connaître complètement les opinions qu'on repousse, ne fut-ce que pour être invité à vérifier celles qu'on admet et à trouver en leur faveur des arguments plus solides ? La *Bibliothèque Sociologique Internationale* n'a pas été fondée pour la défense d'une orthodoxie. Elle accueille sans parti pris les ouvrages sociologiques inspirés par les théories les plus diverses, pourvu qu'ils émanent de penseurs sincères et autorisés. Quand il s'est agi d'y faire entrer cet ouvrage, nous ne nous sommes donc pas arrêté à considérer si nos propres théories y sont critiquées, nous avons constaté le mérite de l'auteur, reconnu par tous, et nous n'avons pas hésité.

M. le professeur Louis Gumplowicz jouit en effet, parmi ses confrères et dans le public savant, d'une haute et légitime notoriété. Il y a vingt ans qu'il publiait son premier ouvrage sociologique et depuis longtemps il est professeur de sciences politiques à l'Université de Graz. Il entrait dans l'Institut International de Sociologie lors de sa fondation en juillet 1893, et dès 1895 cet Institut l'élevait aux honneurs de la vice-présidence. Dans les divers pays, ses écrits se répandent de jour en jour davantage. Un de ses livres, « Philosophisches Staatsrecht », épuisé, vient d'avoir une nouvelle édition allemande sous le titre de « Allgemeines Staatsrecht », après avoir été traduit en espagnol par M. le professeur Pedro Dorado, de l'Université de Salamanque. Son volume sur « la Lutte des Races » a été traduit en français et en espagnol, et le directeur de la *Revue des Deux Mondes*, M. Ferdinand Brunetière, lui consacrait un article important qu'on n'a pas oublié. Son « Précis de Sociologie » fut également, en 1896, l'objet d'une traduction française. La presse parisienne et internationale s'est plus d'une fois occupée des discussions que ses mémoires très neufs et très hardis ont soulevées au sein des congrès successifs de l'Institut International de Sociologie.

Nous ne doutons pas que la présente publication de M. Gumplowicz ne reçoive un accueil aussi favorable que ses aînées. Ceux qui la critiqueront le plus sévèrement n'en pourront, s'ils sont équitables, nier le mérite et l'originalité. Elle ajoutera quelque chose au renom de son auteur, et, par elle-même comme par la contradiction qu'elle pourra soulever, elle servira la cause de la sociogie.

Paris, le 1ᵉʳ décembre 1897.

RENÉ WORMS.

LIVRE PREMIER

LA NATURE DE LA SOCIOLOGIE

§ 1.

LA SOCIOLOGIE EST-ELLE UNE SCIENCE INDÉPENDANTE ?

> Que la raideur des choses accomplies t'annonce ce qui agit et vivifie ;
> Dans le changement du phénomène devine ce qui reste éternellement.

La « sociologie » nous offre un spectacle étrange. D'un côté, on en parle toujours comme d'une science importante, fondamentale, nouvelle, même science de l'avenir ; mais de l'autre, et non moins fréquemment, son droit même à l'existence est non seulement mis en doute, mais franchement nié. Cette divergence des opinions justifiera une nouvelle investigation sur la *nature* de la sociologie et de nouveaux efforts pour répondre aux questions concernant son objet, ses problèmes et ses fins, enfin son droit au rang d'une science indépendante. Selon l'étymologie du terme, la sociologie doit être évidemment une science de la société humaine ; mais la difficulté de définir exactement la nature et le domaine d'une pareille science provient de ce que, d'un côté, la notion de la « société » n'est pas claire (1), de l'autre, de ce qu'il existe un nombre considérable de « sciences sociales » et, en plus, de celles dites « sciences de l'intellect », qui s'occupent aussi bien de la société humaine, que de ses produits intellectuels les plus divers, de manière qu'il n'est point facile d'entrevoir le rôle à échoir à une « sociologie » nouvelle et indépendante.

Evolution de la notion de la « société ».

Ce serait un sujet intéressant pour les « chercheurs », qui veulent découvrir toujours des « prédécesseurs » et l'homme (en réalité d'ordinaire introuvable) qui le *premier* a mis en circulation une idée nouvelle, que de résoudre la question de savoir qui, le premier, créa en Allemagne la « science sociale » ? Comme la notion de la « société » jaillit d'abord de la constatation de l'antagonisme existant entre les classes dominantes et les classes dominées, on pourrait considérer que c'est chez Schleiermacher, un des premiers, que cette idée germa, car il emploie même l'expression « société » et souligne, en rapport avec elle, précisément cet antagonisme social existant dans l'Etat. Dans un discours sur le « devoir éducatif de l'Etat », prononcé le 22 décembre 1814, il déclare notamment que l'Etat est « une société des gouvernants et des gouvernés, que ce sont les mêmes personnes qui sont les uns et les autres, seulement que chacun représente l'autorité dans un acte donné, et devient sujet dans un autre acte » ; « mais

1. Voir les ouvrages de l'auteur : « Allgemeines Staatsrecht », 1897, p. 49 ; « Précis de Sociologie », 1896, p. 139 ss.

en l'absence complète de cette forme, ajoute-t-il, l'État n'existe point (1) ».

En ce qui concerne la *formation* de cette société existant au sein de l'État, Schleiermacher paraît également s'être formé une opinion exacte, car il donne l'état de *horde* comme ayant précédé l'état policé. « Je n'ai pas l'intention, dit-il, de me reporter à un état de nature imaginaire, qu'il soit guerrier ou non, mais à celui que l'histoire donne comme véritablement et immédiatement limitrophe à l'état de civilisation proprement dite, à savoir à l'état... de horde ». Pour la question de savoir, comment l'État et la société sont sortis de cet état de horde, Schleiermacher ne se laisse pas plus dominer par aucune des illusions courantes à l'époque où il vivait, et même plus tard encore. Il est vrai qu'il s'occupe d'abord du cas où, à la suite d'échanges favorables, les différences sociales apparaissent au sein même de cette horde, mais il est évident qu'il ne croit pas tout à fait à un procès pareil, admis par le plus grand nombre, et immédiatement il lui oppose une autre *possibilité*, qui paraît avoir ses préférences. « Considérons maintenant un autre cas, » continue-t-il à l'endroit cité, « supposons que la horde ne passe point intérieurement et par elle-même à l'état de société civilisée, mais qu'elle subjugue une autre horde ou soit elle-même subjuguée par cette autre horde, et voilà que des deux communautés primitives un État se forme sur une base d'inégalité, de manière, notamment, que l'une d'elles devienne dominatrice, et que l'autre soit asservie... » Il parle plus loin de la « race dominante » et suppose que celle-ci soit « plus noble, soit par son essence, soit en vertu de circonstances qui aient mieux favorisé son développement ; qu'elle ait vécu au milieu de mœurs plus nobles et les ait inculquées par l'éducation à sa jeunesse, » et que la race asservie, au contraire, « apparaisse inférieure aux dominateurs, plus grossière, moins cultivée ». Et il continue encore : « il y a une grande ressemblance entre les rapports de deux races

1. Œuvres de Schleiermacher, III, 3, p. 234

pareilles, primitivement inégales, et celui qui existe dans nos institutions entre la noblesse et la bourgeoisie... » L'endroit suivant du même discours peut nous prouver que Schleiermacher envisage aussi l'*évolution* de l'Etat au point de vue social, donc qu'il peut être considéré comme prédécesseur également des sociologues français.

« Il reste maintenant à parler de la plus imposante contexture de l'Etat, à savoir, quand il se forme un Etat de grand style, que ce soit soudainement ou graduellement, en englobant dans un grand tout une notable quantité de peuplades séparées. La première secousse surmontée, chaque race se remet à chercher son existence propre, le fait d'être incorporée dans une vaste unité devient pour elle une relation purement extérieure, les vieilles coutumes et mœurs affirment leurs droits partout où elles ne sont pas réprimées par la force, qui, d'ailleurs, ne se fait sentir qu'extérieurement. Les mœurs servent de base à l'éducation, qui, par conséquent, reproduit toujours avec peu d'écarts, la vieille vie isolée, bornée, de la race séparée, sans se pénétrer de l'unité du majestueux ensemble. Tant qu'il en est ainsi, l'Etat ne présente une unité que par rapport à l'extérieur ; quant à l'intérieur, il n'est pas plus uni que l'Etat aristocratique ; au contraire, il présente une multiplicité encore plus compliquée. Les diverses parties de l'Etat peuvent ainsi longtemps former un simple agrégat, surtout dans des conditions politiques simples, et se trouver entre elles en rivalité aussi grande qu'avec les parties séparées d'autres Etats pareils... Mais, tôt ou tard, il arrivera que le gouvernement sentira qu'il est nécessaire de convertir cette multiplicité en une unité véritable, d'inculquer à chacune des parties organiques un vif sentiment de l'ensemble et de subordonner à ce sentiment celui de l'existence propre, pour que l'amour de la race et du canton ne s'oppose point à celui de la patrie et du peuple... »

Si Schleiermacher a, de cette manière, introduit le point de vue sociologique dans l'évolution intérieure des Etats, Frédéric List a fait la même chose pour les rapports extérieurs, internationaux. Le raisonnement de Schleiermacher contredit la science politique française, qui n'a vu dans la nation qu'une somme d'individus égaux en droits ; List, de son côté fait observer que la théorie antérieure « de la pure humanité, des purs individus, n'a pas remarqué les nations ». Il indique lui-même que la « différence caractéristique » du système de l'économie nationale créé par lui est la « nationalité ». « Tout mon édifice est bâti sur la matière de la nationalité, comme intermédiaire entre l'individu et l'humanité », dit-il dans la préface à son « Système national de l'économie politique » (1831).

Ainsi furent en réalité ouvertes à la sociologie en Allemagne les deux perspectives : celle de l'intérieur de l'État et celle de ses rapports extérieurs, et fut inaugurée la réaction contre la science politique atomiste française.

Les germes des idées sociales se développèrent plus tard, vers la quatrième dizaine d'années du siècle, déjà sous l'influence de la littérature socialiste et sociologique qui, à cette époque, s'est fortement accrue en France aussi, en sorte qu'à côté des trois pionniers scientifiques de la science sociale en Allemagne : Mohl, Stein et Gneist, Riehl aussi a pu produire son ouvrage populaire et original sur « la société civile » (1851). Riehl réunit en un système les idées sociales alors en vogue et sait nous donner, comme illustration de ce système, une image de la « société » telle qu'en réalité elle s'était développée en Allemagne. « La société civile n'est pas la même chose que la société politique », telle est la nouvelle vérité de notre siècle, écrit-il, et, visant le libéralisme de ce temps, celui de l'école de Rotteck et de Welcker, il ajoute : il est impossible que la société composée de diverses parties soit identique à l'État. « Ce qui est réel, c'est la diversité sociale ; ce qui est idéal, c'est l'unité ».

« L'étude du peuple devrait être le fondement de toute la science politique, et non l'étude des systèmes du droit politique ». La science du peuple (donc de la société polymère) appartient, selon l'auteur, aux sciences auxiliaires, non existantes encore, de la science politique. Mais un jour elle apparaîtra dans les chaires et même dans les examens ! Cette science de l'avenir devrait être une « ethnographie sociale-politique » et représenter le peuple dans ses groupements sociaux. « La science de la société civile est au fond une science de l'*inégalité* naturelle dans la société... mais cette inégalité est la source d'une abondance de vie inépuisable ». Après ces idées introductrices vient chez Riehl une représentation artistique des classes populaires allemandes. Ce livre eut une influence plus grande que cent dissertations sociologiques et provoqua de nouvelles études scientifiques sur ce sujet. Tout d'abord, Stein continua vers 1850 ses investigations sur l'État et la société et Gneist continua à approfondir la question par ses descriptions des rapports entre la société et l'État en Angleterre.

Pareille fut l'influence de l'ouvrage de Treitschke : « La science sociale » (Die Gesellschaftswissenschaft, 1854), qui, au point de vue formel, se prononça contre la formation d'une science sociale séparée, que réclamaient Mohl et Riehl. Après avoir brièvement exposé les théories de Mohl sur les groupements (cercles) sociaux (communes, unions communales, familles, races, états, églises et confréries, unions de familles et de peuples), Treitschke pose la question : « mais qu'est-ce qu'il y a de commun entre tous ces groupements sociaux ? » et évidemment son opinion est que ces groupements sociaux ne peuvent faire l'objet d'une science à part qu'à la condition de pouvoir être ramenés à un dénominateur commun, et seulement dans la mesure où cela est possible. Or, « chaque groupement social repose sur un intérêt différent » (p. 65), et comme tout intérêt est, « par sa nature même, égoïste et exclusif », on ne peut donc songer à une science qui puisse englober toutes ces choses hétérogènes ». Une science sociale ne peut exister qu'à condition qu'il se dégage de la notion de l'État, « si restreinte qu'on la conçoive, une série de conclusions importantes et vraies pour tous les États ». Mais il n'en est pas ainsi quand il s'agit des intérêts sociaux. « Les intérêts

des groupes sociaux sont hétérogènes par leur origine même. »
C'est pourquoi il n'y a pas à songer à une science sociale
indépendante ; mais la science de l'Etat ou la politique doit
embrasser en même temps l'étude de l'Etat et celle de la société. Cette polémique de Treitschke contre Mohl est purement formelle ; au fond ils sont tout à fait du même avis.
L'importance de la société pour l'Etat et l'importance de l'étude scientifique de la société étaient déjà universellement
reconnues vers la fin de la cinquième décade du siècle. La
question de savoir, si cette étude devrait donner lieu à une
science sociale spécialisée, ou bien si elle devrait entrer dans la
science politique, dont le domaine et l'objet se seraient élargis et agrandis, est apparemment une question purement formelle et secondaire. Pourtant, cette divergence des vues a une
raison plus profonde.

Si Treitschke se prononce en faveur de l'incorporation de
toute la science sociale dans la science politique, c'est parce
qu'il considère toute société au point de vue exclusif de l'Etat,
et qu'il définit l'Etat comme équivalent à la nation dans sa vie
commune, unie et extérieure, tandis que Mohl se forme en
réalité une notion très restreinte de l'Etat, « qui ne présente
qu'une unité des personnes » et ne laisse point de place aux
groupements sociaux. Mais comme en réalité l'Etat provient
des luttes sociales précédentes, il est plus conforme à la logique
de considérer la science politique comme une partie composante de la sociologie, et non inversement, ainsi que le veut
Treitschke.

D'ailleurs, ni Mohl ni Treitschke, ni les autres écrivains, qui
traitaient à cette époque de la science sociale, n'ont vu le fond
de la question. Ce n'est pas le fait de l'existence d'une société qui
en justifie une science spéciale, car toute chose qui existe au sein
de l'Etat n'exige point une science spéciale, et sous ce rapport
les critiques de Treitschke étaient fondées. Seul le fait, qui
alors resta complètement en dehors de la discussion et dont
nous parlerons plus loin, le fait que les groupes sociaux représentent un système de mouvements, qui s'effectuent selon des

lois constantes et invariables, seul ce fait donne le droit de fonder une science spéciale de la société. Mais comme ce point de vue demeura tout à fait étranger aux débuts, il n'est point étonnant qu'en réalité, après « l'essai critique » de Treitschke, on s'en tint, en Allemagne, à traiter dans les sciences politiques tout ce qu'il y avait à dire sur la société, ce qui en Allemagne était d'autant plus facile que le besoin de rechercher cette régularité des mouvements sociaux et politiques était satisfait par l'*histoire de la civilisation*, qui se développait puissamment.

Il est vrai que cette recherche des lois était dirigée d'un seul côté : on se bornait simplement à juxtaposer tous les faits historiques qui devaient démontrer un progrès constant du genre humain. Mais ceux qui ne se déclaraient point satisfaits par cette idée seule, idée d'ailleurs fort discutable, du « progrès de l'humanité » et poursuivaient d'autres points de vue encore pour l'évolution des peuples et des Etats, s'efforçaient toujours de trouver « les lois de l'évolution sociale ».

Ainsi, Fr. Rödinger (1) veut trouver « les lois du mouvement dans la vie politique » et déduit la formation de l'Etat de « l'action des lois naturelles », qui, ensuite, par l'intervention des hommes, se transforment en « lois morales ». De « l'action combinée des lois naturelles et morales sort la loi de l'organisation politique, » qui conduit l'Etat à une liberté politique plus grande, car « la victoire finale de la liberté est l'idéal sublime des hommes ». En un mot, Rœdinger fabrique ses « lois du mouvement » dans l'Etat simplement pour y appuyer le régime constitutionnel.

C'est ici que se rapporte aussi la tentative de Herman Doergens de trouver « la loi de l'histoire » (2). « Ce qu'on appelle philosophie de l'histoire, dit-il avec raison, a été jusqu'à nos

---

1. « Die Gesetze der Bewegung im Staatsleben », Stuttgart, 1864.
2. « Aristoteles oder über das Gesetz der Geschichte », Leipzig, 1872-74.

jours une série d'essais manqués ». L'histoire de la littérature historico-philosophique fournit, selon lui, la preuve, « qu'on n'a pas considéré les forces dans les impulsions qu'elles ont exercées dans l'histoire, et dans leur action, d'un côté solidaire, de l'autre reproductrice, mais seulement les phénomènes au service d'une idée religieuse, comme Bossuet, Goerres et Schlegel; au service de la science, comme Voltaire, Lessing, Iselin, Herder, ou bien d'une *idée logique*, comme Hegel, ou enfin d'une *idée politique*, comme Kant et Buckle, et que ces phénomènes, on les a expliqués par leur cause. Dès lors, selon la somme de phénomènes que paraissait représenter l'histoire, on accumulait une somme d'explications. De la multiplicité des causes psychologiques on n'est pas passé à l'unité du point de vue, qui est pourtant indispensable pour arriver à trouver la « matrice » de tous les faits » (p. 27).

Cette unité du point de vue ne peut être trouvée que dans la « loi de l'histoire », qui, évidemment, doit être la même pour toutes les périodes de l'histoire (p. 30). Maintenant il y a la question : « l'humanité est-elle une ou divisée ? » et les recherches doivent être dirigées sur le point de savoir, « s'il y a une loi spéciale de l'évolution pour chaque race, ou bien si la même loi est applicable à toutes les races, et quelle en est la formule dans l'un ou dans l'autre de ces cas ? »

Bernheim (*Lehrbuch der historischen Methode*, Manuel de la méthode historique, p. 30), prévoit de nouveaux perfectionnements de l'histoire, parce que, dit-il, notre époque a sur les précédentes la supériorité d'avoir compris les phénomènes économiques et sociaux ; parce que nous avons créé une science jusqu'à présent inconnue de l'économie nationale et de la sociologie, et il renvoie les historiens aux œuvres sociologiques de Spencer et de Schaeffle, pour qu'ils y puisent la notion de l'évolution. Dans le chapitre (§ 4c) sur les rapports entre l'histoire et la sociologie, il appelle celle-ci science auxiliaire de l'histoire.

Massaryk (*Versuch einer konkreten Logik*, Essai d'une logique concrète, p. 138 ss.) met la sociologie, comme étant la science des phénomènes sociaux, à la dernière place (au point de vue chronologique) dans ses deux hiérarchies des sciences. Son objet, c'est la « société et l'histoire humaine »; elle nous enseigne « les conditions de l'existence de la société humaine ; elle s'efforce d'expliquer, en quoi consiste le sens de l'organisation sociale, comment et pourquoi la société se meut, croît, se développe », « elle traite de l'influence de la nature sur la société, étudie l'individu en tant que facteur social, examine la nature des rapports génésiques et familiaux et, enfin, analyse l'organisation même de la société. Dans ce but, elle divise la notion de la Société, en analyse l'organisation intellectuelle, morale, religieuse, politique, économique, et s'occupe, enfin, du langage et de l'écriture (?), dans la mesure où ils servent le contrat social... ». « Sur les caractères scientifiques, la raison d'être et la nécessité de la sociologie, les hommes sans parti pris, estime Massaryk, ne conservent plus aujourd'hui de doutes », il y a pourtant encore « beaucoup de théoriciens et surtout de praticiens et de politiciens, pour qui la sociologie est incommode ; à un certain nombre d'entre eux déplaît, selon Massaryk, seul le mot *sociologie*, parce qu'il rappelle le socialisme ». En outre, estime-t-il, il ne serait pas sans utilité de s'entendre sur le terme, car la science que nous nommons « sociologie », est appelée par les autres : « philosophie de l'histoire », « métapolitique », « science sociale », « philosophie du droit », « statistique », « histoire de la civilisation », etc., etc.

Il ressort de ces raisonnements de Massaryk qu'il ne tient nullement la sociologie pour une science spéciale et indépendante. Il croit, il est vrai, que « sous chacun de ces termes est cachée une différence quelconque, réelle ou méthodique, dans la compréhension du sujet ; mais au fond il n'y a aucune différence ». S'il y en avait, ce qu'il y aurait de plus simple, ce serait de renoncer au terme superflu de sociologie, puisque son objet, comme l'énumération ci-dessus le prouve, ne manque point de noms et de définitions. Mais alors on ne voit pas, pourquoi Massaryk a assigné à ce nom « sans objet indépendant » une place dans la classification des sciences. Cet exemple de Massaryk montre suffisamment le manque de clarté en ce qui concerne notre sujet, et prouve la nécessité de la faire entière.

§ 2.

LA RAISON D'ÊTRE DE LA SOCIOLOGIE

Les affirmations des adversaires de la sociologie : qu'elle n'est point une science indépendante, que, sous une nouvelle enseigne, elle traite les objets de sciences indépendantes plus anciennes, comme la philosophie, l'histoire, l'histoire de la civilisation, l'économie politique, la science politique, la politique, la philologie, la science des religions etc., etc., ne sont malheureusement que trop justifiées par l'état où se trouve la littérature sociologique (1).

1. Nous citerons ici quelques mots d'une lettre de Lorenz de Stein, qu'il nous a écrite en 1885 après réception de notre « Précis de Sociologie », parce qu'ils sont caractéristiques pour le manque de vues claires, en ce qui concerne la nature de la sociologie, même chez les spécialistes les plus éminents. « Je suis monté contre la sociologie, parce qu'il m'a été toujours impossible de formuler ce qu'au fond elle est, car avec la confusion franco-anglaise des mots et des idées, il ne reste plus rien qui, d'une manière ou d'une autre, ne soit sociologie, inclus l'électricité et les bactéries. » Jusqu'à quel point, d'ailleurs, Stein, ce fondateur de la science sociale, était méfiant envers la sociologie, et jusqu'à quel point il ne savait pas où il fallait la mettre dans le système des sciences, on le voit dans la suite de sa lettre, où il exprime l'espoir d'apprendre par mon livre, « quel est le groupe des spécialités scientifiques dont *cette sociologie* présente une partie formulable ».

Il paraît que je ne puis pas me flatter d'avoir, par mon « Précis

Si la sociologie a la prétention d'être une science indépendante, elle doit fournir la preuve qu'elle a un objet indépendant, ou du moins, qu'un objet connu et traité par les autres sciences, l'est par elle à un point de vue nouveau et jusqu'à présent inconnu (1).

Cette preuve, il faut la fournir, négative et positive, pour montrer d'abord que les objets des autres sciences rapprochées ne sont pas ceux de la sociologie, ou du moins qu'elle ne les traite pas de la même manière que les autres sciences ; ensuite, que son objet est en effet tout à fait indépendant, et que les autres sciences ou bien ne

de Sociologie », beaucoup contribué à éclaircir la notion de la science sociale, puisque G. Rümelin (*Deutsche Rundschau*, v. 61, p. 36 : « La Notion de la Société) », se plaignait encore, en 1889, « qu'il est difficile de dire, de quoi s'occupe cette science, car avant tout il faudrait pouvoir délimiter ce dont elle traite, — toute science de la nature ou de l'histoire, philosophie, art, droit, morale et religion y trouvant leur place ». Eh bien, je réussirai peut-être dans le cours des explications qui vont suivre, à faire apparaître l'objet de la sociologie et à montrer que, malgré l'unité de son sujet, elle n'a point besoin de renoncer à traiter des questions fondamentales de la philosophie, du droit, de la morale, de la religion et même de l'art.

1. Van der Rest définit d'une façon tout à fait juste ce qu'on doit exiger pour justifier la fondation d'une nouvelle science. « Il faut — dit-il — qu'une série d'études, qui, jusqu'à présent, a échappé aux recherches humaines, soit découverte ; s'il s'agit d'un domaine déjà exploré, il faut du moins avoir découvert une nouvelle méthode, capable de dissiper les doutes et les erreurs antérieurs et de nous conduire par une voie sûre à la connaissance de la vérité ; ou enfin, en l'absence d'un nouvel objet ou d'une nouvelle méthode, il faut, du moins, avoir jeté sur une série de phénomènes une telle lumière que, grâce aux nouveaux horizons ouverts, la science paraisse renouvelée » (« la Sociologie », p. 4). Je suis tout à fait d'accord sur ce point avec Van der Rest et j'estime que, s'il était impossible de satisfaire à ces conditions, il serait inutile de donner à la sociologie le rang d'une science.

s'en occupent guère, ou bien s'en occupent d'une manière différente. Si la sociologie ne peut pas fournir cette double preuve, elle n'a pas droit à l'existence.

Les adversaires de la sociologie.

Comme représentant de l'école théorique qui nie le droit de la sociologie au rang d'une science indépendante, nous citerons ici Dilthey. Un chapitre de son « Introduction dans les sciences de l'Intellect », dont jusqu'à présent (1880) un seul volume a paru, est intitulé : « La philosophie de l'histoire et la sociologie ne sont pas des sciences véritables ». Il justifie cette affirmation, en disant d'abord que « la grande tâche de l'historiographie consistera toujours dans la représentation artistique, qui ne peut pas être dépréciée par la rage de généralisation de certains savants anglais et français » (p. 114). Cette « rage de généralisation » de Dilthey trahit sa propre rage contre les généralisations qui, ne le satisfaisant pas, lui paraissent dénuées de valeur, et comme il ne peut pas les remplacer par de meilleures, le conduisent à cette opinion désespérée que « les théories sociologiques et historico-philosophiques qui ne voient dans la représentation de ce qui est particulier rien qu'une matière brute pour leurs abstractions », sont fausses (p. 115).

Dilthey exprime son mécontentement contre « le préjugé, qui soumet les travaux des historiographes à un procès mystérieux pour transformer alchimiquement la matière des particularités trouvée au cours de ces travaux, en l'or pur de l'abstraction, et forcer l'histoire à livrer son dernier secret », préjugé qui lui paraît « exactement aussi étrange » que l'était « le rêve d'un philosophe naturaliste alchimiste qui songeait à arracher à la nature son grand mot. » Dilthey ne paraît pas prendre en considération que la philosophie alchimiste de la nature a eu également son importance dans le développement de la science en tant que degré de l'échelle céleste, et comme il ne peut, *lui*, faire produire à la « matière des particularités » aucun « or de l'abstraction », il nie l'importance et la raison d'être de tous essais pareils. « Cette opération restera toujours entachée d'improductivité, » dit Dilthey, en visant la philosophie de l'histoire, et il a raison dans la mesure où la philosophie de l'histoire s'efforçait de montrer « la pensée d'un plan unitaire dans le procès historique mondial : une pareille démonstration ne peut évidemment pas être faite avant que le procès ne se trouve terminé devant nous ». Car est-il, par exemple, possible de deviner le plan d'un vaste bâtiment, quand on n'a devant soi qu'un coin de tracé ou un fût de colonne ? Et qui peut nous dire que nous connaissons une partie plus grande du cours de l'histoire ?

Mais comme Dilthey identifie la sociologie avec la philosophie de l'histoire, il dénie à celle-là aussi tout droit à l'existence et tout caractère scientifique. La seule différence entre la philosophie de l'histoire et la sociologie qu'il aperçoive (de celle-ci il ne considère que « l'école française »), est la suivante : la sociologie ne se soucie pas seulement d'arriver à « la connaissance de l'enchaînement de l'ensemble », mais elle « espère aussi, grâce à la compréhension de cet enchaînement, amener une direction scientifique de la société ». Par rapport à la philosophie de l'histoire et à la sociologie de Comte cette distinction n'est pas inexacte ; mais qu'est-ce qui donne à Dilthey le droit de tirer, des efforts infructueux faits pour résoudre les problèmes scientifiques, la conclusion que ces efforts doivent toujours rester vains ?

Mais l'erreur fondamentale de Dilthey consiste précisément en ce qu'il néglige complètement la différence entre la philosophie de l'histoire et la sociologie. Cette dernière ne veut prononcer aucun arrêt sur le « procès historique » tout entier, parce qu'elle ne le connaît pas. Ce qu'elle se propose, c'est exclusivement l'étude de la nature, de la *qualité*, pour ainsi dire, de ce procès, qui pourtant peut être connue par la moindre fraction du procès historique, tout comme la qualité d'un minéral par la moindre particule d'un bloc, ou comme les propriétés chimiques d'un fluide par la moindre goutte de ce fluide. Quand Dilthey estime que la philosophie de l'histoire « peine pour résoudre la quadrature du cercle », il peut avoir raison ; mais cela ne s'applique nullement à la sociologie, car elle renonce complètement au problème de la « raison de l'ensemble » et ne s'occupe que des qualités du procès historique, dont l'essence reste éternellement la même.

§ 3.

LA SCIENCE SOCIALE ET LA SOCIOLOGIE

Avant qu'on puisse entreprendre cette double preuve, il faut d'abord écarter un malentendu, qui est provoqué, partagé et propagé non seulement par la littérature anti-sociologique, mais aussi par la littérature sociologique, à savoir la confusion de la sociologie, en partie avec le vaste domaine de la science sociale, en partie avec la politique sociale. Par « science sociale » (1) on peut, si précisément on le veut, comprendre l'ensemble des sciences qui ont trait à la vie de la société. Ce terme s'impose dans deux cas. D'abord, quand on veut parler

---

1. Fouillée (« La Science sociale contemporaine », Paris, 1885), déclare, il est vrai, que « la constitution de la science sociale sur les bases positives semble la principale tâche de notre siècle », mais il nous laisse totalement ignorer ce qu'il comprend par « science sociale ». Car s'il lui désigne la tâche « d'étudier les sociétés humaines à un double point de vue : dans leur idéal et dans leur réalité », — cette tâche appartient à toute une série de sciences morales et politiques, en commençant par l'histoire jusqu'à l'économie politique et la science juridique. La « science sociale » doit-elle remplacer toutes ces sciences et les rendre superflues, ou bien en devenir une encyclopédie ? D'ailleurs Fouillée s'occupe surtout dans son livre de l'Etat, et veut concilier la théorie du contrat social et la « théorie organique de l'Etat ». C'est là de la philosophie politique et juridique. Comp. encore là-dessus, dans la suite, le ch. III.

de certains traits ou signes communs des diverses sciences politiques et sociales et qu'on cherche un nom pour leur totalité. Si l'on veut, par exemple, comme le fait Karl Menger, parler de la méthode de ces sciences par opposition à la méthode des autres systèmes de sciences, le terme « sciences sociales » se présente avec commodité. Mais cette expression ne désigne dans ce cas nullement une science spéciale, elle est simplement la dénomination collective de l'économie politique, de la science financière, de la science administrative, etc. Mais comme l'ensemble de nos sciences n'est point, encore une fois, une science spéciale et indépendante, le terme « science sociale », employé avec cette signification, n'a rien à faire avec la sociologie, qui veut être une science spéciale et indépendante.

De même Inama-Sternegg emploie les expressions : « l'étude de la société », « la science sociale », pour désigner un ensemble indéterminé de sciences qui s'occupent des « phénomènes sociaux ». Sans nous donner une délimitation claire et nette de cette science sociale, il paraît considérer l'économie politique comme *une* de ses *parties*, mais la statistique est pour lui un « moyen des recherches sociales scientifiques » (1) ; il parle aussi des « recherches historiques dans le vaste domaine de la science sociale », sans entrer dans l'énumération explicite des parties séparées de ce « vaste domaine ». Chez Inama-Sternegg, de même que chez les autres statisticiens, comme par exemple Morpurgo (2), il est difficile

1. Inama-Sternegg :« Die Quellen der historischen Bevölkerungsstatistik », dans la Statist. Monatschrift, XII, 1886, p. 387... « la science sociale, mais surtout l'économie politique ».
2. Die Statistik und die Socialwissenschaften, 1877.

de saisir la limite et la différence entre la statistique et la science sociale ; pourtant Inama-Sternegg (1) paraît apercevoir cette différence dans la méthode et indiquer comme signe distinctif de la statistique, ses « moyens spécifiques de la détermination quantitative. »

Le fait qu'un grand nombre de statisticiens (comme par exemple Morpurgo) considèrent la statistique comme une science sociale, et même comme la science sociale unique ou, du moins, la plus importante, procède simplement de l'erreur qui les conduit à donner sans plus de façons le rang de la « science sociale » κατ' ἐξοχήν à une science qui a spécialement *l'homme* pour objet : ils croient que la « société » n'est pas autre chose que le pluriel de « l'homme ». La statistique s'occupe de l'homme et des masses d'hommes, mais pas des *sociétés*. Car les différences entre les groupes humains, qui en font des sociétés, ne se laissent pas exprimer directement par des *nombres ;* ces différences ont pour la statistique une importance secondaire et sont négligées par elle devant d'autres points de vue. La statistique s'occupe de préférence des « phénomènes et rapports collectifs » ; la sociologie, de la coordination et du groupement social. C'est ainsi à peu près qu'il nous faut définir par avance la différence entre la statistique et la sociologie, avant que nous la revoyions de près (voir ci-dessous : La statistique et la sociologie).

1. Inama-Sternegg : Geschichte und Statistik (Stat. Monatschrift, 1882).

§ 4.

LA SOCIOLOGIE ET LE SOCIALISME

Un deuxième malentendu procède de la confusion qu'on fait entre la sociologie et les théories du socialisme, les doctrines concernant la question sociale, et la politique sociale. Comme, depuis les premiers socialistes français (1), surtout depuis Saint-Simon, on a construit des théories pour résoudre la question sociale, comme la littérature qui s'y rapporte, se développe fortement jusqu'à nos jours et prétend à un caractère scientifique, une erreur s'est répandue dans l'opinion générale, à savoir, que cette théorie de la question sociale, la théorie du socialisme, ou bien celle de la politique sociale, est la sociologie proprement dite, ce qui causa, de plus, à la sociologie ce tort, que ceux qui réfutaient une absurdité quelconque de la politique sociale, ou de la théorie de la solution de la question sociale, ou bien la théorie socialiste, se faisaient l'illusion d'avoir en même temps réfuté la « sociologie » (2). Mais la *science* sociologique a aussi

1. Compar. mon ouvrage : « Rechtsstaat und Socialismus », p. 276, ss.
2. Nous n'hésitons pas un instant à approuver tout ce que Van der Rest (« La Sociologie ») reproche à la sociologie de Comte et la philosophie « organique » de l'Etat ; mais ces reproches ne visent que des tentatives manquées, et non la sociologie elle-même.

peu de points de contact avec la solution de la question sociale, que, par exemple, l'astronomie avec l'abolition de la succession du jour et de la nuit et des saisons de l'année, ou la météorologie avec l'introduction d'un vent doux et uniforme sur toute la terre et l'abolition des orages. Cette erreur et cette confusion sont d'autant plus impardonnables, qu'elles procèdent de la méconnaissance la plus absolue de la nature de toute science. Car la science est une *théorie*, et non point une *thérapie*, et ce qu'on appelle politique sociale n'est pas autre chose que thérapie sociale. Toute thérapie peut parfaitement reposer sur une théorie (souvent elle n'est basée que sur l'empirisme), mais elle ne doit point être confondue avec celle-ci. Il est également possible qu'une théorie (mot qui ne signifie pas autre chose que *vue, contemplation*) conduise un jour à une thérapie; mais avant tout il s'agit de former la théorie, et la sociologie pour le moment ne peut et ne veut pas être autre chose que théorie et science. Elle n'est pas encore arrivée à se constituer en tant que telle et à se faire reconnaître ; comment pourrait-elle déjà avoir la prétention d'être une thérapie sociale? Dans l'intérêt de la sociologie en tant que science, il ne faut pas hésiter à déclarer que toute cette littérature quasi-sociologique qui s'occupe de donner des conseils et des plans pour la solution de la question sociale, se trouve en dehors de la sociologie et n'en a fait que discréditer le caractère scientifique.

Dénominations abusives.

La littérature sociologique ! celle-là aussi mérite qu'on jette sur elle un rayon de lumière pour élucider les malentendus et préparer l'entente. Qu'est-ce qu'on ne lance pas dans le monde sous la dénomination de sociologie ou de « science sociale » ! L'un traite sous ce nom des relations entre les deux sexes par rapport à une réforme qu'il en projette ; l'autre décrit sous ce titre les divers groupements sociaux de son pays et des divers types sociaux (paysans, villes, noblesse, etc.) ; un troisième (comme par exemple dernièrement Albert Dulk : Esquisse d'une science sociale, *Entwurf einer Gesellschaftswissenschaft*) traite sous cette dénomination de la morale, etc. Est-il donc étonnant que cette façon d'agir « sociologique » n'ait provoqué d'autre résultat que le mécontentement général de tous les esprits sérieux contre cette science, la moins définie et la plus insaisissable de toutes, qu'une banqueroute totale de cette enseigne ?

§ 5.

LE PRESSENTIMENT DU PROBLÈME

Ce qui doit étonner davantage, c'est que, malgré le discrédit que cette littérature pseudosociologique a apporté à la sociologie, malgré la défaveur que lui témoignent tous les esprits éminents, malgré la défiance générale que lui opposent la science et la critique toute entière, la poussée intense de l'esprit humain vers la connaissance d'une loi du mouvement de toute la société humaine, loi à peine pressentie jusqu'à présent, ne se laisse pas endiguer et se traduit à coups répétés par des voix isolées, mais de plus en plus nombreuses, qui se prononcent chaleureusement en faveur de la nouvelle science de l'avenir.

Peu en Allemagne, plus en Angleterre, en France et en Belgique, avec le plus d'entrain et d'énergie en Italie, dernièrement aussi avec modération, mais résolument, en Amérique, partout enfin, un grand nombre de penseurs nets et pénétrants se déclare pour cette nouvelle science (1), s'efforce de rendre clair son objet, de délimi-

1. Pour l'appréciation de ces lignes, on n'oubliera point qu'elles ont été écrites par l'auteur en 1891. Il a résumé le mouvement sociologique postérieur dans des pages nouvelles, écrites spécialement pour ce volume, à la fin duquel on en trouvera la traduction.

ter le domaine de ses recherches, de consolider sa méthode et de définir la différence entre elle et les sciences rapprochées. Ce mouvement scientifique qui ne connaît point de repos, ces partisans chaleureux de cette science, qui apparaissent sans cesse dans tous les coins et régions du monde civilisé, montrent que toutes les nombreuses réalisations de la sociologie que l'on a tentées, laissent toujours un résidu non dissous ; que dans ce domaine de l'intellect, qui attire les regards de tant de personnes des divers pays et nations, il existe toujours un problème irrésolu, qui ne peut pas être écarté par ses contempteurs et qui demande à être scientifiquement reconnu et examiné. Qu'un pareil problème existe en effet dans le sens qui jusqu'à présent a été seulement pressenti, et en quoi il consiste, c'est ce qui va être expliqué par la démonstration que nous avons annoncée ci-dessus et que, maintenant, nous allons entreprendre.

Le fait que ce problème, qui, en effet, a été plus pressenti que clairement reconnu, n'a pas été résolu par une série de « sociologues » ; que les voies choisies pour en trouver la solution ont été manifestement fausses et ne conduisaient pas à ce but ; qu'enfin, ces sociologues se sont livrés à de nombreuses erreurs et illusions, ce fait n'est pas une preuve contre le droit de la sociologie à l'existence. Quelqu'un a-t-il imaginé, parce que des centaines de philosophes ont construit des systèmes faux et se sont livrés à des erreurs évidentes, de nier tout droit de la philosophie à l'existence ? Et pourtant c'est ainsi qu'on combat la sociologie.

Entre autres, c'est ainsi qu'agit Van der Rest. Mettant à

nu, et d'une manière en partie tout à fait juste, les erreurs de Comte et de Spencer, il en conclut qu'il ne peut y avoir aucune science de la sociologie. Où est donc là la logique ? Il pourrait s'en suivre seulement que Comte et Spencer ont commis beaucoup de fautes ; cela va encore arriver à des centaines de sociologues, comme cela arrivera à des centaines d'astronomes, de biologistes, de chimistes, etc. ; mais ces erreurs ne seront jamais des arguments contre la raison d'être de l'astronomie, de la chimie, de la biologie. Au contraire, les fautes et les erreurs des prédécesseurs doivent être pour les successeurs un stimulant d'autant plus puissant à chercher la justice et la vérité. Aussi bien, les fautes et les erreurs des prédécesseurs sont autant d'indications précieuses pour les successeurs et forment, dans un certain sens, la condition nécessaire de l'évolution de chaque science.

§ 6.

L'OBJET DE LA SOCIOLOGIE

« Si l'objet de la sociologie n'est et ne peut pas être autre chose que « la société humaine », disent les historiens, alors, il est inutile de former une nouvelle science, car une des sciences les plus anciennes, l'historiographie, ne s'occupe pas d'autre chose, et elle le fait évidemment, ajoutent-ils non sans suffisance, avec un grand succès. Que l'on considère la gigantesque littérature historique de tous les temps et peuples ; que l'on se souvienne des grands esprits, qui, dans ce domaine, ont, rien qu'en Europe, exercé leur action, depuis Hérodote et Thucydide, jusqu'à Gibbon, Macaulay, Niebuhr, Schlosser, Mommsen et Ranke ; quelqu'un peut-il affirmer que la « société » humaine a manqué d'explorateurs scientifiques ? quelqu'un peut-il élever la prétention de traiter de cet objet mieux que ces esprits d'élite ? »

Ce reproche n'est pas fondé pour deux causes : car, d'abord, ce n'est qu'une insinuation gratuite, un ὕστερον πρότερον, que d'affirmer que la sociologie a pour objet « la société humaine » ; ce qu'est l'objet de la sociologie, nous restant encore à rechercher ; puis, cette expression « société humaine » est elle-même quelque chose de si vague et si indéterminé, qu'il ne conviendrait pas plus de l'imputer sans façon à l'histoire qu'à la sociologie. Quel est donc l'historien qui élève la prétention de traiter de la « société » humaine ? Tout au plus, en explore-t-il une fraction, sans d'ailleurs pouvoir nous dire quelque chose de déterminé sur sa corrélation et ses rapports avec la « société humaine » (ou l'humanité ?).

Donc, si la sociologie était réellement la science de la « société humaine » ou de « l'humanité », et si elle pouvait nous dire quelque chose sur l'ensemble de ces phénomènes, elle aurait déjà un certain droit à l'existence à côté de l'histoire, car celle-ci, même dans ses œuvres les plus volumineuses, ne nous représente jamais que des fractions exiguës, eu égard au temps et à l'espace, de l'humanité, qui ne peuvent rien nous dire sur son ensemble.

§ 7.

L'HISTORIOGRAPHIE ET LA SOCIOLOGIE

Mais cet argument des historiens contre la sociologie ne serait pas fondé pour une autre raison encore : c'est que le même objet peut, selon les côtés divers qu'il présente, devenir le substratum de diverses sciences. La géographie et la géognosie s'occupent, l'une et l'autre, du globe terrestre et sont pourtant deux sciences différentes, car elles l'explorent et le considèrent à des points de vue différents. La société humaine pourrait donc être, et elle est en effet l'objet de diverses sciences ; et l'historiographie ne rendrait pas plus la sociologie inutile à cause de la communauté de l'objet, qu'elle ne rend inutiles l'ethnographie ou la statistique ; il s'agirait seulement de prouver que la sociologie considère et examine la société humaine à un autre point de vue que l'histoire.

Mais voici l'argument le plus important contre le reproche des historiens ! Les historiens n'ont pas le moins du monde jusqu'à présent réussi à réfuter le reproche, élevé si fréquemment, depuis cent ans, par les penseurs les plus éminents, à savoir que l'historiographie elle-même n'est point une science (1). Au lieu de refuser à la

1. Les historiens l'avouent bien, eux aussi. Comp. Fester : *Schopenhauer und die Geschichtswissenschaft*, chez Quidde,

sociologie son droit à l'existence, ils devraient prendre
cure de leurs propres affaires et se rendre compte du
caractère scientifique de leur propre spécialité ; car il se
pourrait bien, si ce reproche était juste, que l'historiographie s'occupât en effet du même objet que la sociologie, seulement qu'elle le fît à la manière d'une simple
relation ou d'un répertoire de faits, ou peut-être d'un art,
tandis que la sociologie le ferait à la manière d'une
science.

1890, I, 48, où l'on trouve l'aveu que la « thèse de Schopenhauer,
que l'histoire n'est point une science, telle qu'elle a été formulée
par lui il y a quatre-vingts ans, n'a, jusqu'à présent, pas trouvé de
réponse ». Eh bien, cette réponse, Fester, aujourd'hui, ne l'a pas
plus donnée. Car la phrase, que « les efforts de Schopenhauer sont
entachés de la malédiction du dilettantisme », n'est pas une réfutation des arguments tout à fait probants de Schopenhauer contre le
caractère scientifique de l'historiographie courante.

§ 8.

L'HISTOIRE EST-ELLE UNE SCIENCE ?

Si cette vieille discussion sur la question de savoir si l'historiographie est une science, est tellement difficile à mener à terme avec les historiens, c'est parce que d'abord, dans la plupart des cas, on ne peut pas tomber d'accord sur la notion de la « science », et que cette notion est aussi éloignée des historiens, même aussi peu soupçonnée par eux, que l'était par exemple, par les astronomes avant Copernic, l'idée de la rotation de la terre, et ensuite, parce que les historiens paraissent croire qu'en contestant le caractère scientifique de l'historiographie, on lui conteste tout droit à l'existence, ce qui n'est point vrai.

Orientons-nous donc dans cette question. Que le récit simple des événements passés, tel qu'il est présenté par les chroniques et les ouvrages historiques de ce genre, ne soit point une science, cela, les historiens eux-mêmes l'accordent. Mais ils veulent élever cette historiographie « primitive » et non-scientifique au rang de science, en la faisant « pragmatique », c'est-à-dire en présentant les événements passés comme un enchaînement de causes et d'effets.

Eh bien, l'exposition de phénomènes de la nature

aussi bien que d'évènements historiques, dans leur enchaînement causal, est en effet une condition du caractère scientifique, mais uniquement parce qu'elle ouvre la voie à la connaissance des *lois* qui régissent ces phénomènes et ces évènements, et encore à la condition que l'on donne des causes *vraies* et que les évènements présentés comme leurs effets ne soient point les effets d'*autres* causes. Car c'est seulement au cas, où l'enchaînement présenté est vrai et juste, qu'on a des chances d'atteindre par lui le but de toute science, c'est-à-dire les lois qui régissent toute la série donnée de phénomènes ou d'évènements. Et quelle est donc sous ce rapport la situation des causes des évènements historiques que nous offre l'historiographie « pragmatique » ? Sommes-nous en état, ou pouvons-nous seulement nourrir l'espoir d'arriver, avec ces causes d'évènements historiques, puisées si laborieusement par l'historiographie « pragmatique » dans les archives et les sources, à ce but suprême de toute science, à la définition des lois dernières de l'histoire ? — Jamais, au grand jamais ! et ceci pour la simple raison suivante.

§ 9.

L'HISTORIOGRAPHIE PRAGMATIQUE

Toute l'histoire « pragmatique » cherche les causes d'évènements historiques en dernière ligne dans les dispositions de la volonté personnelle des personnages agissant dans l'histoire. Dès lors, la description du caractère des monarques et de leurs ministres, des chefs militaires et des agents diplomatiques, fournit aux historiens leur thème favori. L'ambition d'un usurpateur doit tenir lieu de cause d'une déclaration de guerre ; l'amour de la paix d'un monarque doit expliquer la conclusion d'un traité international. Les historiettes des coulisses diplomatiques devront nous exposer « pragmatiquement » la cause de la chute d'un Etat, et les aventures amoureuses d'un souverain, motiver l'explosion d'une révolution. En un mot, ce qu'on appelle historiographie pragmatique place les causes des évènements historiques pour la plupart dans *les mouvements de volonté individuelle.* Abstraction faite même de ce que jamais les historiens des diverses époques et nations, ne tomberont d'accord sur les motifs psychologiques d'un acte donné, ce qu'on aurait pourtant le droit d'exiger, quand il s'agit d'un fait scientifique, les historiens se sont eux-mêmes, par cette « méthode psychologique », fermé pour toujours la voie à la connaissance des causes vraies et réelles des évènements historiques et, par conséquent, à la connaissance des *lois de l'histoire*. Car l'admission seule de l'influence de la volonté individuelle sur les évènements historiques et la réduction de ceux-ci aux dispositions personnelles qui en seraient la cause, exclut toute régularité des évènements historiques ; et en réalité l'histoire « pragmatique » n'est jamais parvenue à formuler de pareilles lois, elle ne l'a même jamais tenté, sans se rendre compte que par le fait de cette abdication elle renonçait à tout caractère scientifique.

Car une représentation scientifique de l'histoire devrait procéder d'une façon exactement inverse ; au lieu de déduire les faits et les évènements de l'histoire des qualités et des dispositions psychiques des personnages donnés (comme si ces « actions » étaient des œuvres et des produits des individus), elle devrait, au contraire, nous montrer, comment les qualités et les dispositions psychiques de ces individus, leurs tendances intellectuelles et, par conséquent, leurs actions découlent nécessairement des besoins de leur existence commune (sociale).

L'exposition de cette corrélation peut seule prétendre à un intérêt scientifique. Car les qualités psychiques des individus ne sont pas le *prius* des faits historiques et la source initiale des évènements, comme les historiens aiment à le laisser croire ; dans tout le cours de l'histoire c'est plutôt un rôle secondaire qui incombe aux individus, car *nécessairement* ils doivent être tels qu'ils soient *utilisables* par l'évolution régulière politique et sociale : dans le cas contraire, ils ne seraient pas utilisables ; ils ne seraient donc pas utilisés par l'évolution sociale, et pour l'histoire ils seraient restés nuls.

Le débat sur le caractère de l'historiographie est encore des plus ingrats pour une autre cause : c'est que parmi les historiens il y a toute une échelle de nuances, en commençant par les annalistes et chroniqueurs les plus simples, en continuant par tous les conteurs artistiques des caractères, des actes politiques, des guerres et des combats, et en terminant par les philosophes, qui exposent les causes *sociales* des faits historiques, et qui sont plutôt des sociologues que des historiens au sens courant du terme. Ainsi par exemple, Mommsen est un historien-sociologue, parce que, dans son histoire romaine, il nous expose les causes sociales de l'évolution de la société romaine. Taine est presque un sociologue, plutôt qu'un historien, car chez lui apparaît partout une tendance consciente à expliquer la marche des événements par les rapports réciproques des *groupes sociaux*. Déjà le premier chapitre de son « Ancien régime », sur « la structure de la société », est caractéristique pour lui, car les événements historiques ne découlent pas chez lui des actions individuelles, mais de cette structure et des influences réciproques, que les couches sociales exercent les unes sur les autres. Combien caractéristique pour la méthode sociologique de Taine est le commencement même de son tableau des classes privilégiées (vol. II, ch. 2) : « Ils étaient environ 270.000 ; dans la noblesse 140.000, dans le clergé 130.000 », etc…

§ 10

L'HISTORIOGRAPHIE EN TANT QU'ART

Ce qui jusqu'à présent exacerbait toujours jusqu'à un certain point le débat de principe sur le caractère scientifique de l'historiographie, c'était cette arrière-pensée, qu'il s'agissait d'une dégradation de l'historiographie, comme si le fait « d'être science » équivalait pour elle à un « rang plus élevé », que celui qu'on accordait à l'historiographie en lui déniant son caractère scientifique.

Cette arrière-pensée est absolument fausse. Toute critique, qui entreprend de prescrire à l'historiographie des voies et méthodes autres que celles qu'elle a suivies jusqu'à présent, est denuée de fondement. L'historiographie va triompher de toute cette critique non moins prétentieuse qu'injustifiée que l'on exerce à son encontre ; elle restera malgré tout toujours ce qu'elle a été dès l'origine : un récit plus ou moins poétique des actions humaines dans le domaine de la vie politique.

En tant que telle, elle répondra toujours et uniquement à un besoin profondément enraciné dans la nature de l'homme : celui de connaître les faits et gestes des époques et des générations passées.

Dans ce besoin sentimental des hommes repose l'éternel droit de l'histoire à l'existence, si insuffisants et inexacts qu'en soient les motifs rationnels. Présente-t-elle une utilité, et laquelle notamment ? est-elle ou non une « *magistra vitæ* » ? là-dessus on peut discuter ; sa raison d'être est plus profonde que tous ces bas motifs rationalistes ; elle procède du même besoin éternellement humain, dont découle aussi la poésie. Les reproches que lui fait le rationalisme libéral, » de s'occuper exclusivement des souverains et de laisser le peuple de côté » sont naïfs (1). Si elle le fait, c'est simplement parce que « le peuple » lit volontiers l'histoire de ses rois.

1. Tous ces reproches sont amplement exposés chez Bourdeau : « L'histoire et les historiens », Paris, 1888. La pensée maîtresse de ce livre est contenue dans les lignes suivantes : « L'histoire du genre humain doit être, autant que possible, celle *de tous les êtres humains* (!) Les historiens, pourtant, ne procèdent pas de la sorte ; ils se contentent d'en étudier quelques-uns. Faisant de l'espèce humaine deux parts inégales, ils mettent d'un côté les hommes célèbres, de l'autre la foule immense des inconnus, et décident que les premiers méritent seuls de figurer dans leurs récits... La science peut-elle, sans trahir son mandat (?) sacrifier à une poignée d'hommes illustres ou présumés tels la foule innombrable des hommes obscurs ? »

Bourdeau veut donc évidemment faire une science « égalitaire » et il soutient sa tendance par l'argument suivant, qui est complètement déplacé : « Que penseriez-vous d'un géographe qui, pour toute description de la terre, se contenterait d'en mentionner les plus hauts sommets ? » Abstraction faite de ce que la géographie descriptive n'est pas du tout une science, elle n'a, de plus, rien de commun avec l'historiographie.

Pourtant la géographie ne décrit pas, elle non plus, toutes les rues, chemins et passerelles de chaque village ! par conséquent cet argument n'est pas plus en faveur de Bourdeau. En s'indignant, parce que l'histoire paraît suivre le mot de Lucain : « Humanum paucis vivit genus », Bourdeau oublie que c'est un fait naturel impossible à changer. Cela peut déplaire à quelqu'un, cela n'est certainement pas démocratique, cela n'est peut-être ni juste, ni

Il en a été, il en sera toujours ainsi ; les constitutions républicaines elles-mêmes n'y changeront rien, si ce n'est que les présidents et les présidentes prendront la place des rois et des reines. Cette « méthode » (pour m'exprimer ainsi) de l'historiographie ne s'explique pas par une erreur ou une fausse tendance des historiens, mais par l'inclination et les qualités générales et humaines des masses. Car les historiens, comme les poètes et les artistes, ne sont qu'un produit social de ces masses, l'expression de leurs goûts, tendances et idéaux.

Un autre reproche fait à l'historiographie, à savoir qu'elle dépeint de préférence seuls les guerres et les combats, les principaux actes politiques, au lieu d'en-

louable, ni beau ; mais malheureusement c'est impossible à changer à ce point que les millions d'hommes, qui travaillent et peinent à la sueur de leur front, paraissent exister uniquement pour rendre possibles les actes politiques des souverains et des diplomates.

Mais Bourdeau peut se tranquilliser : il y a une justice dans la nature et dans l'histoire. Ceux-là ont pour eux l'apparence de l'action ; au fond, ils ne sont que des marionnettes mises en avant, et ceux qui les mettent en mouvement — eh bien ! ce sont toujours les millions d'hommes invisibles, anonymes, inconnus et innommés. C'est là la grande compensation de l'injustice apparente, la justice de la nature et de l'histoire : ceux qui paraissent l'être ne le sont pas ; ceux qui paraissent ne pas l'être, le sont. Mais il ne s'en suit pas, comme Bourdeau le croit, que les historiens doivent s'occuper des millions d'individus au lieu des chefs et des guides peu nombreux ; pas du tout ! seulement l'historiographie doit honorer la vérité et ne pas se laisser dominer par l'apparence. Qu'elle s'occupe, comme jusqu'à présent, des hauts faits et des grands acteurs, des premiers amants et héros sur la scène de l'histoire ; mais en même temps qu'elle nous montre les vraies causes de chacun de leurs pas — dans les conditions et tendances des masses, qui imposent leur direction aux actes politiques, aux actions théâtrales des personnages qui se meuvent sur la scène.

seigner le travail intime du peuple, n'est pas plus fondé. Car d'abord les guerres et les combats, les principaux actes politiques, sont en réalité l'axe autour duquel tourne la vie des peuples, et ensuite, c'est un instinct juste des masses, que de porter à ces hauts faits le plus grand intérêt, car de leur cours dépend la destinée de leur « intime travail ». Des guerres et des combats dépend la vie des peuples ; leur issue décide de la possibilité du « travail intime ». Aucun raisonnement, si raisonnable qu'il soit, ne diminuera donc l'intérêt des masses pour les principaux actes politiques en faveur du travail intime, et les historiens obéiront toujours à cet intérêt naturel des masses.

Assurément, ce qu'on fait pour satisfaire cet intérêt, à savoir le récit de l'histoire, n'est pas une science, mais plutôt de la poésie, une reproduction *artistique* de la vérité, qui aura toujours une grande valeur et une haute importance. Et cette valeur et cette importance ne vont pas croître en même temps que la fidélité de la reproduction à la nature, mais en même temps que la vérité artistique; ici encore l'artiste sera supérieur au photographe, mais parmi les artistes, tous les peintres de batailles, les peintres historiques, ceux de genre et d'intérieur, tous auront leur raison d'être selon leurs goût et capacité. Il n'y a pas de raison, si rationnelle qu'elle paraisse, qui puisse faire de l'historiographie une science devant marcher toujours dans les voies prescrites, se soumettre à une seule méthode reconnue juste et s'occuper uniquement des sujets imposés une fois pour toutes par la méthodique scientifique.

Il y aura toujours des « sciences », qui ne feront pas

autre chose que raconter, car l'homme ne peut pas mieux remplir ce court moment qu'il passe sur terre qu'en apprenant tout ce qui y arrive et y est arrivé. L'histoire est simplement une relation du théâtre de guerre de l'humanité ; et qui sait avec quelle avidité les hommes avalent tous les jours des relations sur toute sorte de choses, combien cela leur est nécessaire pour vivre ou simplement pour se distraire, comprend la raison d'être de l'histoire.

A cela vient s'ajouter encore un autre intérêt, l'intérêt qu'on porte aux personnages éminents. L'homme a incontestablement un besoin profond d'admiration pour les personnages éminents qui sont éloignés de lui ; ce besoin demande une satisfaction et il la trouve dans l'histoire. Remarquez seulement, combien volontiers et avec quelle passion les hommes rendent des hommages aux personnages marquants : l'historien, en attribuant, autant que possible, aux individus supérieurs tout ce qui est arrivé d'important dans l'histoire, vient juste à temps pour satisfaire à ce culte de personnes. Si l'histoire n'était que culte de personnes, elle aurait déjà sa raison d'être.

Les idées dans l'historiographie.

Ce qui vient d'être dit ne veut pas du tout être un manque d'égards à l'historiographie et ne doit pas éveiller la susceptibilité des historiens. Abstraction faite en effet de la haute valeur de l'historiographie en tant que recueil de matériaux importants pour toutes les sciences, pour la philosophie et la sociologie, on ne doit pas nier ce que l'historiographie contient d'idées. Car non seulement ces matériaux, mais aussi ces idées ont une grande importance, d'abord pour cette raison, que, sils n'étaient inspirés et incités par ces idées, les historiens n'auraient point collectionné ces matériaux. Sans idées il n'y a point d'historiographie. Bossuet n'aurait point pris la plume, s'il ne se fut agi de célébrer les sages desseins d'une juste Providence, qui conduit l'humanité par l'erreur à la vérité. Voltaire ne nous aurait pas dépeint avec des couleurs brillantes les tristes destinées de l'humanité, s'il n'avait pas voulu nous démontrer que l'histoire toute entière n'est qu'une tragédie absurde, pleine d'angoisses et de sang.

Nul historien de la civilisation n'irait recueillir, avec le zèle d'une abeille, des masses de documents, s'il ne s'agissait de prouver que, sortant de l'animalité, passant par les époques de pierre, de bronze et de fer, par la barbarie et l'ignorance, l'homme évolue vers les hauteurs sereines de la civilisation. Et il en a été toujours ainsi ! Mais malgré toutes ces idées l'historiographie ordinaire n'est pas une science. Car ces idées sont des tendances subjectives, et seules l'objectivité et l'impartialité forment le critérium de la science. Celle-ci ne se soucie pas de notre approbation ou de notre indignation. Elle fait totalement abstraction de nos sentiments, elle ne veut nous rendre ni gais ni tristes, ni nous élever, ni activer notre ardeur. Ce qu'elle veut, c'est uniquement connaître la vérité, l'évolution régulière des évènements,

§. 11

L'HISTOIRE ET L'HISTOIRE DE LA CIVILISATION

Il ressort de ce qui vient d'être dit que la dispute que mènent entre elles, avec beaucoup de vigueur, l'histoire et l'histoire de la civilisation sur leur supériorité et leur droit à l'existence, est vaine et tout à fait inutile. L'histoire de la civilisation reproche à l'histoire de s'occuper de choses tout à fait sans importance, et de négliger le développement de la civilisation, qui est pourtant l'essentiel dans l'histoire. Selon elle, ce n'est pas l'histoire politique, mais l'histoire de la civilisation qui est l'histoire propre de l' « humanité ». Les historiens répondent que pour les temps modernes ils se sont occupés aussi de la marche de la civilisation ; que, depuis Schlosser, ils ont consacré une attention suffisante au développement de la littérature, des sciences et des arts, mais que, ce faisant, ils ont, dans leurs récits, donné aux actions principales la première place qui leur était due. Une histoire spéciale de la civilisation n'a pas, selon eux, de raison d'être ; elle ne fait que représenter une évolution secondaire, ou, tout au plus, simultanée, qui, isolée de son fond naturel, l'histoire politique, n'a pas de signification, est un tronc sans tête, un fragment.

Les reproches des deux côtés sont également dénués de

fondement. Nous avons déjà parlé du droit de l'histoire à l'existence, et réfuté les critiques des historiens de la civilisation. Mais il va sans dire que le tableau du développement de la civilisation peut également être pris comme sujet d'un récit historique. Naturellement, il serait exclusif et insuffisant de séparer le développement de la civilisation de sa base naturelle, de l'évolution des organisations sociales et politiques ; mais cela, c'est l'affaire de chaque exposé particulier. A la fin, on peut même exposer l'évolution historique d'une arme ou d'un outil pour elle-même et indépendamment de toute corrélation avec l'évolution historique d'ensemble ; il ne dépend que de l'auteur de faire ressortir l'élément idéal, même dans de pareilles évolutions spéciales. Dans tous les récits pareils, il s'agit moins du sujet que de la manière de le raconter, et telle histoire des armes à feu peut, grâce à la façon dont elle est écrite, avoir une plus haute valeur artistique et scientifique que telle autre « histoire du monde » entier, si celle-ci est vide d'idées et composée d'une manière vulgaire.

Les historiens contre les historiens de la civilisation.

C'est bien la place ici de prendre plus ample connaissance du différend entre les historiens et les historiens de la civilisation, différend qui fut, il y a quelques années, fortement attisé par un naturaliste Du Bois Reymond, où toutes les trois parties, comme nous allons voir, ont eu tort, et qui, pour le moment, prit fin grâce à l'aveu sincère et honnête d'un historien, Buchholz. Cela s'est passé de la manière suivante :

Dans un discours académique sur l'histoire de la civilisation et les sciences naturelles, Du Bois Reymond blâma les historiens de négliger complètement les sciences naturelles, quoique pourtant « l'histoire des sciences naturelles fût l'histoire vraie de l'humanité », et quoique cette dernière fût totalement incompréhensible sans la première. Quelle a été la cause de la chute de Rome ? demande Du Bois. Les historiens ne le savent pas. Les naturalistes donnent des réponses diverses à cette question ; Liebig indique que le manque d'acide phosphorique et de potasse, (dont le sol italien a été privé sans compensation par une culture irrationnelle), a amené la chute de Rome ; Conrad affirme, que c'est le déboisement de l'Italie et le tarissement des irrigations qui en fut la cause. Mais ce qui, en synthétisant, apparaîtra la véritable cause de la chute de Rome, c'est la négligence envers les sciences naturelles. « Si la civilisation ancienne a succombé, ce n'est pas parce que le sol des pays méditerranées était pauvre en acide phosphorique et en potasse, mais parce qu'elle reposait sur les sables mouvants de l'esthétique et de la spéculation, que le torrent des barbares enleva aisément. » Si les légions romaines avaient été armées d'armes à feu, elles auraient chassé les barbares d'une façon sanglante. Depuis, de nombreux siècles se sont encore écoulés, avant que l'on eût reconnu enfin dans le nôtre la signification et l'importance des sciences naturelles. Cette marche évolutive de l'esprit humain depuis les temps préhistoriques, en passant par l'époque anthropomorphe à l'époque spéculative et esthétique, puis par la période scholastique et ascétique à la période moderne, technique et inductive, est, selon l'auteur, seule un objet digne de l'*histoire*. » Là nous apercevons une histoire du monde tout autre, que celle qui porte ordinairement ce nom et ne nous raconte rien que des avènements et des chutes de rois et d'empires, des traités et conflits successoraux, des guerres et conquêtes, des combats et sièges, des soulèvements et luttes des partis, des destructions de villes et des bagarres populaires, des meurtres et condamnations, des conspirations de palais et des intrigues du clergé, qui ne nous montre, au milieu de la lutte de tous contre tous, que le flot trouble fait d'ambition, de cupidité et de sensualité, de violences, trahisons et vengeances, de fraudes, préjugés et hypocrisie. Ce n'est qu'à de rares intervalles que ce sombre tableau est éclairé par l'image bienfaisante d'une véritable grandeur souveraine et du bien-être pacifique, plus souvent par les traits édifiants mais malheureusement, pour la plupart, vains, d'un courage héroïque, car où conduit-il finalement, ce chemin suivi à travers des flots de larmes et une mare de sang ? Dans l'histoire civique aperçoit-on un progrès constant dû à des forces qui agissent dans son propre sein ? Les rois deviennent-ils plus sages, les peuples plus modérés ? L'histoire ne paraît-elle plutôt être faite pour que l'on apprenne d'elle que l'on n'en apprend rien ? L'humanité est-elle, jusqu'aux temps modernes, arrivée, par une succession sûre, à des degrés plus élevés de liberté, moralité, force, art, bien-être et science ? Cette histoire ne nous montre-t-elle pas plutôt un travail de Sisyphe, et dans la notion même d'une période de construction cette idée n'est-elle point incluse, qu'elle est vouée à la déchéance ?

Cette explosion de colère contre l'historiographie ordinaire et de désespoir sur le sens de l'histoire du monde est tout à fait compréhensible chez des esprits, qui pensent d'une manière profonde et qui, en même temps, sont disciplinés par les sciences naturelles, tant qu'ils ne se sont pas rendu suffisamment compte précisément de ce qu'est l'histoire. Exactement la même chose arriva, 140 ans avant du Bois Reymond, à Voltaire, qui, dans son « Essai sur les mœurs », paru en 1740, donne une expression pareille à des sentiments identiques de colère et de désespoir. Lui aussi est porté au désespoir parce que, dans cette tourmente des révolutions d'un bout du monde à l'autre, il n'aperçoit aucune idée supérieure, rien qu'un enchaînement fatal des causes, « qui entraînent les hommes comme les vents poussent les sables et les flots ». Et, à coups répétés, il interrompt son exposition de l'histoire par le cri de désespoir, « qu'en général toute cette histoire n'est qu'un ramas de crimes, de folies et de malheurs parmi lesquels nous avons vu quelques vertus, quelques temps heureux, comme on découvre des habitations répandues çà et là dans des déserts sauvages ! »

Mais au XVIIIe siècle Voltaire pouvait se permettre de pareils jugements sur l'histoire sans pour cela s'exposer à de fortes attaques; car le XVIIIe siècle n'avait pas encore le bonheur de posséder des spécialistes de l'historiographie qui ne s'occupassent de rien que d'historiographie et qui considérassent le récit des choses arrivées comme la plus haute fonction de la science. Voltaire pouvait émettre librement et franchement de pareils jugements sur l'histoire et l'historiographie, car lui-même était aussi un historien, car à l'époque où il vivait les savants et les chercheurs ne se bornaient jamais à une seule spécialité, ce qui favorise bien les études approfondies, mais seulement aux dépens de la largeur des vues en ce qui concerne l'ensemble et du jugement objectif sur les autres domaines de la science. Mais à notre époque où les spécialistes et les professeurs d'histoire se plongent dans leur spécialité au point de devenir absolument aveugles pour le grand ensemble du monde et de la science, Du Bois Reymond est devenu, à cause de sa sortie précitée contre l'histoire, qui ne contient pourtant rien d'autre que ce qu'avait dit également l'historien Voltaire, l'objet d'attaques insolentes et pas précisément parlementaires de la part des historiens.

L'historien Lorenz, d'ailleurs très méritant, mais qui n'est point un philosophe, estime, que « la ténébreuse tendance de trouver dans le domaine de l'histoire humaine ce que le naturaliste appelle sa loi, élève des prétentions grandissantes », et reproche « au représentant principal de cette tendance, Du Bois Reymond », d'avoir « tiré les conséquences extrêmes de cette opinion avec une telle clarté et intrépidité », qu'il est du devoir de l'historien de se prononcer nettement sur cette tendance (1).

Eh bien, cette opération, malgré l'attitude très présomptueuse de Lorenz, a très faiblement réussi. Lorenz a évidemment raison, quand il dit que « l'on ne peut pas appliquer les mêmes

1. Ottokar Lorenz : « Die Geschichtswissenschaft », Berlin, 1886-1890.

principes à l'étude de l'histoire des Etats déchus qu'à l'histoire de l'écorce du globe terrestre ; ni Du Bois Reymond, ni personne, n'a d'ailleurs soutenu une pareille identité des principes de l'histoire et de la géologie ; mais, en ajoutant que la raison de cette différence est que « chez les premiers (c'est-à-dire, dans l'histoire) nous n'avons à considérer que des actions qui se sont accomplies selon le choix d'une personne, qui aurait pu prendre une autre décision », Lorenz exclue lui-même l'historiographie du cercle des sciences. Car l'exposition des actes qui dépendent « du choix des personnes qui auraient pu prendre d'autres décisions », ne peut d'aucune façon être l'objet d'une science, mais revient tout au plus à un récit historique, satisfaisant la curiosité ordinaire, et qui peut être, à un degré plus ou moins élevé, une œuvre d'art, une reproduction poétique de la réalité.

Il est pourtant évident qu'il ne peut y avoir de transaction ni d'accord entre le point de vue scientifique d'un Du Bois Reymond et le point de vue historique d'un Lorenz et des historiens ; car aucune discussion sur la science n'est possible avec des hommes qui croient que les événements historiques sont déterminés par « le choix des personnes qui auraient pu prendre aussi d'autres décisions ». Mais Du Bois Reymond n'a parlé que pour ceux, qui n'excluent pas les événements historiques de la corrélation causale de l'ensemble du devenir naturel. Or, cela est un point de vue où l'historiographie ne s'est pas placée jusqu'à nos jours et où elle ne peut pas se placer sans l'aide de la sociologie.

Une seule critique des historiens est injuste : c'est que ceux, qui jusqu'à présent, depuis Comte et Buckle, ont voulu envisager l'histoire à ce point de vue naturaliste, l'ont fait sans succès ; qu'ils n'ont pas réussi jusqu'à présent à prouver l'existence de pareilles « lois scientifiques de l'histoire » : mais l'insuccès de ces efforts n'est pas un argument logique contre la justesse du point de vue lui-même. Sans doute, ni Comte, ni Buckle, ni Du Bois Reymond n'étaient en état de démontrer *une seule* pareille loi de l'histoire ; seulement cela ne prouve qu'une chose : c'est que ce problème n'a pas été résolu par eux, mais pas du tout qu'il soit insoluble.

En ce qui concerne spécialement Du Bois Reymond, son jugement défavorable à l'histoire *en tant que science* est tout à fait juste ; il ne fait que répéter ce que, avant lui, ont dit avec autant de raison Comte, Schopenhauer et Buckle. Mais lui aussi se trompe dans l'idée positive de ce que pourrait être une historiographie scientifique, tout comme les essais correspondants de Comte et de Buckle étaient manqués.

Car la phrase de Du Bois Reymond : « l'histoire des sciences naturelles est l'histoire véritable de l'humanité », est un paradoxe et ne peut nullement être prise au sérieux : les sciences naturelles — ce n'est pas l'humanité, — mais seulement un phénomène secondaire dans le domaine de l'humanité. Evidemment, non seulement dans l'histoire des sciences naturelles, mais dans celle de toutes les sciences et arts, l'histoire de l'humanité se reflète, mais elle ne doit pas pour cela être identifiée avec elles. L'histoire de la civilisation peut être la plus justifiée de toutes ; mais c'est une grosse erreur que de la tenir pour « l'histoire propre de l'humanité, » comme le fait Buckle.

Cette erreur est compréhensible, donc pardonnable, précisément chez les philosophes et les penseurs qui sont accoutumés à chercher ce qui est général, l'idée, la loi, dans la masse de phénomènes et pour qui seule la recherche de cette loi est la tâche de la science. La civilisation, qui se développe progressivement en même temps que l'évolution unitaire de l'humanité, fournit précisément une pareille loi générale ; donc, rien d'étonnant que les penseurs et les philosophes la saisissent et veuillent voir l'essence de l'histoire dans le développement progressif de la civilisation.

Mais cela est une erreur, et la preuve en est dans ce fait seul que la civilisation ne progresse pas d'une façon continue chez ses porteurs respectifs, mais qu'elle les amène chaque fois à la chute et à la ruine politique et périt avec eux, pour renaître ensuite de ses cendres, comme le phénix. Dans ces conditions le récit de l'évolution progressive de la civilisation laisse évidemment de grandes lacunes dénuées de civilisation, ou, si l'on veut, des périodes de barbarie, qui ne peuvent être expliquées par la « loi de l'évolution progressive de la civilisation, » et pour lesquelles il faut chercher ailleurs une explication. Toute histoire de la civilisation, qu'elle soit même plus qu'un simple récit, qu'elle veuille être une science, ne peut que nous expliquer précisément le développement de la civilisation, c'est-à-dire ce phénomène secondaire socio-psychique, dont la base est sociale, dont les causes reposent dans les états sociaux, en un mot, dont le phénomène primaire est la *société* humaine, en prenant ce mot dans son sens le plus large. Cela laisse déjà entrevoir une autre science, science fondamentale, dont l'objet est précisément formé par ces phénomènes primaires et qui ne tend pas à la constitution d'une loi de la civilisation, mais d'une loi de la société ; et une telle science c'est la sociologie. Ce qui est donc juste dans les critiques de Voltaire, Buckle et Du Bois Reymond, c'est la condamnation de l'histoire en tant que science, car elle ne nous donne rien de généralement vrai, aucune loi supérieure, rien qu'un tourbillon incompréhensible de faits ; leur erreur est de croire trouver cet élément général, cette loi, dans un domaine tout autre, dans le domaine des phénomènes secondaires, tandis qu'un examen plus attentif permet de le trouver dans le domaine des phénomènes primaires, ce qui précisément sert de fondement à la science de la sociologie.

Cette erreur de Du Bois Reymond n'a pas été élucidée par les historiens, qui l'ont attaqué avec beaucoup de violence, quoique certains d'entre eux, comme par exemple Dietrich Schäfer, guidés plutôt par un instinct juste que par une claire compréhension, aient déclaré erroné le remplacement de l'histoire par l'histoire de la civilisation, demandé par Du Bois Reymond (1). C'est avec raison que Schäfer conteste, qu'« on

1. Dietrich Schäfer : « Das eigentliche Arbeitsgebiet der Geschichte », Jena, 1888.

soit entré, grâce à l'histoire de la civilisation, dans une ère nouvelle de l'historiographie, car ce qui occupe le premier plan de l'histoire de la civilisation, ce ne sont pas les croyances et les passions politiques et religieuses des peuples, mais leurs habitudes et occupations quotidiennes » ; on ne peut pas critiquer Schäfer quand il demande que l'État, la vie politique, qui pendant des millions d'années ont formé l'objet principal et dominant des recherches et des méditations des historiens, gardent aussi à l'avenir leur importance décisive dans l'histoire. Mais quand Schäfer propose aux historiens « la tâche d'élucider l'État, son origine, son devenir, « les conditions de son existence, ses devoirs, » il propose à l'historiographie un problème, à la solution duquel elle contribue involontairement, mais qu'elle n'a jamais consciemment abordé et qu'il convient beaucoup mieux de laisser à la sociologie. Car précisément cette circonstance que l'historiographie, comme le dit Schäfer lui-même, « raconte pour la plupart les actes des aïeux ou des prédécesseurs pour la gloire de leur propre peuple » (p. 10), que « le souffle vivifiant, sans lequel elle resterait une science morte, lui vient constamment de la vie politique ou nationale » (p. 11), que jamais elle ne s'éloigne sans dommage « de ce terrain, qui est son terrain naturel » (p. 11), qu' « elle est élevée sur les idées politiques », que « le sens historique n'est au fond pas autre chose que la puissance de souvenir des peuples, » en un mot, que toute historiographie devrait être au fond une « *épopée nationale,* » cette circonstance est précisément le plus grand obstacle pour l'étude véritable de la nature de l'État. Si, d'un côté, Schäfer demande à l'histoire de « ne pas se défendre contre les impulsions nationales, politiques, religieuses, » c'est un manque de conséquence que de lui demander d'un autre côté d'élucider la nature de l'État. Le point de vue national et politique exclut l'étude objective et scientifique, et réciproquement. Il n'y a qu'une alternative possible : épopée ou science ; l'une n'est pas possible en même temps que l'autre.

Schäfer remarque lui-même la contradiction qu'il y a à demander à l'historiographie d'être en même temps épopée et science ; mais il n'est pas en état de la résoudre ou de l'écarter. « L'histoire ainsi comprise (devenant épopée nationale!) ne sera-t-elle pas nécessairement exclusive, partiale, étroitement nationaliste ? » demande Schäfer, et il a la sincérité de ne pas le nier. Il se console plutôt en disant qu' « on ne peut jamais renier complètement ses liens avec la nation et l'État, » et qu'un homme, « *en enseignant à sa nation*, quelle attitude elle doit prendre après une réflexion tranquille (?), est par cela même juste envers les étrangers (?) » (p. 31). On voit combien profondément Schäfer s'est enlisé, d'un côté, dans la contradiction entre l'épopée et la science, de l'autre, dans l'obscurité en ce qui concerne la notion de la science, s'il peut définir l'histoire tantôt comme « enseignement donné à la nation » sur l'attitude à prendre, tantôt comme « tableau et groupement, qui n'introduit rien dans les faits et leur corrélation » (p. 30).

Schäfer a voulu concilier deux choses qui sont inconciliables : historiographie en tant qu'épopée nationale, donc récit avec une tendance politique, ce que l'histoire restera toujours, et science objective de l'État et de la société, ce que l'historiographie ne sera jamais, mais ce que la sociologie doit être.

Schäfer ne s'est pas rendu compte de l'idée fondamentale de Du Bois Reymond ; s'il l'avait comprise, il aurait dû répliquer à ses raisonnements simplement ceci : l'histoire est un art et non une science ; elle a pour devoir de reproduire artistiquement les destinées et les actions humaines et doit viser les mêmes effets que les œuvres d'art ; mais ce n'est pas son affaire de construire des lois générales de la vie politique et sociale (1).

1. Gothein (« Aufgaben der Kulturgeschichte », p. 7), dit avec raison : « Se créer à lui-même une vision vivante de la marche des événements et la communiquer au lecteur, donc l'*élément artistique*... reste pour l'historien la plus importante des préoccupations » ; mais Gothein commet, lui aussi, une erreur, en ajoutant que cet élément artistique distingue l'historiographie de toutes les

Les raisonnements de Schäfer se résument par contre dans la pensée que l'histoire de la civilisation n'est qu'une partie de l'histoire. Car « l'investigation historique, en s'efforçant de suivre l'évolution de la civilisation et de l'instruction des hommes, en tournant son regard en première ligne vers les rapports des hommes à l'État, accomplit précisément par son travail la tâche, que l'on ne peut pas raisonnablement imposer à ce qu'on appelle l'histoire de la civilisation » (p. 26). Au postulat de Du Bois Reymond d'écarter l'histoire non scientifique des États et de la remplacer par l'histoire de la civilisation, seule scientifique, Schäfer répond : l'histoire politique nationale bien comprise est la meilleure histoire de la civilisation. Nous le voyons, ces deux tendances ne se comprennent pas mutuellement : Du Bois Reymond désespère de l'historiographie, car il ne découvre une loi générale que dans le développement des sciences et de la civilisation ; Schäfer ne comprend pas du tout les objections que Du Bois Reymond lui applique à l'occasion du mot « absurde » (p. 24) et dénie à l'histoire de la civilisation, en tant que science spéciale, tout droit à l'existence, car son objet principal appartient à l'histoire politique (1).

Quand on traite ces questions d'une pareille façon, quand on ne descend pas jusqu'aux principes, quand on n'élucide pas les notions fondamentales et ne prouve pas logiquement ses affirmations, on n'atteint pas le but, on alimente simplement une discussion, qui s'éternise sans donner de résultats ;

autres sciences, car les sciences ne sont pas des arts, elles n'ont pas besoin d' « éléments artistiques » ; on ne peut donc pas dire qu'elles sont sous ce rapport inférieures à l'historiographie. Pareilles comparaisons entre les sciences et l'histoire sont déplacées, car l'histoire n'a pas le même but que la science : son but à elle est la « vision vivante » des faits, celui des sciences consiste dans des lois générales.

1. Cet élargissement est demandé par Bernheim pour l'histoire : il lui attribue aussi l'étude des temps primitifs, de ce qu'on appelle préhistoire (*Lehrbuch der historischen Methode*, p. 31, 32).

la preuve en est l'ouvrage de Gothein : « Les problèmes de l'histoire de la civilisation » (*Die Aufgaben der Kulturgeschichte*, Leipzig, 1889), qui parut en réponse au discours de Schäfer.

Contrairement à l'affirmation de Schäfer, que l'histoire de la civilisation n'est qu'une partie de l'histoire, Gothein répète de nouveau que l'histoire doit devenir histoire de la civilisation (p. 2). Si Schäfer demande, que l'histoire de la civilisation se subordonne à l'histoire politique et nationale, Gothein estime, que « l'histoire politique garde sa nécessité et sa valeur, mais l'histoire *générale*, l'histoire de la civilisation exige qu'elle s'incorpore en elle et se subordonne à elle ». Car la vie politique, elle aussi, n'est qu'une partie de la civilisation humaine, et non la plus importante. Gothein se place encore au point de vue dualiste, selon lequel les sciences naturelles et celles de l'intellect doivent être séparées ; l'histoire classée parmi ces dernières, car l'État et tout ce qui s'y rapporte est, à ce point de vue, également un produit de l'esprit humain.

Or, Gothein argumente logiquement ensuite : « Il n'y a qu'une seule science de l'esprit humain. Si nous la considérons par rapport à ses bases qui restent invariables, nous lui donnerons le nom de philosophie ; si nous cherchons à connaître la transformation et le développement de son objet, elle s'appellera histoire de la civilisation. *Tertium non datur*. » Ainsi donc Gothein énonce une thèse exactement opposée à celle de Schäfer, et qui est presque identique à celle de Du Bois Reymond. Mais Schäfer, aussi bien que Gothein, ont omis ce qui pourtant aurait dû être leur premier souci : de faire précéder la question du caractère scientifique de l'histoire d'une claire définition de la science ; aussi nous rencontrons également dans les explications de Gothein cette contradiction étrange, que tout en posant à l'histoire des exigences esthétiques, il l'appelle pourtant science. Mais qu'est-ce qu'on dirait si quelqu'un demandait à l'astronomie de prendre en considération « l'élément artistique » ?

1. Bernheim veut, au contraire, arranger le différend entre l'his-

Une seule notion peut résoudre ces contradictions : une séparation nette entre l'histoire et la sociologie. « La vision vivante de la marche des choses », « la reproduction artistique » de la vie politique est l'affaire de l'histoire : la recherche des lois générales du *processus* historique est l'affaire de la sociologie. Cette notion une fois acquise, la confusion éternelle de l'histoire art et de l'histoire science cesse : mais alors nous avons aussi la limite entre l'histoire et l'histoire de la civilisation, car cette dernière devient alors une branche auxiliaire de la sociologie, qui a pour objet l'origine, la nature et le développement de la civilisation en tant qu'un phénomène social secondaire ou, pour mieux dire, en tant qu'un phénomène socio-psychique.

Mais cette notion, on n'y voit pas parvenir encore Bernheim qui dans son ouvrage « Les recherches historiques et la philosophie de l'histoire » (*Geschichtsforschung und Geschichtsphilosophie*), et dans le « Manuel de la méthode historique » précité, examine les notions et les buts de l'histoire et arrive à parler également de son rapport à l'histoire de la civilisation et à la sociologie.

Bernheim se facilite jusqu'à un certain point la solution de ces questions litigieuses, en distinguant trois sortes d'historiographie : l'historiographie narrative, instructive et évolutive (génétique). De cette manière il essaie d'infirmer toutes les

toire et l'histoire de la civilisation de la simple manière suivante : il considère l'une et l'autre comme « deux branches de notre science (c'est-à-dire de l'histoire) ayant des droits égaux, dont on peut, dans l'intérêt de la division du travail, s'occuper séparément, mais qui restent néanmoins des parties étroitement unies d'un ensemble plus grand, et qui, précisément pour cela, ne peuvent pas exister l'une sans l'autre et doivent sans cesse se compléter mutuellement » (l. c., p. 44) ; par conséquent Bernheim n'aperçoit aucune différence de principe entre l'histoire de la politique et l'histoire de la civilisation, ce qui, en effet, est chez lui la conséquence de sa définition de l'histoire, qu'il dit être la science du développement des personnes dans leur activité, en tant qu'êtres sociaux ».

assertions, qui ont été faites en ce qui concerne le caractère non scientifique de l'histoire, en les rapportant seulement à l'histoire « narrative » et tout au plus « instructive » mais non à l'histoire « génétique » ; en même temps il réclame le titre de science pour toute représentation d'une « évolution » (1).

Quant à cette autre notion de la science, selon laquelle elle ne représente pas seulement des « évolutions », mais formule des lois générales, il lui reproche de transporter d'une manière étroite la notion des « sciences naturelles » dans les « sciences de l'intellect ».

Par conséquent, il n'y a pas à discuter davantage avec Bernheim ; ou plutôt il faudrait d'abord vider avec lui la discussion sur la notion de la science. Bernheim parle du moins d'une façon nette et claire : « La science historique ne peut et ne veut pas chercher de lois générales. L'avouer n'est pas autre chose qu'avouer que l'histoire n'est pas une science naturelle, n'est pas ce qu'on appelle une science exacte; mais affirmer pour cela qu'elle n'est pas science en général, c'est une erreur de ceux qui limitent la notion « science » aussi arbitrairement qu'étroitement, aux sciences naturelles. Qui embrasse, sans parti pris, du regard, le domaine et la nature du savoir humain, ne déniera pas à l'histoire le *titre plein* (?) de science, quelle que soit la définition plus précise de cette notion ; car elle nous fournit des connaissances d'ensemble sûres et unies au sujet d'un domaine spécial du monde phénoménal ».

Naturellement, si l'on comprend ainsi la notion de la science, à savoir qu' « elle nous fournit seulement un savoir d'ensemble sur un domaine spécial du monde phénoménal », l'histoire serait science. Mais une pareille définition est trop large pour la science ; elle pourrait embrasser également beaucoup d'autres disciplines, qui nous fournissent seulement « une

1. Bernheim a pourtant émis la vue juste sur l'histoire dans son ouvrage: « Geschichtsforschung und Geschichtsphilosophie » : « Les poèmes d'Homère, les sagas, les Nibelungen », dit-il à la page 4, « qu'est-ce, sinon l'histoire chantée » ? Mais de cette phrase découle logiquement, que toute historiographie est une « épopée parlée ».

somme de savoir » et pourtant ne sont pas des sciences. Déjà vers 1860 Lazarus écrivait avec raison : « La science doit chercher des lois générales, elle doit présenter les événements et les processus du devenir historique dans leur régularité. »

Bernheim traite une pareille définition de la science de « limitation de la notion de la science aux sciences naturelles ». Eh bien, supposons qu'il a raison : au point de vue moniste l'histoire restera toujours un seul côté de l'histoire naturelle de l'humanité, et le différend sur la question de savoir, si l'histoire est une science ou non, devra être vidé sur un autre terrain de combat, notamment sur celui entre le monisme et le dualisme.

Mais nous n'y suivrons point Bernheim qui apparaît ici partisan de Dilthey ; il n'y a pas à discuter avec celui qui veut s'en tenir à un domaine spécial des « sciences de l'intellect », où la nature « cesse », et où règne « le libre esprit humain ».

Mais de cette façon on n'irait jamais de l'avant, si l'on remettait toujours en question les vieilles notions acquises ; or, Herder déclare déjà que toute l'histoire humaine est une « pure histoire naturelle, d'où il découle que cette histoire de l'humanité peut très bien fournir la matière à une « science naturelle ». Un débat là dessus est-il encore admissible aujourd'hui ?

La discussion devient d'autant plus aigüe que quelques-uns, comme par exemple Bernheim, attache au mot « science » la signification d'un rang ; qu'ils revendiquent pour l'histoire « le plein titre » de science, comme si l'histoire, en tant que tableau, devait occuper un rang moins élevé que l'histoire, en tant que science. On transporte ainsi nos idées des classes et des rangs dans un domaine où elles n'existent pas.

Un bon lieutenant a en effet un traitement moindre et une ou deux étoiles de moins au col, qu'un capitaine même incapable : mais de pareilles notions ne s'appliquent pas au domaine de la production intellectuelle. Même si l'histoire n'est qu'un tableau du passé et non une science, un bon historien vaut plus qu'un astronome incapable, et en tout cas il est égal en valeur au meilleur astronome ou physiologiste. Une dispute pour « un plein titre » de science, comme si c'était une plus grande distinction, est ridicule ; pourtant ces fausses notions hiérarchiques ont causé jusqu'à présent beaucoup de préjudice à l'étude de cette question.

Buchholz (1) étudie la question de la nature et des buts de l'histoire d'une manière objective et dégagée de toutes les fausses notions concomitantes pareilles. « La tâche de l'historien, dit-il, est de suivre modestement les traces de l'évolution, de les regarder d'un regard impassible et de les reproduire aussi purement et exactement que possible. Il ne doit pas oser poursuivre de buts plus élevés. » Buchholz indique aussi avec beaucoup de raison des attributs inévitables de toute historiographie, qui lui ôtent nécessairement tout caractère scientifique. Ainsi, en première ligne, le jugement historique. Aucun historien n'y renonce ; aucun ne se borne à reproduire purement et simplement le passé, mais chacun montre ou trahit en même temps son approbation ou sa désapprobation, chacun prodigue des éloges ou décerne des blâmes. Cela seul exclut pourtant l'historiographie de la catégorie des sciences. Car celles-ci n'ont affaire qu'à des séries de phénomènes, qui se déroulent selon des lois constantes, qui sont soumises au régime d'une stricte causalité. L'astronome, le physiologiste, le linguiste n'apprécient point, le chimiste n'exprime ni des louanges ni des blâmes, quand il expose les propriétés des éléments et leurs relations et affinités réciproques. Cette circonstance à elle seule ne montre-t-elle pas la profonde différence de principe qui existe entre l'histoire et toutes les autres sciences ? Si les historiens voient dans le nom de la « science » un titre honorifique, eh bien ! on pourrait consentir par amitié pour eux à appeler l'histoire science, à lui accorder ce « plein titre », mais alors il faudrait trouver un autre nom pour l'astronomie, les mathématiques, la physique, la chimie et la so-

1. *Quiddes Zeitschrift*, 1889, v. II, p. 32.

ciologie. Mais ce qui est sûr, c'est qu'il faut admettre une différence de principe entre les disciplines qui prononcent des jugements et celles qui formulent des lois générales (excluant toute appréciation !)

Et nous faisons totalement abstraction de la question des critères de ces appréciations! Car un pareil critère, les historiens ne l'ont jamais trouvé et ne le trouveront jamais (1).

Mais tandis que les vraies sciences renoncent facilement à toute appréciation pareille, car il n'est pas dans leur but de la formuler, l'historiographie sent instinctivement que « sans cette appréciation l'histoire paraîtrait *pauvre et vide* à la conscience populaire » (Buchholz), et couronne toujours ses récits par de pareilles appréciations, pour satisfaire au besoin intime de l'historien et de son lecteur. Si l'on élève des critiques contre de pareils jugements des historiens et qu'on leur demande si leurs critères sont justes, alors Buchholz, le plus conscient et objectif de tous, répond simplement : nous jugeons d'après notre *goût*, que la postérité nous juge d'après le sien ! C'est vrai pour l'historiographie et tout à fait suffisant pour son but, qui est de satisfaire un besoin de sentiment ; mais certainement ce n'est pas un procédé qu'on pourrait recommander à une science, car la science tend à la vérité absolue, à la connaissance des lois des phénomènes !

1. Sur l'impossibilité de trouver un pareil critère, voir Lorenz : « Geschichtswissenschaft », I, 70 ss. En ce qui concerne le postulat de Sybel, que l'histoire doit arriver à « l'appréciation morale des faits », Lorenz remarque : « nous demandons l'appréciation morale et nous nous dérobons comme des anguilles, quand nous devons dire ce que c'est que cette appréciation morale » (p. 73). « Qui ne veut pas se faire illusion, ni violer la réalité, doit, une fois pour toutes, renoncer dans cette science aux valeurs absolues » (p. 76). Au contraire, Lorenz voudrait trouver des « valeurs relatives », mais alors dans cette « science » il est permis d'avance à un Français de traîner dans la boue ce qu'un Russe élève jusqu'au ciel.

§ 12

L'HISTOIRE DE LA CIVILISATION ET LA SOCIOLOGIE

Que l'histoire de la civilisation ne puisse non plus élever la prétention d'étudier l'évolution de la « société » humaine, objet apparent et présumé de la sociologie, et de rendre superflue cette dernière, voilà qui peut d'abord être prouvé d'une façon négative, en indiquant simplement, que la civilisation est une manifestation de la société, mais non la société même. Comme sous le nom collectif de civilisation on comprend les côtés les plus différents de la vie humaine, et comme chacun de ces côtés peut donner lieu à un exposé à part, ou tous réunis à un exposé commun, on peut donc présenter des choses très diverses sous ce nom : histoire de la civilisation.

En réalité, les uns comprennent sous ce nom l'évolution de l'esprit humain, comme expression la plus haute de toute la civilisation, et exposent dans l'histoire de la civilisation le développement de la littérature, des sciences et des arts.

Les autres font entrer dans la civilisation l'industrie, les métiers, le commerce, donc l'histoire de la civilisation embrasse chez eux toute la vie économique.

On peut élargir encore plus cet objet : la vie domestique, les outils, l'alimentation, les mœurs et coutumes, le culte religieux, tout cela appartient à la civilisation, donc à l'histoire de la civilisation. Eh bien, tout cela, ce sont en effet des produits de la société humaine, mais ce n'est pas la société même.

La philosophie grecque ne nous donne pas une idée claire et nette de la structure de la *société* grecque ; on peut connaître toutes les œuvres de l'art grec, sans avoir l'idée de l'ensemble ou des parties composantes de la société hellénique. En un mot, si nous supposons, sans encore l'accorder, que cette notion embrouillée « société » soit l'objet de la sociologie, l'histoire de la civilisation peut, selon ce qui vient d'être dit, encore moins que l'histoire, élever la prétention de remplacer la sociologie dans l'étude de cet objet.

Mais non seulement l'histoire de la civilisation n'a pas de chances de remplacer la sociologie ; elle-même disparaîtra probablement un jour de la surface, en tant que science indépendante, et ceci pour des raisons très simples et très naturelles. Ce qu'on appelle civilisation représente la somme des actions de l'esprit humain dans un grand nombre de domaines différents, comme, par exemple, ceux de l'art, de la science, de la religion, du droit, etc. Or, chacun de ces domaines est l'objet d'une science spéciale, de manière que l'histoire de la civilisation ne peut être que le répertoire des résultats de ces sciences particulières. Mais quand celles-ci se développent plus fortement et se fraient des voies spéciales à elles, elles disloquent « l'histoire générale de la civilisation » et la rendent impossible en tant que science. Ainsi, nous voyons déjà dans ces derniers temps l'histoire de la « culture matérielle », c'est-à-dire de la vie économique, prendre les dimensions d'une science spéciale fort respectable, qui enlève à l'histoire de la civilisation une partie notable de son domaine antérieur et forme la transition directe vers la sociologie. Mais déjà auparavant l'histoire de l'art s'est constituée à part, sans parler de l'histoire de la littérature. Chacune de ces « histoires » arrive à avoir sa propre méthode et ses propres principes, chacune formule à la fin des lois particulières du développement de son sujet spécial. Qu'est-ce qui reste donc à faire à l'histoire de la civilisation? Réunir les résultats des études des autres n'est pas une raison d'être suffisante pour une science indépendante.

L'histoire économique de l'Allemagne (Inama-Sternegg).

Inama-Sternegg doit être considéré comme fondateur de « l'histoire économique » de l'Allemagne, quoiqu'il ait pu déjà se baser sur des travaux économiques précédents d'une grande valeur (de Hanssen, Meitzen et autres). En général, les travaux d'Inama-Sternegg, aussi bien ceux d'histoire économique que de statistique, se placent tout près de la limite de la sociologie, et les buts qu'il se propose et dont il parle sont les plus rapprochés de la sociologie, comme d'ailleurs toute sa manière de considérer l'évolution sociale est sociologique. Ainsi par exemple, des résultats de l'histoire économique de l'Allemagne il attend aussi « des indications directes sur les lois générales de l'évolution des peuples et de leurs institutions économiques et sociales, car la marche de l'évolution de la société humaine a des bases si profondes dans la nature humaine, que dans des conditions extérieures semblables de la vie apparaissent aussi des tendances et des institutions semblables. » Selon le programme qu'il trace à son histoire économique, « doivent être examinés et exposés tous les côtés de la vie populaire qui appartiennent directement à la vie économique, ou bien qui l'influencent dans la production ou dans la distribution, ou qui en sont des effets ; donc, surtout les phénomènes de la vie sociale, de la superposition des couches sociales, des liens et organisations, qui reposent sur une base économique et s'expliquent par des conditions économiques ». Il justifie ce programme, en disant que « l'histoire de l'*économie* d'un peuple ne veut dire autre chose que l'histoire de ses états *sociaux* » (*Deutsche Wirtschaftsgeschichte*, v. I, préface).

Le second historien-économiste allemand, Lamprecht, considère l'histoire économique comme une partie de l'histoire de la civilisation. « Dans l'ensemble de l'évolution de la civilisation, dit-il (vol. II, introd.), on peut parfaitement opposer à la sphère de la civilisation spécifiquement réelle ou matérielle, économique ou juridique, la sphère spécifiquement idéale de la foi, de l'art, de la science », et il est possible de soumettre chacune de ces deux sphères, aussi bien que celle de leurs rapports réciproques, à une étude séparée.

Mais Lamprecht diffère d'Inama-Sternegg par le manque de points de vue sociologiques. Lamprecht veut réduire chaque phénomène sans exception aux causes purement économiques, ce qui n'est pas toujours suffisant. Quand, par exemple, il examine la différence entre la population des châteaux et celle des campagnes, il ne lui vient nullement l'idée de se poser la question, si cette différence ne pourrait pas s'expliquer par le choc de deux éléments ethniques hétérogènes ; si, par hasard, comme cela est, en effet, arrivé ailleurs, les *conquérants* ne se sont pas établis dans des châteaux isolés, tandis que les indigènes subjugués sont restés dans leurs habitations villageoises. Ce point de vue sociologique, qui chez Inama-Sternegg n'est jamais oublié et réapparaît toujours, n'est nulle part visible chez Lamprecht.

§ 13

LA SOCIOLOGIE ET LA STATISTIQUE

La sociologie rencontre la plus décisive inimitié et désapprobation de la part de la statistique, qui conteste la raison d'être d'une science de la société autre qu'elle-même (1).

« La sociologie — tels sont les reproches de la statistique — n'opère pas avec des nombres ; ses connaissances ne peuvent donc prétendre à aucune exactitude, jus-

---

1. Comp. l'article de Neumann-Spallart : « Sociologie et Statistique » (dans la *Statistiche Monatschrift*, de Vienne, 1878), où tous les arguments des statisticiens contre la sociologie sont résumés plus spécialement sur la base de l'article d'Engel, (dans la *Zeitschrift des Konigl. preuss. statist. Bureaus*, XI, 1871). Ce dernier propose la démographie comme dernier but de la statistique, et demande à la statistique « d'observer la vie des peuples, des Etats et de leurs parties composantes, et d'exposer d'une manière analytique le lien causal entre la cause et l'effet ». Personne ne peut contester que la conception de la statistique, que donne Engel, soit grandiose et que les œuvres statistiques d'Engel correspondent à cette conception. Mais la statistique d'Engel ne rend pas la sociologie inutile, et Neumann a certainement tort, quand il affirme que « Spencer, comparé à Engel, représente une régression, un obscurcissement ». La statistique est une sorte de *microscopie sociale*, dont on ne saurait assez apprécier la valeur ; mais la sociologie, c'est l'observation des masses, non pas à travers le microscope des chiffres, mais dans la perspective historique ; c'est une sorte d'astronomie sociale.

tesse et vérité. La statistique, au contraire, examine et *mesure* les phénomènes sociaux, c'est elle donc qui est la science de la société la plus compétente et elle n'a point besoin d'un valet aussi peu sûr et peu conscient de ses devoirs, que la sociologie ». Nous avons déjà indiqué ailleurs l'insuffisance de la statistique en tant que science de la société (1). Mais nous devons ajouter quelques mots aux arguments employés.

Constatons d'abord que la statistique, avant de pouvoir mettre en doute la raison d'être d'une autre science, devrait avant tout terminer victorieusement la vieille dispute sur la question de savoir si, elle-même, elle est une science ou seulement une méthode ? Mais cette dernière opinion s'est jusqu'à présent toujours affirmée comme étant la plus juste, et c'était avec raison. Car, quel pourrait donc être l'objet de la statistique ? et c'est bien le moins qu'une science indépendante ait un objet indépendant à elle. La statistique n'en a pas. La médecine se sert de la statistique pour mesurer le danger de contagion des maladies ; pour démontrer l'influence de la situation des lieux d'habitation sur la formation des foyers d'infection. L'économie politique l'utilise pour mesurer la force de la vapeur en tant que facteur du bien-être ; la météorologie et la climatologie, pour élucider la relation entre les précipités atmosphériques et la fertilité d'un pays, etc. Tout cela, est-ce de la science sociale? Oui ! peut-être dans ce sens vague et indéterminé, qui fait attribuer le nom de science sociale à toute science sans

---

2. Voir notre « Précis de Sociologie » (*Grundrisz der Sociologie*, p. 6, 95, 98).

exception, qui effleure d'une façon quelconque la « société » — et quelle est la science qui ne le fait pas ?

En réalité, la statistique n'est point une science indépendante, mais une méthode, qui peut trouver son application et qui peut être utilisée dans toutes les sciences; nous disons toutes, mais peut-être justement le moins dans la sociologie, et ceci pour les raisons suivantes. La méthode statistique consiste à additionner des cas individuels et à en former de grandes séries chiffrées dans le but de montrer la régularité mathématique de leurs répétitions. Mais à une pareille addition dans le but de démontrer la loi des grands nombres ne se prêtent que des cas individuels, comme par exemple : naissances, décès, crimes, suicides, mariages, faillites; ou bien des dénombrements d'objets isolés comme par exemple : de personnes (recensements de la population), d'habitations, de fabriques, de machines à vapeur, d'écoles, etc. Naturellement, on peut déduire de pareilles additions certaines conclusions sur les états sociaux ; mais la possibilité de telles conclusions ne transforme pas encore la statistique en sociologie. Car cette dernière, contrairement à la statistique, n'a nullement affaire aux cas individuels, mais seulement aux phénomènes sociaux, qu'il faut strictement distinguer des phénomènes collectifs, simples totaux des phénomènes statistiques particuliers.

Un phénomène collectif de la statistique est une grandeur arithmétique, qui est composée d'un certain nombre de cas individuels et se laisse augmenter ou diminuer à volonté ; le phénomène social de la sociologie est un phénomène unitaire, puisqu'il apparaît chez une collectivité, donc dans un sens supérieur, un phénomène également individuel, mais en même temps collectif, qui ne se laisse ni composer à volonté des cas individuels, ni décomposer en des cas pareils, ni diminuer ni augmenter. Un pareil phénomène social, c'est par exemple la fondation d'un Etat. Ce n'est pas un cas individuel du genre de ceux que la statistique additionne, et la nature de la fondation d'un Etat ne peut pas être expliquée par l'addition de grandes séries de nombres. Un pareil phénomène social, c'est encore une guerre. Les statisticiens ont-ils jamais essayé de construire, au moyen de l'addition de grandes séries de nombres, une loi des grands nombres qui régirait les guerres ?

Tout au plus peuvent-ils établir, au moyen de leurs tableaux, une proportion plus ou moins grande des morts dans une guerre, et comparer ainsi la grandeur du danger de mort dans des guerres données. La nature sociale des guerres échappe à l'examen fait avec les moyens de la statistique, car la guerre est un phénomène collectif ou social dont la nature n'est accessible qu'à celle parmi les sciences, dont certains phénomènes sociaux forment, comme nous allons voir, l'objet exclusif.

Malgré tout cela, nous ne voulons point nier que tel phénomène social, dans la mesure où il contient un total de phénomènes individuels, puisse également être élucidé et examiné au moyen de l'observation statistique : la statistique remplit ici le rôle d'un moyen auxiliaire, comme par exemple la microscopie dans la pathologie. Pourtant personne ne va affirmer que la pathologie, en tant que science, soit inutile, parce qu'elle pourrait être remplacée par la microscopie.

La statistique historique

Cette attitude cassante d'Engel et de Neumann-Spallart vis-à-vis de toute étude non-statistique de la société, Inama-Sternegg y a renoncé jusqu'à un certain degré, puisqu'il veut donner à la statistique un caractère historique, dont ni Engel, ni Neumann, ni, en général, les statisticiens, n'ont jusqu'à présent voulu rien entendre. Mais les tâches qu'il indique à sa statistique historique, sont telles qu'elles ne peuvent jamais être remplies avec les moyens de la statistique de Quételet et d'Engel ; elles se trouvent même tout à fait en dehors de son horizon. Il est intéressant de voir cette transformation de la statistique, où Inama-Sternegg joue le premier rôle, représentée par lui-même.

« Nous sommes poussés, dit-il (1), à la recherche des séries évolutionnaires statistiques par cette tendance qui, théoriquement, apparaissait déjà comme nécessaire à la vieille école, mais qui, pratiquement, n'a jamais eu son expression : la tendance à arriver aux causes des phénomènes, à connaître le lien causal entre des phénomènes particuliers, pour donner enfin expression à l'action collective et constante des forces sociales, en formulant des lois de l'évolution de la vie sociale »,

« Ainsi la statistique est nécessairement devenue une discipline historique, non pas dans le sens d'une manière particulière de représenter l'histoire moderne, comme on a bien voulu le croire, mais dans le sens d'un exposé pragmatique de la marche de l'évolution qui a amené les conditions et les états actuels de la vie sociale, exposé fait avec les moyens spécifiques de la détermination des quantités et d'une observation globale exacte, c'est-à-dire parfaitement et également attentive à tous les facteurs concurrents; en dernière ligne, au plus haut degré de son développement, une science des lois de *l'évolution du génie social de l'humanité*, pour autant qu'il se traduit dans des phénomènes collectifs mesurables ». A cette statistique la plus moderne, il indique la tâche de rechercher « la

1. *Geschichte und Statistik* (Stat. Monatschrift, 1882).

tendance de l'évolution de la société et des lois, sur lesquelles elles s'appuient ».

Dans un article ultérieur (1) Inama-Sternegg fait ressortir que « plus l'école historique s'efforçait de considérer les phénomènes collectifs de la vie populaire comme des manifestations unitaires de l'esprit populaire, et de délivrer la science sociale, et surtout l'économie politique, de la manière atomiste et individualiste d'envisager les phénomènes sociaux, — et plus la statistique gagnait de l'importance, car dans la statistique scientifique le regard de l'examinateur était dès le commencement dirigé vers les corrélations collectives sociales... »

« Or, ce qui forme ainsi le principe scientifique de la statistique, l'étude des masses de la population, unies par des liens sociaux, en ce qui concerne leur développement propre et leurs relations réciproques, constitue également le principe de toute étude historique dans le vaste domaine de la science sociale ».

Cette « statistique historique » durera-t-elle en réalité, en tant que branche spéciale du savoir ? la statistique deviendra-t-elle « supérieure » ? on ne peut pas le dire à l'avance. Mais ce qui est symptomatique, c'est que cette « statistique historique » est défendue par le fondateur de « l'histoire économique », et il paraît qu'au fond, c'est le problème sociologique propre que Inama-Sternegg tache d'aborder dans l'une comme dans l'autre. Le fait est que cette « statistique historique » de Inama, aussi bien que son « histoire économique », quoiqu'elles ne formulent pas encore d'une façon claire et consciente la notion de la sociologie-science, s'occupent déjà des problèmes essentiellement sociologiques et au moins préparent les voies à la sociologie.

1. « Die Quellen der historischen Bevölkerungsstatistik ». (Stat. Mon. Schrift, 1886).

§ 14

LA SOCIOLOGIE ET L'ÉTHNOLOGIE

Si la sociologie, en opposition à l'histoire, à l'histoire de la civilisation et à la statistique, doit s'occuper principalement des *groupes sociaux*, a-t-elle encore sa raison d'être, comme science spéciale, à côté de l'ethnographie et de l'ethnologie, dont c'est précisément l'objet d'étudier les groupes naturels dont l'humanité se compose ?

Laissons d'abord totalement de côté l'ethnographie en tant que discipline ayant pour but la description des diverses peuplades et races humaines, et occupons-nous seulement de l'« ethnologie moderne », telle qu'elle a été formée par Bastian et dont le récent développement forme l'objet d'une monographie d'Achelis (1). Celle-ci se distingue de l'ethnographie purement descriptive par sa « méthode socio-psychologique » (Achelis), et a pour but, selon Bastian, de dégager la « pensée des peuples », avec ses embranchements multiples, de ses diverses manifestations : mœurs, droit, habitudes, etc. Elle diffère de l'histoire de la civilisation et des autres disciplines, qui suivent l'évolution historique, par sa méthode plus

1. Thomas Achelis : « Die Entwicklung der modernen Ethnologie », Berlin, 1889.

comparative; cette ethnologie de Bastian se soucie peu de l'ordre de la succession historique; elle se contente de constater des analogies et en déduit ses conclusions; elle ramasse des petites pierres assorties dans toutes les contrées du monde pour en composer une mosaïque représentant la « pensée des peuples » elle se soucie peu de la genèse sociale des manifestations de la vie intellectuelle, mais attache son attention principale à l'explication psychologique de ces manifestations et aux liens qui existent entre ces expressions de pensée *purement humaines*. Elle ne se demande pas, comment telle ou telle autre coutume ou habitude s'est formée en Afrique ou en Amérique ; elle se croit satisfaite, si sa manière de voir dans une coutume trouvée en Afrique un résultat du penser humain général, a rencontré sa confirmation psychologique dans la constatation de l'existence d'une pareille coutume en Amérique.

L'ethnologie raffole précisément de pareilles analogies qu'elle recherche surtout, quand elles ne se laissent réduire à aucune imitation.

Achelis est sous ce rapport l'interprète le plus fidèle de la pensée fondamentale de l'ethnologie de Bastian. « Où donc pourrait-on découvrir dans le monde une communication psychologique, une parenté ethnographique, par exemple entre les Grecs et les Polynésiens? Et pourtant les chants d'Homère et le cycle des légendes hawaïennes sont analogues jusque dans leurs détails, sans qu'on puisse songer d'un autre côté à une imitation ? Ou bien, comment expliquer l'analogie entre la doctrine platonicienne sur la préexistence et celle des « Eweers », peuplade de l'Ouest de l'Afrique, ou bien entre le système d'hérédité et de parenté des Malais et celui des anciens Lyciens? On pourrait accumuler jusqu'à l'ennui ces parallèles étonnants ; en tout cas, il ressort suffisamment des documents recueillis que les manifestations de l'esprit humain dans la religion, le droit, les mœurs, etc. transgressent souvent (naturellement, pas toujours) les catégories isolantes, chronologiques ou topographiques, et nous donnent un tableau frappant de l'uniformité psychologique de l'organisation humaine ». On ne peut, en effet, mieux exprimer la pensée fondamentale de l'ethnologie moderne, mais il s'en suit qu'elle appartient plutôt à la science de l'âme humaine et n'a, au fond, rien à faire avec des groupes sociaux (1). Si pourtant Achelis, suivant l'exemple de Bastian, appelle l'ethnologie une « science sociologique », c'est parce qu'il croit avec raison que « aucun homme n'est devenu ce qu'il est purement par lui-même, mais sous l'influence déterminante de la société où il vit » (p. 32). Comme, selon la psychologie des peuples (Lazarus et Steinthal), « l'esprit est un produit collectif de la société humaine », cette ethnologie considère *ses* théories sur cet « esprit » comme sociologiques, tout en accordant à la « sociologie » le droit à l'existence, en tant « que science des formes sociales de la vie commune des hommes aux échelons les plus divers » (p. 38 et 139).

Les sociologues peuvent, évidemment, enregistrer avec des remerciements cette concession faite par

1. Aussi Achelis dit avec raison : « nous apprenons (par cette ethnologie) à comprendre l'évolution de la conscience humaine, qui se manifeste dans ces formes diverses, » et il insiste sur « l'importance psychologique de cette science » (Introduction).

l'ethnologie, mais la nature de la sociologie n'est toujours pas encore définie d'une manière complète : car « les formes sociales de la vie commune des hommes » forment aussi l'objet, sinon de l'histoire et de l'histoire de la civilisation, du moins de l'histoire du droit et des constitutions politiques, en général, d'une discipline historique ; et la sociologie n'est pas nécessairement une discipline historique. En tout cas, la reconnaissance par l'ethnologie moderne d'une science spéciale de la sociologie à côté d'elle a une certaine importance pour la sociologie.

§ 15

LA SOCIOLOGIE ET L'ÉCONOMIE POLITIQUE

S'il a pu paraître nécessaire de défendre la raison d'être de la sociologie en tant que science indépendante en face de l'histoire, de l'histoire de la civilisation, de la statistique et de l'ethnologie, cette nécessité disparaît complètement par rapport aux autres sciences, qui prennent ouvertement pour objet des côtés ou des tendances séparées de la vie sociale, et qu'on désigne fréquemment sous le nom de « sciences sociales ». Ainsi, prenons d'abord l'économie politique. Celle-ci ne soulève point la prétention de traiter de la *société*, mais tout au plus du côté économique de la société, ou des phénomènes économiques (bien, prix, valeur, capital, etc).

Or, la nature et la vie d'une « société » ne s'épuise nullement par son activité économique, de même qu'un individu ne se réduit pas à son activité économique. Au contraire, la sociologie pourrait plutôt prétendre à considérer l'économie politique comme une de ses parties, parce que l'économie politique ne s'occupe que d'un côté et d'une seule direction de l'activité et de la fonction de la société, dont l'ensemble est l'objet de la sociologie. Mais la sociologie, comprise d'une façon raisonnable, n'a pas besoin de soulever de telles prétentions ni envers l'économie politique, ni envers aucune autre des nombreuses sciences dont nous venons de parler, car, comme nous allons voir, le domaine de la sociologie se laisse très exactement définir par rapport à toutes ces sciences sociales, et ceci de façon à rendre inutiles tous les empiètements réciproques. Le fait que l'étude de l'économie politique dans son développement historique, donc l'histoire économique, se rapproche le plus de la sociologie, est dû à cette circonstance que l'économiste-historien, traçant les transformations de l'économie, se heurte nécessairement aux *causes sociales* de ces transformations et entre ainsi dans le domaine de la sociologie.

§ 16

LA SOCIOLOGIE ET LA PHILOSOPHIE DE L'HISTOIRE

Mais la preuve négative, la preuve que les autres sciences ne s'occupent pas de la société, objet présumé de la sociologie, est surtout difficile à faire à l'égard de la philosophie de l'histoire. Car, si l'histoire s'occupe toujours uniquement des fractions séparées de la société au point de vue des divisions du temps ou de l'espace, la philosophie de l'histoire soulève la légitime prétention de s'élever au-dessus des faits concrets et isolés de l'histoire et d'embrasser dans sa théorie l'humanité, donc la « société » toute entière. Par conséquent, si ce n'est l'historiographie, ne serait-ce pas la philosophie de l'histoire qui devrait rendre inutile toute sociologie ?

Nous avons déjà ailleurs (1) indiqué la différence entre la philosophie de l'histoire et la sociologie ; nous allons ici rappeler, et en partie compléter ces explications.

Toute philosophie de l'histoire se donne exclusivement la tâche de répondre aux questions concernant toute l'humanité : d'où ? et dans quelle direction ? « Le dernier et plus grand triomphe de la philosophie de l'histoire, dit avec raison Flint, sera ni plus ni moins de pouvoir four-

1. Comp. notre *Précis de Sociologie*.

nir la preuve complète d'une *Providence*, de découvrir, par des méthodes strictement scientifiques, le plan divin qui ramènera à un dénominateur commun le chaos apparent des actions humaines que contient l'histoire et montrera une harmonie et un *cosmos* dans ce chaos (*Philosophy of history*, introduction, 22). Cette pensée se trouve au fond de toute philosophie de l'histoire, avec cette différence, que la philosophie non théologique, au lieu de Dieu, des desseins et plans divins, parle de la découverte d'une loi suprême ou des lois qui régissent l'histoire, de la régularité qui y règne.

Il est donc clair que la philosophie ou la théorie de l'histoire, qui doit se baser sur une littérature énorme pour remplir la tâche qu'elle assume, étudie la société humaine, l'humanité, dans ses mouvements historiques et politiques, et, par conséquent, peut se croire la seule et la plus haute science de la société, à côté de laquelle la sociologie en tant que science indépendante n'aurait aucune raison d'être.

Faisons seulement une courte remarque contre cette opinion : c'est que toute philosophie de l'histoire suppose une notion apriorique : celle de l'humanité en tant qu'un tout. Il est compréhensible que la philosophie de l'histoire n'analyse pas cette notion, mais construise purement et simplement ses théories sur elle. Car, si elle ne prenait pas cette notion « humanité » (ou « société humaine ») comme étant prête et donnée, elle ne pourrait pas faire un pas en avant ; elle devrait renoncer à elle-même, douter de la raison d'être du problème qu'elle se pose.

Les philosophes de l'histoire, qu'ils soient théologiens

ou non, ont précisément besoin de cette notion unitaire de l'humanité pour poser leurs questions : d'où ? dans quelle direction ? Les théologiens demandent, notamment, dans quel but Dieu créa-t-il l'humanité, et comment, et où la mène-t-il ? Ici on conçoit qu'il faut supposer l'unité de l'humanité et la justice de Dieu dans la direction de cette humanité. Les philosophes non-théologiens et rationalistes de l'histoire sont pour la plupart d'accord, que dans l'évolution de ce corps uni qu'est l' « humanité » règne une loi de progrès, et tous leurs efforts tendent à montrer ce fil rouge du progrès dans toute la diversité des événements historiques. De toute cette philosophie de l'histoire la sociologie diffère en ce qu'elle n'apporte à ses investigations aucune notion toute prête et exclusive de l'humanité unie, sans même parler d'attribuer à cette « humanité », qui est encore pour elle une grandeur inconnue, une marche de développement conforme à un plan, ou même une marche progressive, ce qui serait antiscientifique au suprême degré ; mais qu'elle examine avant tout des phénomènes et processus sociaux isolés, pour répondre seulement selon les résultats de cet examen à la question : qu'est-ce que l'humanité ? comment existe-t-elle ? et selon quelles lois se déroule chacun des processus sociaux ?

Ainsi apparaît au premier coup d'œil l'énorme différence entre la philosophie de l'histoire et la sociologie. La première se comporte comme toute théologie ou métaphysique ; car elle part d'hypothèses aprioriques et non prouvées ; d'une notion toute prête de l'humanité et de la conviction que les événements historiques ne sont pas un chaos, mais un *cosmos*, plus encore : que ce *cosmos* ne peut avoir pour contenu que le perfectionnement de l'humanité, le progrès.

La sociologie ne sait d'abord rien de tout cela. Comme chaque science, elle ne part pas de dogmes établis *a priori*, mais de l'examen de faits donnés, notamment de l'examen de phénomènes sociaux. C'est seulement cet examen et les conclusions qu'elle en aura tirées, qui devront lui révéler la loi ou les lois de ces phénomènes. Elle ne pourrait arriver à une notion de l'humanité qu'à la fin de ses investigations ; quant au plan de toute la marche du développement de l'humanité, quant à pouvoir donner des réponses aux questions : d'où ? et dans quelle direction ? — elle n'y arrivera vraisemblablement jamais, car seules la théologie et la métaphysique, et non une science positive, arrivent généralement et très facilement à la solution de pareils problèmes.

§ 17

LA SOCIOLOGIE ET LA PHILOSOPHIE DU DROIT

Il y a encore une science avec laquelle la sociologie entre en conflit et avec laquelle elle doit s'entendre sur la base d'une délimitation de frontière : c'est la philosophie du droit (1).

Les motifs du conflit sont les suivants : Le droit constitue la forme de la vie sociale, sa coordination extérieure. La philosophie du droit doit en chercher l'explication dans la nature d'une société donnée, et elle est ainsi amenée à étudier la société elle-même dans celles de ses manifestations qui donnent naissance au droit et qui lui sont soumises ; donc elle est appelée, d'après quelques-uns de ses représentants, à devenir la science propre de la « société ».

A cela on peut répondre, comme aux autres « sciences sociales » particulières : que le droit ne domine en tout cas qu'*un* côté de la vie sociale et que, s'il est vrai que, pour le comprendre, il faut aussi faire intervenir la vie de toute la société, elle n'y intervient cependant que subsidiairement. L'objet propre de la philosophie du droit reste toujours le droit, en tant qu'un phénomène socio-

1. Comp. Icilio Vanni, « Il problema della filosofia del diritto », Verona, 1890.

psychique indépendant, pareil à la langue, à la religion à l'art, etc. L'examen philosophique des lois intérieures propres de l'évolution de ces phénomènes ne peut en aucune manière embrasser et épuiser l'essence de la société, dont procèdent toutes ces manifestations partielles.

De plus, si la philosophie du droit pénètre, *pour ses buts propres à elle,* dans cette essence de la société, elle ne le fait que dans son intérêt particulier, tandis que la sociologie a pour mission d'étudier les phénomènes sociaux dans leur ensemble et de constituer ainsi le fondement de toutes les « sciences sociales » particulières, y compris la philosophie du droit.

§ 18

ANALYSE DE LA NOTION « SOCIÉTÉ »

Puisque nous avons déjà fourni la preuve négative qu'aucune des sciences énumérées n'enlève à la sociologie son objet présumé, « la société », il nous reste à fournir la preuve positive que son vrai objet n'est pas du tout cette « société » apparente, et ceci pour la simple raison que cette notion est très peu claire et très embrouillée, mais une série de phénomènes sociaux, qui, jusqu'à présent, n'ont pas même été pris en considération par les sciences constituées, sans parler d'un examen scientifique de leur part. Mais tout d'abord, démontrons que cette notion « société » est complètement impossible à se représenter, que la pensée, en essayant de la saisir, s'empêtre dans des contradictions nombreuses ; en un mot, que cette notion ne correspond à rien de réel.

Pour qu'on puisse se représenter une notion, il faut : ou bien qu'elle emprunte un certain nombre de propriétés communes aux nombreux objets réels, afin de s'en former un type, par exemple : table, maison, homme. C'est une notion générale, une notion de genre. Ou bien la notion correspond à un seul objet, qui existe dans la réalité d'une façon concrète ; c'est une notion individuelle, particulière, comme par exemple le Vésuve, l'Europe, etc.

Par conséquent, nous pouvons nous représenter des notions générales ou particulières, nous ne pouvons pas nous représenter une troisième catégorie de notions concrètes. Ce qui n'est ni une notion générale ni une notion particulière est simplement en dehors de notre pensée, n'est rien.

Examinons donc quelle est la notion de la société, et quelle notion de la société doit correspondre à l'objet de la sociologie ?

Si la société était une notion particulière, il faudrait comprendre sous cette notion l'humanité toute entière, et en effet, beaucoup de philosophes de l'histoire, comme nous avons vu, comprennent ainsi cette notion. La « société » (humaine) est pour eux simplement l'humanité.

Nous avons déjà indiqué que la société dans ce sens, en tant qu'humanité, n'est pas l'objet de la sociologie. Car une science positive ne peut s'occuper que d'un objet qu'elle connaît, qu'elle peut observer dans la réalité. Cela, nous l'avons déjà dit, n'est par le cas pour l'humanité. On ne peut rien dire sur l'humanité en tant qu'un tout, parce qu'elle est inconcevable dans le temps et dans l'espace, et parce que, d'un autre côté, elle n'est pas un corps, dont toutes les parties, comme par exemple celles d'un minéral, aient les mêmes propriétés que chaque atome de ce corps. La sociologie, qui veut être une science positive, laisse volontiers cette humanité à la théologie et à la philosophie de l'histoire ; elles peuvent dire ce qu'elles veulent sur cet objet, que *leurs* moyens leur permettent sans doute de connaître ; aussi bien la vérification de la justesse

8

de la plupart des choses qu'ils en disent est impossible à faire (du moins, pendant la durée de la vie d'un homme), donc elles n'ont pas à craindre que leurs contemporains réfutent leurs assertions. La sociologie ne s'occupe donc pas de cette notion particulière de la société.

§ 19

« LA SOCIÉTÉ » COMME NOTION GÉNÉRALE

Mais ce mot « société » peut également désigner une notion générale, de la même manière que par exemple le mot « homme ». Car il y a beaucoup de « sociétés », comme il y a beaucoup d'hommes, et en rassemblant leurs propriétés communes, comme en éliminant leurs particularités, on obtient la notion générale « société ».

On peut convenir que cette notion générale « société » désigne l'objet de la sociologie, sans que la sociologie entre pour cela en collision avec aucune des sciences mentionnées ci-dessus. Car la tâche, que la sociologie entreprend ainsi, est tout à fait différente des buts des autres sciences sociales.

Car, si l'on comprend la « société » comme une notion générale, le devoir de la science qui choisit cette société pour objet, sera d'examiner scientifiquement les traits communs aussi bien que les particularités de toutes les espèces et individualités que ce genre embrasse. Ceci, aucune science ne l'a fait jusqu'à présent. Aucune ne s'est posé jusqu'à présent la question : quelles sont les diverses formes et espèces particulières de sociétés dans le monde des hommes ?

Qu'est-ce que les clans, les tribus, les états et classes

sociales, qu'est ce que les peuples, les nations ? Quels sont les autres groupements sociaux ? Quelle est la nature de ces « sociétés », de leurs espèces et individualités ? Comment se comportent-elles les unes vis-à-vis des autres ? Quelle action exercent-elles sur leurs membres et adhérents ? Comment se forment-elles et se développent-elles ? Sont-elles éternelles, ou bien disparaissent-elles ? et quelles sont les lois qui régissent leur formation et leur disparition ? Si donc la sociologie n'avait pas d'autre objet que la « société » dans le sens indiqué ci-dessus, elle aurait déjà en grande partie sa raison d'être en tant que science indépendante, puisque, nous venons de le prouver, aucune des sciences constituées jusqu'à présent ne s'est occupée de cet objet dans le sens et dans la mesure indiqués.

Mais on pourrait encore toujours affirmer contre elle, que l'étude de la « société » sous les rapports indiqués pourrait très bien entrer dans les domaines des autres sciences : de l'histoire, de l'histoire de la civilisation, de la philosophie du droit, et que si cela n'est pas arrivé jusqu'à présent, c'est exclusivement à cause du développement insuffisant de ces sciences ; que ce manque va être réparé naturellement par leur développement progressif, mais que la nécessité de remplir une lacune qui apparaît et est aperçue dans le cours même du développement d'une science, ne justifie pas encore la formation d'une nouvelle science, n'est pas encore et toujours une preuve suffisante de la raison d'être d'une science indépendante.

Admettons donc la justesse de ces critiques. Car au point de vue des principes il n'y a rien à redire contre ce qui se passe actuellement (Lippert: Kulturgeschichte ; Geschichte des Priestertums ; Geschichte der Familie) : à savoir, que l'histoire de la civilisation, en progressant, prend possession de cet objet, examine et étudie scientifiquement les formes de la société, qui apparaissent successivement au cours de l'histoire, qu'elle présente les diverses « sociétés » dans leur évolution et s'occupe de leur nature, leur importance et leurs liens réciproques. Renonçons aussi à l'objection renversée, à savoir que ces « histoires de la civilisation » sont au fond des sociologies : ce serait une vaine querelle ; et allons le plus loin possible dans nos concessions : si la sociologie n'avait réellement aucun autre objet, qui lui fût exclusivement propre, qu'elle pourrait séparer par principe de toutes les autres sciences mentionnées ci-dessus, en quoi serait-il donc utile de lutter pour son indépendance en tant que science ? Il ne faut pas, en effet, élargir sans nécessité le cercle des sciences, car cela se fait toujours aux dépens de leur cohésion intime, qu'il est de l'intérêt de toutes les sciences de sauvegarder et de soutenir autant que possible.

Une séparation d'une branche spéciale du tronc commun des sciences, une nouvelle spécialisation, ne doit arriver qu'au cas où un principe indépendant de vie se manifeste dans la branche nouvelle, principe, qui menace de se tarir par le maintien du lien avec le tronc commun et qui promet au contraire une belle croissance et floraison sous l'influence du développement indépendant. Nous entreprendrons donc maintenant la preuve qu'il en est ainsi de la sociologie ; qu'elle possède un pareil principe de vie indépendant et différent de toutes les autres sciences.

§ 20

LA CONCEPTION SOCIOLOGIQUE DU MONDE

Ce qui appelle la sociologie à la vie, ce n'est pas seulement la découverte faite vers le millieu de notre siècle, qu'à côté de la « société politique » il y a une « société civile » ; ni les études provoquées par cette idée, qui depuis ont souvent conduit à des découvertes sociologiques analogues ; ni même cette matière sociologique qui apparaît seulement dans les temps modernes en partie sous l'influence de l'histoire de la civilisation, de l'archéologie, de la préhistoire, etc. ; c'est surtout l'idée suivante, qui se dégage de l'étude *de l'action réciproque des divers groupements sociaux les uns sur les autres et sur les individus qu'ils contiennent.*

Une pareille étude, si elle est faite avec une clarté et une pénétration suffisantes, doit notamment conduire avec nécessité à cette conclusion frappante, que ces groupements sociaux, étant des collectivités, forment des unités, qui interviennent dans la marche des événements comme des sortes de personnalités supérieures (personnalités collectives), mais que la conduite de ces groupements, leurs actions sont beaucoup plus faciles à déterminer que celles des personnes particulières, des individus (1).

1. Ainsi, par exemple, Schaeffle dit avec raison : « En ce qui con-

Si l'on suit cette pensée, on voit s'ouvrir une nouvelle perspective sur toute la marche des évènements humains qui forment le contenu de l'histoire humaine. Un nouvel horizon se déroule, et au lieu de tendances et d'actions individuelles purement déréglées et incompréhensibles, nous voyons les groupements sociaux se conduire et agir pour des motifs simples, faciles à comprendre et qui apparaissent clairement, de manière que nous pouvons aisément ramener leur conduite à certaines normes supérieures et en saisir la régularité.

Cette régularité, quand on l'étudie de près, apparaît telle, que nous pouvons prédire avec une grande probabilité, même avec certitude, la conduite de chaque groupe social dans une condition donnée, donc que nous pouvons atteindre le but suprême de chaque science naturelle exacte : la prévision des évènements futurs.

Pourtant, pour atteindre ce but il faut faire un sacrifice, contre lequel jusqu'à présent chaque autre science se raidissait obstinément : un lourd sacrifice, du moins aux yeux de tous les historiens, historiens de la civilsation, historiens du droit.

La sociologie immole sur l'autel de ses études — l'homme! Lui, le seigneur de la création, l'auteur des évènements historiques selon l'opinion des historiens, qui, monarque ou ministre, dirige selon sa volonté les destinées des peuples, qui doit porter devant le tribunal de l'his-

cerne les groupements sociaux donnés, on peut, pour la plupart, prédire d'une façon tout à fait certaine, comment ils vont se comporter par rapport aux problèmes et évènements déterminés de l'économie, de la politique, de l'art, de la religion. » (Bau und Leben des socialen Körpers, 1re éd., vol. I, p. 308).

toire la responsabilité entière de ses actes, et à qui les historiens décernent selon son mérite des louanges ou des blâmes, tombe dans la sociologie au rôle d'un zéro sans importance. Tout à fait contrairement aux tableaux des historiens, l'homme d'Etat le plus puissant n'est aux yeux d'un sociologue qu'un instrument aveugle dans la main invisible, mais toute puissante, de son groupe social, qui, à son tour, ne fait qu'obéir à des lois sociales naturelles irrésistibles.

C'est ce qui fait précisément la différence entre la sociologie et toutes les autres sciences rapprochées, différence qui nécessite et justifie son indépendance : à savoir que les évènements historiques, considérés à son point de vue, nous montrent une face tout autre. Ce n'est pas la libre volonté des individus qui règne et qui crée le mal et le bien selon sa disposition et son inclination : nous voyons ici, au contraire, le règne de forces éternelles, qui mettent en mouvement les groupes et les éléments sociaux selon des lois constantes.

L'objet de la sociologie n'est pas, par conséquent, l'individu, qui crée les conditions sociales selon son profit et son bon plaisir, conformément à un plan préparé et avec une libre volonté : c'est plutôt le système de mouvements des groupes sociaux qui obéissent à des lois aussi éternelles et invariables que le soleil et les planètes, et dont les mouvements, relations réciproques, luttes et alliances, collisions et divergences, s'expliquent et même peuvent être déterminés à l'avance grâce à la connaissance de cette loi suprême qui régit le système du monde social.

La sociologie renonce, ainsi, à toute sorte d'appréciations. Car, puisque l'individu normal est déterminé par son groupe, et que l'individu anormal est anormal, il n'y a pas de place dans la sociologie pour les jugements moraux.

Par contre, la sociologie peut distinguer la conduite normale de l'anormale, et désigner la première comme étant conforme à la nature, et la seconde comme lui étant contraire, comme étant opposée à la marche naturelle de l'évolution. Cette désignation constitue la seule appréciation de la sociologie.

Mais cette appréciation sociologique suffit complètement pour y baser également une morale. Seulement cette morale ne puisera pas ses principes suprêmes dans la « destination de l'homme » établie *a priori*, ou dans des idées pareilles, mais simplement dans les plus hauts intérêts des groupes sociaux auxquels l'individu appartient.

De ces intérêts vont se dégager les règles éthiques à observer par l'individu, et en cas de conflit entre les intérêts de plusieurs groupements sociaux c'est toujours celui des groupements le plus haut et le plus large qui décidera ; donc, ce qui devra être, en dernière ligne, décisif pour l'individu, ce seront les intérêts du groupement le plus haut et le plus large, c'est-à-dire de l'Etat à qui il appartient. Il y a pourtant des situations où les hommes croient souvent avoir des intérêts plus hauts à servir que ceux de l'Etat : mais cette croyance est certainement fausse. Car toute l'évolution sociale se sert des Etats comme des plus hauts facteurs pour atteindre ses buts ; il n'y a aucun but, si idéal qu'il soit, qui ne puisse être atteint par l'Etat ; et ce qui est impossible à atteindre par son intermédiaire, est tout à fait impossible à atteindre, est une utopie.

Ce qui donne encore à la sociologie le droit d'éliminer aussi complètement la volonté individuelle de l'étude des phénomènes sociaux, c'est ce fait, dont la pleine importance n'a été reconnue que par les psychologues modernes, à savoir que la plus grande partie de ce qu'on appelle la vie psychique de l'individu se déroule indépendamment de sa volonté et sans parvenir à sa conscience. La première impulsion à la découverte de cette vie psychique instinctive de l'homme fut donnée par l'idée de Schopenhauer, que la volonté qui vit dans notre être, en est l'élément primaire et substantiel, tandis que notre intellect forme l'élément secondaire et accidentel de notre âme.

Cette doctrine nous apparaît dans sa forme complète et developpée dans la philosophie de l'inconscient de Hartmann, car l'inconscient de Hartmann, qui trouve toujours la bonne voie, n'est pas autre chose que la volonté de Schopenhauer. Ces idées de Schopenhauer et de Hartmann ont été souvent confirmées et développées par la psychophysique et la psychologie physiologique moderne (Fechner et Wundt) ; enfin elles deviennent chez Albert Post une clef pour l'explication des phénomènes de la jurisprudence comparative (« ethnologique »). « On peut tourner son regard sur un domaine quelconque de la vie sociale, partout on voit l'action de lois sociales constantes, partout on trouve une marche de l'évolution, qui tend d'une façon conséquente vers des buts déterminés, qui s'étend sur des centaines et des milliers d'années, et dont les buts restent tout à fait inconnus même aux individus, qui y sont engagés…. L'individu obéit aux instincts obscurs et aux conditions sociales impérieuses, il veut, dans un très grand nombre de cas, juste le contraire de ce qu'il crée par son activité, et tout ce qu'il crée, si cela ne s'adapte pas à la marche organique de l'évolution, s'effondre après une très courte durée. Nous pouvons facilement constater par l'observation de nous-mêmes et des autres individus, que l'individu se comporte dans la vie sociale d'une façon essentiellement instinctive. L'homme, qui parle à un autre homme, se sert d'une façon tout à fait instinctive des mots qu'il emploie pour sa communication : ils lui arrivent généralement sans aucune réflexion. Il peut ne rien savoir de toute la grammaire de la langue qu'il parle, et pourtant il s'en sert avec la plus grande facilité... Chez l'artiste une poésie, une mélodie, un tableau, une figure plastique apparaît soudain dans l'œil interne : quelque chose lui arrive dans l'esprit... Toute pensée directrice dans la science elle-même naît comme un éclair de l'inconscient. «*(Einleitung in das Studium der ethnologischen Jurisprudenz*, p. 15-17).

De Greef insiste aussi sur le jeu monotone de l'inconscience dans la vie de la société. « Dans la vie collective, aussi bien que dans l'existence individuelle, la méthode et le raisonnement conscients sont une exception infime ; l'inconscience, l'action réflexe, l'instinct président bien plus à notre conduite privée et à la politique sociale que la mémoire, le raisonnement et la volonté, stériles flots jusqu'ici demi-émergés de la mer immense dont les vagues, sans cesse montant et descendant, figurent, dans leurs rythmes, le jeu monotone de l'inconscience étendue et profonde où végète l'organisme social ». (Introduction à la Sociologie, Bruxelles, 1886, T. I, p. 113).

S'il en était autrement, si les mouvements sociaux étaient l'émanation des individus réfléchissant et décidant, ils pourraient être tout au plus l'objet de l'historiographie en tant qu'art, mais jamais l'objet d'une science. Car, disons-le ici d'une manière décisive : la condition nécessaire de toute science, c'est qu'il y ait un système de mouvements où l'on puisse démontrer une régularité. Où il n'y a pas de système pareil, il n'y a pas de science. Les descriptions ne sont point des sciences ; les récits des actes des individus peuvent être d'aussi hautes œuvres d'art qu'on voudra, mais ne peuvent jamais être science. Seul le fait qu'une pareille régularité peut être démontrée dans les mouvements sociaux, fait de la sociologie une science. Si l'on ne pouvait pas faire cette preuve, seule la description des sociétés, et même leur histoire et l'histoire de leur développement ne justifieraient pas encore la constitution d'une science indépendante.

Si donc l'individu n'a pas la conscience d'une bonne partie de ses tendances, on se demande avec raison : d'où les a-t-il ? Post répondrait peut-être : du « génie de l'humanité », car de ce que nous ne connaissons pas une partie de notre vie psychique, il croit pouvoir conclure « qu'à la place du *moi* apparaît le génie de l'humanité ». Mais ce serait là une réponse vague et imprécise. Une autre nous apparaît beaucoup plus juste : c'est que l'homme, étant par naissance un animal de horde, reçoit de sa horde ou de son groupe sa nature non seulement physique, mais aussi instinctive, et que les tendances inconscientes, qui font le fond de sa vie psychique, ne sont pas plus sa propriété, qu'elles ne sont son œuvre individuelle, mais qu'elles sont plutôt la propriété intellectuelle de son groupe social, où elles naissent, se développent, où elles sont en circulation constante et douent chaque individu de la part qui lui en incombe.

§ 21

LES ADVERSAIRES DE LA CONCEPTION SOCIOLOGIQUE DU MONDE.

On ne peut pas imaginer une plus grande opposition de principes dans l'étude des phénomènes sociaux, que celle que nous venons d'établir ici entre la sociologie et toutes les autres sciences politiques et historiques ; elle présente sans doute un motif plus que suffisant de la séparation de la sociologie, science indépendante dans ses principes, sa nature, sa méthode et ses buts, de ces autres sciences.

Une pareille séparation et une pareille fondation d'une nouvelle branche indépendante de la science est justifiée chaque fois que s'ouvre devant le regard intellectuel de l'homme un domaine nouveau de phénomènes qu'il n'apercevait pas aupararavant, de vérités qu'il était loin de pressentir, de forces qu'il ne comprenait pas, d'un *cosmos* de mouvements réguliers pour qui il n'avait pas d'yeux, qui n'existaient pas pour lui.

Toutes les fois qu'une pareille découverte est faite, elle rencontre la négation la plus décisive de la part de tous ceux qui se sont attachés aux doctrines jusqu'alors dominantes, qui s'y sont plongés avec tout leur penser, et sont complètement aveugles pour le domaine qui s'ouvre. Pour y voir quelque chose que ce soit, il leur faudrait d'abord commencer à y accoutumer leur œil. Cela leur est d'autant plus difficile qu'ils sont persuadés d'avance qu'il n'y a rien à y voir, puisqu'ils n'ont, eux, rien remarqué jusqu'à présent dans cette direction. C'est pourquoi même les esprits les plus clairs et les plus avisés, et précisément les anciens représentants et les coryphées des sciences antérieures, ne veulent point aborder de pareils domaines nouveaux, les traitant d'avance comme une vaine farce. Cet état d'âme est chez eux facilement compréhensible. Avec quelle indignation la nouvelle théorie de Copernic n'a-t-elle pas été repoussée d'avance par les partisans des *millenia* de l'ancien système astronomique ! Pensez donc ! Quelqu'un affirme tout à coup que la terre tourne, quand elle reste tranquille, sans mouvement, sous nos pieds ! Les plus grands esprits de tous les peuples ont tenu ferme à ce principe ; les sources les plus sacrées de l'humanité lui ont donné leur sanction ; l'œil ouvert et le bon sens le confirment partout et toujours ; n'était-ce point la plus grande hérésie que d'affirmer le contraire ? Il a fallu de nombreuses générations pour faire passer la nouvelle doctrine dans le domaine commun de l'humanité.

Aujourd'hui même, ne vivons-nous pas à une époque où dans un autre domaine des sciences naturelles, celui de la médecine, tout un nouveau monde est découvert, celui des bactéries ? Les plus grandes autorités de la science médicale, un Rokitansky entre autres, n'ont-elles pas hoché la tête avec méfiance, quand on a émis pour la première fois l'opinion que la tuberculose est due à un bacille tuberculeux ; tandis qu'aujourd'hui cette théorie est universellement admise, et que la médecine, pour guérir la tuberculose, cherche seulement le moyen de détruire ce bacille ?

Il en est tout à fait de même de la sociologie ; l'attitude négative envers elle de la part des représentants les plus capables et les plus intelligents des sciences historiques et politiques provient d'une cécité des couleurs contractée et cultivée par eux, qui est d'autant plus intensive par rapport aux nouveaux horizons qui s'ouvrent, que leur œil s'est plus complètement adapté à l'exploration des horizons coutumiers dont ils ont la garde.

L'évolution récente de l'idée sociologique.

Peu de temps après l'apparition de la philosophie de Comte avec la sociologie qu'elle contient, J. S. Mill, qui justifie d'une manière approfondie la possibilité « de donner un caractère scientifique à l'étude de la politique et des phénomènes sociaux », constate que « l'opinion générale » incline à croire, « que toute tentative d'établir des vérités générales sur la politique et la société est du charlatanisme ; que dans ces choses la généralité et la sûreté sont impossibles à atteindre ». « Ce qui excuse en partie cette idée répandue, continue Mill, c'est que, dans un certain sens, elle n'est pas sans fondement », et il indique avec raison, que beaucoup de « philosophes politiques », sous prétexte de faire de la science, ont fait de la politique pratique, et qu'Auguste Comte lui-même est tombé dans cette erreur (1).

Cette même erreur, de confondre la politique pratique avec la sociologie, est commise encore un demi-siècle plus tard par

1. Mill : *Logique*, trad. allem. de Schiel, Brunswick, 1863, v. II, p. 487.

un esprit d'ailleurs aussi clair et un savant aussi éminent que Maurice Block, qui, pour cette raison, refuse aussi à la sociologie en tant que science tout droit à l'existence. « Cette création de l'imagination de Comte, dit-il, ne pourra jamais acquérir le caractère d'une science ; elle doit embrasser, selon Comte, toutes les sciences dites morales et politiques et chaque fait social doit être étudié à tous les points de vue à la fois; l'histoire et le droit, la morale et l'économique, la politique et les mœurs doivent être consultées pour en trouver les causes et les effets. L'observateur doit donc deviner les forces motrices cachées sous le mouvement social et en prévoir les résultats. Plus d'un savant l'a essayé, et l'opinion publique générale ajoute : sans succès. Et pourtant cette synthèse est la tâche journalière de l'homme d'Etat !... La sociologie n'est donc qu'un art, et un art qui ressemble à s'y méprendre à la politique. Nous devons en conclure qu'il n'y a pas de science sociologique. Et il n'y en aura pas, parce que les plus éminentes facultés humaines ne suffisent pas pour pénétrer jusqu'aux moteurs de la vie sociale, pour en découvrir les lois » (1).

Block est confirmé dans sa négation de la sociologie par ce fait que « Spencer et Schaeffle n'ont pas réussi » ; il s'en réfère à Dilthey. Nous n'avons pas besoin de prouver l'erreur de Block : J. S. Mill l'a déjà fait.

Entre la politique en tant qu'art, c'est-à-dire l'action politique, l'activité d'un homme d'Etat, et la sociologie en tant que science, il existe le même rapport qu'entre l'anatomie ou la physiologie et la thérapie. Quelqu'un voudra-t-il affirmer que la physiologie ne peut pas être science, parce que le médecin-praticien se livre quotidiennement à la thérapie ? La science est but pour elle-même ; l'art d'application a des buts extérieurs. Il est évidemment nécessaire, pour mieux atteindre ces buts extérieurs de l'art, de connaître la science correspondante ; aussi, il ne nuira pas aux hommes d'Etat pratiques

1. Block, « Progrès de la Science économique », p. 51.

de se familiariser avec la sociologie. Certes, il y a eu jusqu'à présent de grands hommes d'Etat, quoique la sociologie ne fût pas formée. Mais ce n'est pas un argument contre la sociologie. Il y a eu aussi des grands artistes qui n'ont pas étudié l'esthétique !

Le philosophe et académicien français Caro repousse le positivisme et la sociologie pour une autre raison ; il ne peut y découvrir rien de nouveau ; il ne voit pas de raison pour constituer un système nouveau, une science nouvelle, puisque tout cela se trouve déjà dans les systèmes et sciences existantes et antérieures. « A quoi se réduit donc cette sociologie si pleine de magnifiques promesses ? A une théorie du progrès terrestre, du progrès humain. Mais les espérances de ce genre ne sont pas le monopole du positivisme. Turgot, Herder, Kant, Hegel, tous les penseurs modernes les ont conçues, chacun à sa manière, et je doute que le positivisme ait éclairci le problème par une série d'assertions semblables à celle-ci, à savoir que le but du progrès est de conformer l'existence sociale de l'homme à la conception positive du monde, que le progrès n'est point dans la dépendance des rois ou des peuples, qu'il se fait malgré eux et sans cesse par la seule force évolutive de l'histoire, que l'art humain consiste simplement à se mettre d'accord avec cette force, ce qui réduit cette évolution à n'être plus qu'une des formes de l'universelle fatalité. La seule idée claire qui s'en dégage est une conception combinée du progrès et de la nécessité dont l'effet le plus certain est d'alléger la responsabilité morale des individus et la responsabilité collective des peuples ».

Une série d'autres objections diverses, qui, toutes également, ne tiennent pas debout, est élevée contre la sociologie au point de vue de la morale. Depuis que les philosophes-moralistes, pour fonder notre morale courante, ont établi un lien étroit et apparemment indissoluble entre elle et les opinions philosophiques dominantes, on croit pouvoir combattre et prévenir toute attaque contre ces opinions philosophiques dominantes, ou même tout écart de ces opinions, par l'évocation de la morale menacée. Quand la sociologie affirme que les groupes sociaux dans leurs relations réciproques ne connaissent pas d'autre règle que l'égoïsme, les adversaires de la sociologie se lamentent. « La sociologie enseigne l'égoïsme. elle mérite donc l'anathème ». On voit clairement quelle confusion de la constatation scientifique des faits sociaux avec les postulats moraux individuels sert de base à un pareil reproche. Et pourtant, les savants les plus éminents s'en rendent coupables. Van der Rest nous servira de nouveau comme exemple. A « l'observation des faits », soulignée et demandée par le sociologue, il croit pouvoir opposer « le sentiment de l'idéal qui est profondément enraciné dans nos cœurs ».

« Ce sentiment de l'idéal, s'écrie-t-il pathétiquement, qui ne cédera jamais devant les injustices accumulées par l'histoire et par notre organisation sociale, sera toujours notre force dans la lutte pour le progrès. L'histoire du monde peut réunir autant qu'elle veut de témoignages depuis le passé le plus éloigné jusqu'au sommet de la civilisation; elle peut accumuler autant qu'elle veut d'observations exactes et minutieuses, ou jeter la lumière la plus claire sur tout le passé du genre humain : elle n'en déduira jamais *ce qui doit être*, si elle ne consulte pas la raison pure et la conscience. Si la science, tombée au rang d'une pure empirie, nous donne la théorie de Spencer, à savoir que la vie n'est qu'une lutte où le faible doit être écrasé par le fort ; si elle crie : malheur aux vaincus ! eh bien, nous opposerons l'humanité à la science. Mais nous ne croyons pas à cette opposition de la science et de l'humanité; elle ne subsiste que là où la science a été élevée sur des bases trop étroites ; quant à nous, nous croyons fermement à l'accord final de la science, de la justice et de la charité, triple base sur laquelle reposera la société de l'avenir ».

Est-ce qu'on n'est pas saisi d'étonnement devant cette confusion des faits et des vœux, de la science et de la foi, de l'objectivité et de la subjectivité, dont Van der Rest se rend coupable dans ce discours académique pour réfuter la raison d'être de la sociologie ?

Il y a ici une double erreur à la base. D'abord, même si la sociologie devait constater que les groupes sociaux mènent une lutte implacable pour la vie : s'en suit-il que la sociologie recommande à l'individu une lutte égoïste pour la vie ? Ce serait la même chose que de vouloir imputer le désir de la mort du malade au médecin qui constate chez un malade une maladie incurable. Quel lien y a-t-il entre la constatation objective des faits et la croyance et l'espoir subjectifs ?

Là où ces deux sphères sont confondues, où règne cette opinion que les études scientifiques ne doivent pas s'éloigner de la direction de nos croyances et espoirs, mais doivent toujours leur rester parallèles, là il n'y a pas de science objective possible, car elle est rivée d'avance à nos croyances et espoirs, et ainsi on ramène la situation du moyen-âge, où la philosophie était considérée comme servante de la théologie. Mais si la science se cramponne ainsi anxieusement à l'ancre de miséricorde de la foi et de la morale, ceci n'est qu'une conséquence de la seconde erreur, à savoir que les conclusions de la science, qui ne seraient pas en harmonie avec notre morale reçue, devraient avoir pour effet la chute de cette morale. Cette erreur provient de la croyance que notre morale repose sur notre savoir contemporain et qu'elle devrait tomber avec la constitution d'un savoir autre, même meilleur et plus juste. Or, le lien entre notre morale et notre savoir n'est qu'apparent ; il a été établi par une philosophie superficielle, qui méconnaît la vraie source de notre morale et croit devoir la baser sur notre connaissance contemporaine du monde, sur les faits admis par la science contemporaine. Mais notre morale ne résulte pas de notre science, elle est le produit d'un instinct vital inconscient des groupes sociaux et ne doit pas être endommagée par la substitution d'une autre science. Comme nous avons établi une harmonie entre notre morale et notre science contemporaine, nous sommes facilement pris de souci, que la disparition de la science ne menace l'existence de la morale. La sociologie n'a pas besoin de partager cette crainte. Elle doit conformer sa conduite à l'exemple de la construction moderne des ponts. On laisse tranquille le pont ancien, on n'en interrompt pas l'usage. Seulement on construit sous lui de nouveaux piliers, et quand ils ont atteint le tablier du vieux pont, on enlève les vieux piliers et poutres et les bonnes gens passent un beau jour par leur pont habituel, qui repose sur de nouveaux piliers. Les peureux peuvent donc se calmer : l'usage du vieux pont de notre morale ne sera pas un instant interrompu : seulement il recevra des soutiens durables au lieu des vermoulus ! Les moralistes prennent l'attitude de gens qui auraient eux-mêmes créé la morale et seraient appelés à défendre leur œuvre menacée. Mais la morale est née sans l'aide de la philosophie et son existence ne dépend pas des théories sociologiques. Au contraire, il est de l'intérêt fondamental de la morale, au moment où ses bases philosophiques présumées commencent à chanceler, de les remplacer par d'autres qui résistent mieux aux attaques de la critique. Or, dans ce sens la sociologie, qui confirme les faits jusqu'à présent mal connus et les met en harmonie avec la morale dominante, non seulement n'est pas un danger pour la morale, mais au contraire, en est un nouveau soutien.

§ 22

LES CAUSES DE LA LUTTE CONTRE LA SOCIOLOGIE

Qu'on pense seulement, quelles exigences, vraiment exorbitantes dans leur genre, la sociologie élève au regard des partisans des sciences historiques et politiques ! De la représentation et de l'explication des phénomènes politiques et sociaux on devrait éliminer toute initiative personnelle, on devrait les expliquer uniquement par les tendances et les mouvements des groupes sociaux, conformes « au lois naturelles » et qui résulteraient d'une loi suprême dominant tous ces mouvements ! Le ressentiment de Xerxès contre les Athéniens ne devrait plus jouer aucun rôle dans les causes de l'irruption des troupes perses en Grèce ; pour l'expédition d'Alexandre le Grand en Asie il devrait également être tout à fait indifférent, qu'il ait lu Homère ou non ; la haine d'Annibal contre les Romains elle-même ne serait due qu'à cette seule circonstance que les intérêts commerciaux du peuple phénicien sur les bords de la Méditerranée étaient menacés par Rome, et non au serment prêté par Annibal enfant entre les mains de son père, etc., etc. ; partout les intérêts des groupes sociaux devraient prendre la place des causes individuelles des faits sociaux. Les héros, les monarques et les hommes d'Etat ne feraient plus l'histoire, mais seraient simplement tirés et poussés, comme des marionnettes, par les ficelles des intérêts des groupes sociaux.

N'est-ce point une idée insupportable, hérétique à sa manière pour les historiens, qui emploient tant de peine et de diligence pour caractériser les personnages « dirigeants » de l'histoire ?

Il y a encore une autre circonstance, qui doit agir contre la sociologie. Il existe dans la nature humaine une inclination profonde à l'idolâtrie ; l'humanité, même civilisée, ne s'est pas encore dégagée de la période du fétichisme. Seulement elle ne fabrique plus ses fétiches avec de l'argile, du bois ou de la pierre ; elle prend le premier homme d'Etat venu, qu'elle rencontre sur son chemin, et qui, au moment d'un évènement historique, se trouve par hasard au gouvernail, le proclame fétiche et se prosterne devant lui, comme devant l'homme qui a amené cet évènement par la force de son génie. Ce fétichisme historique fascine les masses, qui sont fanatiques de ce culte, et l'enthousiasme des masses flatte les historiens. Que l'on pense seulement au culte napoléonien en France et à son grand prêtre, l'historien Thiers.

Les nations tirent également un plaisir de leurs grands hommes ; cela flatte leur amour-propre d'attribuer les grands évènements, glorieux pour elles, à leurs grands compatriotes. Combien chante-t-on d'hymnes élogieux en l'honneur de Cavour, le fondateur et le créateur de l'unité italienne, et à quel point, devant cette glorification de l'œuvre à lui attribuée, ne s'efface pas toute cette action collective des mouvements et des tendances sociales, qui préparèrent depuis des siècles cette unité italienne tombée, comme un fruit mûr, entre les mains de Cavour !

Nous ne voulons pas en faire le reproche a l'historiographie, car sa manière de représenter l'histoire, qui repose partout sur l'initiative individuelle et sur le culte des héros, a aussi sa grande importance morale et esthétique; nous voulons seulement rappeler que la sociologie a une raison d'être *scientifique* plus grande.

Ottokar Lorenz.

Comme exemple d'un historien qui se cabre furieusement contre toutes les exigences sociologiques pareilles, qui ne veut rien entendre des lois naturelles de l'histoire, qui ne veut pas céder un point sur l'i du caractère scientifique de l'histoire et proteste vivement contre son classement parmi les « artistes », citons encore une fois Ottokar Lorenz.

Voici comment il argumente contre les lois naturelles dans l'histoire : Puisque l'individualisme qui existe chez l'*homme historique*, qu'on le conçoive qualitativement ou seulement quantitativement, porte en tous cas des produits de son action tout autres que n'importe quel élément naturel, il en résulte donc l'absurdité de cette prétention, qui voudrait donner aux lois et aux règles historiques tout à fait la même forme et signification qu'à celles des sciences naturelles ». (*Geschichtswissenschaft*, II. 355). Ici l' « absurdité » découle d'une prémisse dont il aurait d'abord fallu démontrer l'exactitude ; car précisément la sociologie conteste que les événements historiques soient « le produit des actions de l'individualisme, qui existe chez l'homme historique », et l'historien devrait d'abord le démontrer avant qu'il ne traitât d' « absurde » l'opinion contraire. En le faisant, l'inventeur de la « Théorie des générations » prouve seulement qu'il ne devine même pas le problème propre, qui se cache sous cette divergence d'opinions. Mais la sociologie repousse cette prémisse de Lorenz ;

pour un sociologue l'unité de l'Allemagne, par exemple, n'est pas du tout « le produit des actions de l'individualisme qui existe chez l'homme historique », Bismarck ; mais simplement l'effet de la tendance d'une nation unifiée au point de vue de la civilisation, tendance qui se développait et se renforçait depuis plus d'un siècle, et Bismarck ne devint un des fondateurs de l'unité allemande que parce que, avec un instinct juste, il se plaça à la tête de ce mouvement tendant à l'unification de l'Allemagne. La grandeur historique d'un personnage consiste précisément à se laisser porter par un grand courant social ! L'unification de l'Allemagne s'explique par tous les facteurs qui ont engendré cette tendance des masses, et non point par le génie de Bismarck. Car autrement, comment pourrait-on expliquer qu'un tel potentat, qui a pu unifier l'Allemagne, n'a pas eu la force de conserver son portefeuille ministériel ? Quant à la chute de Bismarck, la sociologie, à son tour, ne l'expliquera pas par l'individualité de l'empereur Guillaume, mais par cette circonstance, que ce puissant homme d'Etat entra dans une fausse voie et, suivant ses sympathies et antipathies personnelles, voulut allier l'Allemagne avec la Russie, tandis que la tendance, conforme aux lois naturelles, du peuple allemand est contre l'alliance avec la Russie, dans laquelle l'Allemagne pressent avec raison son plus grand ennemi. A l'instant même où ce héros jadis puissant s'opposa à un courant social naturel et conforme aux lois naturelles, il était déjà rejeté de côté, comme un instrument brisé entre les mains du génie de l'histoire. Mais tout cela, ce sont des « absurdités » des sociologues ; les historiens continueront au contraire de déifier « le fondateur de l'unité allemande » et de raconter en détail les intrigues du palais dont il tomba victime ; nous ne leur en faisons d'ailleurs aucun reproche, car c'est leur métier, et s'ils ne le faisaient pas, ils deviendraient ennuyeux et monotones.

Par conséquent, Lorenz a aussi tout à fait raison *au point de vue d'un historien*, quand il déclare que, « si la tradition historique n'était pas de nature à permettre de reconnaître et de représenter les individus, il serait tout à fait absurde de parler de l'histoire au sens plus étroit du mot. Ce qu'on aurait alors à sa disposition, ce serait uniquement un vaste océan de pensées sans limites de temps, dont les flots se presseraient d'un bout à l'autre dans un changement éternel ; *et la seule chose que pourrait faire le philosophe, ce serait d'observer la régularité qui préside à ce mouvement* ».

Par ces mots Lorenz a peut-être, sans le savoir, formulé le programme de la sociologie ; car elle n'aspire pas à autre chose qu'à pouvoir donner la formule de la « régularité » dans le « changement éternel » des évolutions sociales. Mais l'historien a une aversion sacrée contre une chose à ce point ennuyeuse, et qui ne donne pas l'occasion de « reconnaître et de représenter les personnages » (l. c., p. 348).

Mais ce qui doit paraître étonnant, et même tout à fait incompréhensible chez Lorenz, qui a compris d'une façon si juste la différence entre l'historiographie et la « philosophie », c'est sa vive protestation contre son classement parmi les « artistes ». Le « peintre passionné des personnages », avec une vigueur irritée, qui n'est d'ailleurs pas rare chez lui, n'admet pas qu'une méthodologie pédantesque, « avec une mine aigre-douce, lui tire la révérence avec le joli titre de l'art ». « Cette manière de formuler ce qui, à côté de la critique, doit être l'élément esthétique, « l'art historique », doit paraître, à quiconque s'est rendu compte une seule fois de sa production historique, d'une absurdité si élevée, qu'il est impossible de demander ici un examen plus approfondi de ces malentendus historiographico-méthodologiques », s'écrie Lorenz dans son précieux allemand vulgaire (« Grobdeutsch »).

Et pourtant, nous ne pouvons rien pour lui ! Quand il réunit les documents, il est un compilateur de sources ; quand il « portraiture les personnages », il est un historien qui trace des tableaux, un artiste ; mais tant qu'il recule avec effroi devant « l'observation de la régularité du changement éternel » des événements historiques, il ne fait pas de la science. Au contraire, nous lui accorderons volontiers que, par sa théorie des générations, il a essayé d'expliquer l'histoire d'une manière scientifique, et que, si cette théorie devait se confirmer, il serait un Helmholtz, un Du Bois Reymond ou un Kirchhoff dans le domaine de l'histoire; seulement il faudrait qu'elle se confirmât! Mais qu'est-ce qui arrivera, si un beau jour, — Dieu l'en garde ! — un autre professeur d'histoire, avec l'aménité avec laquelle Lorenz a condamné les « lois naturelles de l'histoire », traite « d'absurdité » sa « théorie des générations » ! Il pourra s'épargner une justification, tout comme Lorenz pour son « absurdité » Cet arrêt de Lorenz, dirigé évidemment contre toute l'école de Buckle, me rappelle d'ailleurs qu'un autre historien de valeur et en tout cas un homme très éminent, Joseph Szujski, a également traité l'idée de Buckle sur « les lois naturelles de l'histoire » de « bêtise capitale ».

Il sont parfois ainsi, les poètes et les « portraitistes des personnages » ! Ils se moquent des fables que Schopenhauer, Buckle et d'autres ânes pareils nous veulent faire accroire! « L'histoire est faite par les individus ». — Un point, c'est fini !

Devant des préjugés si consacrés il est donc extrêmement difficile de frayer la voie à la science sociologique, car, d'un côté, elle se heurte aux idées favorites qui forment la personnalité intellectuelle de chaque homme, de l'autre, elle manque des moyens efficaces qu'ont les sciences expérimentales, de prouver leurs affirmations par l'expérience.

Mais il ne faut pas s'étonner que non seulement les historiens et les poètes, mais la grande majorité des hommes se croient offensés dans leurs sentiments « les plus sacrés », parce que « les plus intimes », par les opinions et les affirmations de la sociologie, et partent contre elle en guerre avec indignation. Car ce que la sociologie entreprend, ce n'est, au fond, rien moins que de changer fondamentalement les opinions de l'homme sur son propre » moi « intellectuel. Il ne peut y avoir une tâche scientifique plus ingrate ! Car déjà l'insignifiance complète de l'individu dans la marche de l'évolution humaine est une thèse qui ne peut que médiocrement plaire à l'individu qui se croit « seigneur et couronnement de la création ». Et pourtant cette insignifiance complète de l'individu, sa « libre volonté » comprise, est un pilier fondamental de la sociologie. Et là déjà apparaît sa différence profonde par rapport à la science historique, dont les historiens affirment qu'elle « est la science de l'homme en tant qu'être politique (1).

La sociologie n'est pas une science de l'homme, mais des *sociétés* humaines, et elle enseigne que l'homme pense et agit sans doute et normalement, uniquement dans le sens de son groupe, mais que le groupe mène sa vie propre, sur laquelle l'individu n'exerce aucune influence. Cette vie et existence, ces tendances et actes des groupes sociaux sont l'objet de la sociologie.

1. Freeman : « The methods of historical study, London, 1886.

LIVRE SECOND

L'HISTOIRE EN TANT QUE PROCESSUS NATUREL

> Et cependant, dans ce monde, on est tenu de lutter, si l'on veut vivre.
>
> L'empire est à la force dans l'humanité comme dans la nature. Toute créature qui perd l'art et l'énergie de se défendre devient une proie d'autant plus sûre que son éclat, son imprudence et même sa gentillesse la livrent d'avance aux rudes appétits qui rôdent à l'entour.
>
> Taine, *L'Ancien régime*, p. 215.

§ 23

LA MATIÈRE ET LA DIVISION DE LA SOCIOLOGIE

De ce que nous avons dit jusqu'à présent sur la nature de la sociologie se dégage déjà à peu près sa matière. Elle se divise d'une façon naturelle en deux parties que l'on peut, si l'on se plaît aux analogies physiques et aux expressions techniques, appeler avec Comte : statique et dynamique.

La première contient la description des groupes ou des cercles sociaux présents ou passés, de leurs relations réciproques, relations pour ainsi dire dans l'espace, notamment : comment ils s'excluent réciproquement, comme par exemple les Etats, ou bien se contiennent concentriquement les uns dans les autres, comme par exemple les couches et les classes de la population d'un même Etat, ou bien se croisent partiellement de manières diverses, comme par exemple les cercles sociaux, qui ont pour base le fait d'appartenir à de certaines églises, professions, états de naissance, etc.

Cette partie statique de la sociologie a pour devoir d'examiner les fondements du groupement social, les rapports des cercles donnés à leurs membres, la cohésion plus ou moins grande de ces cercles ou, ce qui revient au même, la force plus ou moins grande des liens qui rattachent la volonté individuelle à la tendance collective du cercle, l'influence plus ou moins grande de ce dernier sur les dispositions de ses membres, etc.

La deuxième partie, la partie dynamique de la sociologie s'occupe des lois des mouvements des groupes sociaux, de leurs tendances conformes aux lois naturelles et des influences réciproques qui en résultent et dont se compose « l'évolution sociale », c'est-à-dire l'évolution de chaque groupe et d'un certain ensemble des groupes. Cette « évolution » ne doit aucunement être confondue avec le progrès, car elle n'amène pas nécessairement le progrès de chaque groupe social, puisque le progrès d'un d'entre eux peut très bien signifier la disparition de l'autre. L'évolution, comprise dans le sens le plus large du mot, peut amener la pénétration, la fusion de plusieurs groupes, les formes les plus diverses de leur subordination, superposition et juxtaposition mais aussi la disparition d'un d'entre eux et le développement de l'autre.

Mais, dans tous les cas, cette évolution ne se déroule que d'une façon régulière et conforme aux lois naturelles, et n'est pas autre chose que le résultat des tendances inhérentes à chaque groupe, dont l'appréciation et l'évaluation plus ou moins juste permet de définir avec une exactitude plus ou moins grande la marche future de l'évolution.

Mais le résultat de cette évolution, c'est l'agglomération toujours croissante, qui jusqu'à présent a trouvé son expression la plus puissante dans les grands Etats nationaux. Si l'on veut, on peut appeler « progrès » cette évolution, qui conduit à l'agglomération toujours croissante : seulement ce progrès ne s'accomplit point d'une façon aussi idyllique que l'imaginent les optimistes du progrès, mais plutôt au milieu de luttes incessantes, dominées par la loi suprême de l'adaptation, de façon que les éléments qui s'adaptent à l'agglomération durent, et ceux qui résistent et ne s'adaptent pas, soient éliminés d'une façon plus ou moins violente. Ainsi ce progrès apporte avec lui pas mal de chutes et de destructions.

La loi de l'agglomération croissante.

De cette manière et grâce à ces causes, l'histoire de l'humanité se déroule toujours et partout, en commençant par la lutte d'innombrables petits groupes, vers la formation de groupes plus grands, grâce à l'asservissement des plus faibles par les plus forts.

« L'histoire du monde » nous présente, sous des milliers de formes diverses, toujours le même contenu. Soit qu'un Etat se forme des plusieurs tribus séparées, grâce à la supériorité guerrière de la plus forte d'entre elles ou de plusieurs alliées, comme cela est si fréquemment arrivé en Orient ; ou que des « phylés » séparées naissent les cités hellènes, qui ensuite sont incorporées dans un Etat guerrier par les monarchies victorieuses ; ou que Rome se forme de plusieurs tribus pastorales et soumette ensuite une infinité de petits « peuples », pour confondre plus tard une infinité d'Etats dans une monarchie universelle ; ou qu'un grand nombre de tribus germaniques prenne le chemin de toutes les tribus et forment finalement un Etat imposant d'une quantité de petits Etats; ou qu'une quantité de principautés russes, mongoles, tartares, grâce aux victoires de la plus puissante d'entre elles, se transforme en un tsarat, qui ensuite, avec une force ainsi accrue, se jette sur les Etats voisins pour augmenter sa surface et sa puissance : c'est toujours le même phénomène si simple et naturel, dont la formule est donnée par un poète : « Le grand mange le petit, et le plus grand mange le grand ». Mais ce « manger » n'est nullement un libre acte volontaire, ni en général jamais un acte individuel. C'est *l'absorption* nécessaire et naturelle des groupes sociaux plus faibles par les organisations sociales plus fortes, phénomène qui doit apparaître partout et toujours au contact de pareils groupes et organisations avec la même nécessité et conformité aux lois naturelles par lesquelles une éponge se gonfle d'eau, ou une bûche jetée au feu se consume.

Le fait que la formation de ces sociétés, aussi bien que leur évolution et leurs relations réciproques, sont régies par des lois constantes, est l'effet simple de ce que toute cette vie sociale de l'humanité n'est qu'un côté de sa vie naturelle. La sociologie s'occupe exclusivement de ce côté de la vie sociale de l'humanité et aspire à rechercher ces lois sociales au sens le plus strict du mot. Il est vrai qu'un certain nombre de sciences ont incidemment considéré ce côté de la vie de l'humanité ou bien pris des moments donnés de cette évolution pour objet d'un examen spécial ; mais l'ensemble de cette évolution sociale resta inaperçu, il n'est jamais devenu l'objet d'une science spéciale.

Ainsi par exemple, on s'en est tenu aux moments isolés, qui sont poussés au premier plan *par et avec* cette évolution sociale, c'est-à-dire la formation, le développement et la lutte de ces sociétés entre elles, mais on a toujours détaché ces moments seuls de leur base sociale naturelle en en faisant autant d'objets de sciences séparées, considérées dans leur nature abstraite, sans les expliquer comme produits sociaux par leurs racines sociales profondes et diversement ramifiées.

Ainsi par exemple, la jurisprudence examine le droit séparé de sa base sociale, dans sa nature abstraite. L'histoire du droit, elle aussi, ne s'occupe que de l'évolution des règles juridiques abstraites dans la succession des temps, quoiqu'elle compare leur forme chez des peuples différents. Mais on n'examine que rarement et incidemment la question de savoir comment *tout droit est sorti de la lutte sociale entre les sociétés humaines*. Et cependant, c'est ce qu'il y a de plus important.

De même la linguistique s'occupe de l' « organisme » abstraite de la langue ; de ses formes et transformations ; des rapports réciproques des divers dialectes de la même langue et des diverses langues ; elle classe et groupe les langues, recherche les lois de leur évolution.

Mais quels sont les *actes sociaux* qui ont causé leur évolution, dans quelle mesure cette évolution est-elle la suite de la formation des sociétés humaines ; les dialectes ne reposent-ils pas sur les différences ethniques entre les parties composantes d'un peuple etc ; de tout cela la linguistique a peu de souci.

L'histoire de la civilisation et l'histoire économique, de création toute récente, se rapprochent le plus de la sociologie, mais seulement quand elles ne se contentent pas de détacher certains moments de l'ensemble de l'évolution de la « société » ou de « l' « humanité », mais cherchent à comprendre, autant que possible, l'évolution de tous les phénomènes *sociaux*, dans leur corrélation : pourtant, même l'histoire de la civilisation, quoiqu'elle s'occupe de l'ensemble de ces moments (art, religion, coutumes, littérature, droit, économie etc.), les considère détachés de leur base sociale ou, du moins, ne les considère pas dans leur dépendance causale des transformations de cette base sociale.

Mais ce qui présente précisément le caractère distinctif de la sociologie, et ce qui lui donne le cachet d'une science spéciale et indépendante, c'est que, notamment, elle considère et examine tous ces phénomènes non comme des manifestations de l'esprit humain, à la façon des autres sciences spéciales, mais comme *les effets nécessaires de l'agglomération et de l'évolution des sociétés humaines*.

Puisqu'elle voit la cause première et la source unique de tous les phénomènes sociaux dans ces sociétés humaines, ou, ce qui revient au même, dans ces groupes sociaux, dans leurs actions et réactions réciproques, puisqu'elle en déduit cet « esprit humain » lui-même, qui dans les autres sciences est rendu responsable de tout et, comme une « bonne à tout faire », doit créer le droit, la religion, l'économie etc ; il est donc clair qu'elle tourne son attention principale vers ces groupes, qu'elle cherche à en examiner la formation et le développement, la nature et les propriétés, l'activité vitale et les relations réciproques.

Mais en deuxième ligne elle doit examiner plus spécialement comment du contact des divers groupes sociaux, de leurs rencontres et actions réciproques, sort toute la série de ces phénomènes socio-psychiques, que nous croyons généralement, *librement créés* par « l'esprit humain, » comme : la langue, la religion, le droit, l'Etat avec toutes ses organisations, etc.

§ 24

LE GROUPE SOCIAL

L'élément premier de toute évolution sociale et le facteur élementaire du processus naturel de l'histoire, c'est le groupe social. Celui-ci est déterminé et créé par un intérêt commun.

Il peut y avoir autant de groupes sociaux que d'intérêts différents ; et de même que plusieurs intérêts peuvent toucher un individu, cet individu peut appartenir à plusieurs groupes sociaux, dont les périphéries se coupent de façons diverses ou peuvent être incluses les unes dans les autres.

Le groupe ou la société se distingue d'une simple pluralité d'individus par son organisation. Une foule réunie devant un feu d'artifice ou un spectacle quelconque, ne forme pas un groupe social ni une société, mais une masse non organisée. Pourtant, grâce à un événement quelconque, un intérêt commun peut apparaître dans cette masse inorganisée et la transformer momentanément en un groupe : ainsi par exemple, quand au lieu d'un drame classique annoncé, que l'on attendait avec beaucoup d'intérêt, on donne un bouche-trou quelconque, l'intérêt commun unit momentanément la masse inorganisée contre le directeur du théâtre et peut la pousser à des actes communs quelconques, par exemple à réclamer le remboursement du prix d'entrée.

Abstraction faite de pareils phénomènes exceptionnels, qui d'ailleurs peuvent souvent dans une localité donnée acquérir une grande importance (des révoltes, des soulèvements, même des révolutions peuvent sortir d'une pareille union subite des masses inorganisées), pour la sociologie sont seules importantes les sociétés organisées d'une manière durable. Mais toutes ces sociétés ont un caractère commun, qui se trouve déjà dans l'idée de l'organisation : elles se composent de meneurs et de menés. Il n'y a pas de sociétés égalitaires : la horde a déjà son chef, d'abord seulement à l'occasion d'une expédition guerrière ou d'une nécessité de défense, mais ensuite aussi en temps de paix.

La tribu, formée de plusieurs hordes, où sont entrées les hordes subjuguées et vaincues, posssède déjà, à la suite de ses entreprises guerrières et de l'organisation qui en naît dans le but de garder les fruits de la victoire, un pouvoir tout à fait constitué, qui se compose d'un roi et des chefs et compagnons qui l'entourent.

Il en est de même chez tous les autres groupes sociaux quel que soit l'intérêt qui leur sert de base économique, morale ou politique.

Les groupes économiques nous apparaissent comme corporations avec leurs maîtrises et compagnons ; les groupes religieux sont dirigés par leurs prêtres ; les groupes politiques sont sous la domination des monarques, qu'ils soient héréditaires ou électifs, élus à vie (royaume électif) ou seulement pour un court délai (présidents).

Que le groupe social n'est pas égal à la somme d'individus dont il se compose, que le fait du groupement produit un surplus de force qui ne peut pas être expliqué par l'addition des forces individuelles, cette pensée, d'ailleurs difficile à expliquer, De Greef l'exprime de la manière suivante : « Les relations d'une certaine masse d'hommes entre eux ou avec une autre masse d'hommes créent des rapports qui, tout en participant de la nature physiologique et psychique des unités composantes, laissent un résidu inexplicable par les seules lois des sciences antécédentes à la sociologie. *La force collective du super-organisme social n'est pas l'équivalent des forces collectives additionnées des organismes individuels, pas plus que ceux-ci ne sont l'équivalent de l'addition de leurs unités physiologiques composantes* » (Introduction à la Sociologie, I, 180).

§ 25

LES SOCIÉTÉS ET L'ÉTAT

Une ligne de démarcation tranchante, qui divise les diverses sociétés ou groupes sociaux en deux catégories, résulte du fait pour eux d'être soumis ou non à un ordre commun pacifique et juridique. A la deuxième catégorie appartiennent tous les Etats, à la première toutes les sociétés et groupes sociaux au sein d'un Etat donné.

L'Etat se distingue de toutes les autres sociétés humaines, comme un société spéciale, ayant une organisation propre et en même temps dépassant en importance toutes les autres sociétés ; cette importance lui vient d'une force plus grande de domination exercée par son autorité suprême (autorité souveraine). Parmi toutes les sociétés humaines l'État est notamment la seule qui, pour affermir sa domination, s'adjuge le droit de vie et de mort sur ses sujets. Cette circonstance donne à ses liens une force qui dépasse celle de tous les autres, les rend durables et indépendants de la volonté de ses sujets. C'est pourquoi il ne peut être écrasé et dissous que par le sang et le fer, tandis que toutes les autres sociétés humaines sont soumises à sa domination et peuvent être opprimées, disloquées et annihilées par lui.

Par conséquent, toutes les sociétés humaines s'accommodent généralement à l'Etat et doivent vivre en paix avec lui ; et le prix en est qu'elles ne s'opposent point à ses buts, mais au contraire aident à leur réalisation.

Il était de mode pendant un certain temps de méconnaître cette particularité de l'Etat et de laisser croire que l'Etat n'apparaît et ne fonctionne que comme l'égal entre les égaux au nombre des associations humaines. « Commune, Département, Etat » telle était la formule. C'étaient peut-être des tendances louables qui l'inspiraient ; entre autres celle d'introduire dans l'Etat le principe du « gouvernement direct » et de l' « autonomie » de ses « membres », comme dans les communes et dans les départements. Mais la vérité est que les communes et les départements doivent obéir à l'Etat, tandis que l'Etat n'a à obéir à personne ; la souveraineté est le caractère distinctif de l'Etat, par lequel il diffère énormément de toutes les sociétés humaines. Une construction allemande récente (celle de Hugo Preusz) de l'échelle de l'évolution : « commune, Etat (*Staat*), et Empire (*Reich*) » n'est pas plus juste. La différence fondamentale entre la commune et l'Etat est claire ; l'Etat est souverain et la commune doit obéir à ses ordres. Mais tandis que cette différence entre l'Etat et la commune est claire et indubitable, le rapport entre l'Etat et l'Empire (qui, remarquons le en passant, est un phénomène particulier qui n'a rien de typique) nous présente une phase transitoire, il est saisi dans un devenir, et la science ne peut donner sur sa forme future qu'un pronostic ambigu : aujourd'hui les Etats allemands ne sont plus des Etats complets, et l'Empire n'est pas encore un Etat. Ce rapport pourra encore durer longtemps, mais finalement, ou bien l'Empire devra devenir un Etat, ou bien les Etats redeviendront des Etats ; en un mot, nous avons devant nous un processus de transformation locale, et il est prématuré d'attribuer à ces éléments la qualité de types accomplis, d'y voir l'échelle consolidée de l'évolution des sociétés humaines. Une photographie momentanée ne doit pas nous illusionner sur le cours de l'évolution historique (Comp. notre ouvrage : *Oesterreichisches Staatsrecht*, Vienne, 1890, p. 50 et aussi : *Allgemeines Staatsrecht*, 1897, p. 151).

§ 26

L'ÉTAT

L'Etat est un type indépendant, une collectivité sociale *sui generis* et, si l'on veut, le plus haut degré, le couronnement de toutes les sociétés humaines. Seul l'Etat a une influence décisive sur les destinées des peuples dans l'histoire du monde ; lui seul est un facteur dans la production de l'histoire du monde.

L'étude de l'Etat est, par conséquent, une partie intégrante de la sociologie ; mais toutes les erreurs et illusions sur sa nature proviennent précisément de ce qu'on a voulu constituer une science particulière de l'Etat, tandis qu'il ne peut être compris que dans l'ensemble de la sociologie, et que seule la sociologie peut donner une position juste du problème et jeter une lumière claire sur son étude.

Cette importance pour l'histoire vient à l'Etat de ce qu'il est un *perpetuum mobile,* dont la vie collective n'est jamais en repos. Selon sa nature la plus intime il doit réagir sur son entourage, par conséquent aussi sur les Etats qui se trouvent dans la sphère de son action. De là les actions et les réactions éternelles de tous les Etats les uns sur les autres et le courant de l'évolution sociale ainsi produit, tout cela se déroulant avec la même nécessité naturelle, que le courant galvanique produit par le contact des plaques chargées d'électricités contraires dans la pile voltaïque.

Si les Etats étaient séparés par des murs chinois infranchissables ou par des obstacles invincibles, il n'y aurait pas d'histoire extérieure des Etats. Comme il n'en est pas ainsi, que les Etats, au contraire, réagissent les uns sur les autres et doivent réagir grâce aux tendances naturelles, qui leur sont inhérentes en tant que groupes sociaux, l'histoire extérieure des Etats apparaît. A l'intérieur des Etats règneraient également la tranquillité et la stagnation éternelles, si les groupes sociaux se comportaient d'une façon indifférente les uns envers les autres et ne réagissaient pas les uns sur les autres.

Comme il n'en est pas ainsi, comme ces groupes, de même que les Etats, réagissent les uns sur les autres conformément aux tendances naturelles qui leur sont inhérentes, nous voyons apparaître l'histoire intérieure des Etats, c'est-à-dire une série de luttes sociales et de situations respectives de pouvoir qui en découlent avec tous leurs phénomènes concomitants.

La différence fondamentale entre tous les groupes et cercles sociaux d'un côté et l'Etat de l'autre amène également une division en deux de la tâche de la sociologie : d'un côté, elle a à observer le système des mouvements des Etats, et de l'autre les systèmes des mouvements des cercles et groupes sociaux à l'intérieur des Etats.

Ces dernières observations nous conduisent à la connaissance des lois de la vie sociale à l'intérieur de l'Etat, ou, si l'on veut, à la théorie de la politique intérieure; les premières à la connaissance des lois de la vie internationale, donc à la théorie scientifique propre de la politique extérieure. Ainsi nous arrivons au nœud qui relie la sociologie à la politique, en faisant de cette dernière, comme nous l'expliquerons encore plus tard, une partie intégrante de la sociologie.

Les éléments sociaux de l'Etat.

Les éléments sociaux de l'Etat, dont l'action réciproque en engendre et soutient l'évolution intérieure, sont produits par son organisation économique, par l'organisation du travail.

Leur nombre est au fond limité, et leurs formes sont dans tous les Etats à peu près les mêmes. Cela provient de ce que l'organisation du travail est déterminée par les besoins des hommes, aussi bien corporels que ceux qu'on appelle spirituels. En face de ces besoins partout identiques se trouve la nature, partout identique dans ses propriétés essentielles, qui doit intervenir dans la satisfaction de ces besoins. Partout l'homme a besoin d'une nourriture qu'il doit puiser dans le sol d'une manière directe ou indirecte. Ce travail est partout le plus dur au point de vue physique et exige la plus grande partie des forces humaines. Par conséquent, il faut qu'il y ait partout beaucoup d'ouvriers du sol, agriculteurs ou pasteurs. En face de cette majorité se trouve partout une minorité de gouvernants, car la domination est, par sa nature, dévolue à la minorité. La majorité est, d'un côté, incapable de gouverner, et d'autre part, a besoin de direction, de domination. Nous retrouvons ces parties composantes partout où il y a des Etats, car elles sont inséparables de l'Etat, elles en forment les éléments constitutifs.

Ici s'ajoute une troisième partie composante, qui n'accomplit pas le dur travail de la production des matières brutes et ne s'approprie pas directement la plus grande partie des fruits de ce travail, mais qui sait, par l'*industrie et le commerce*, amener graduellement une partie considérable de ces fruits des mains des gouvernants dans ses poches, et ramasser le *capital*.

Ce sont les trois éléments essentiels de chaque Etat, qui naissent nécessairement partout de la qualité même des besoins humains et de la modalité de la nature, qui est à la disposition des hommes pour la satisfaction de leurs besoins. Ils pourront être plus ou moins développés, occuper un degré plus ou moins élevé de la civilisation, être plus ou moins modifiés dans leurs formes vitales par les conditions extérieures de la nature, être reliés les uns aux autres par des organisations, dont la diversité n'a rien d'essentiel ; mais ce qui doit rester partout identique dans son essence, c'est leurs *rapports réciproques*, car ils découlent d'une loi sociale suprême et naturelle, à savoir que toute collectivité sociale, tout groupe tend à vivre aux dépens de tous les autres et, soucieux de continuer cette vie dans l'avenir, à augmenter toujours sa puissance (Comp. notre « *Précis de Sociologie* », III, §§ 6-13).

§ 27

LA LOI SUPRÊME DE L'ÉVOLUTION SOCIALE

Mais quelle est donc cette loi suprême, selon laquelle tous les groupes sociaux accomplissent comme tels tous leurs mouvements ? Quelle est cette force, qui joue dans les mouvements éternels des groupes sociaux le rôle de la force de l'attraction dans le système solaire, parce qu'elle empêche ces groupes de suivre leurs propres chemins dans le monde de l'histoire, parce qu'elle les rapproche, les enchaîne les uns aux autres, les pousse à se combattre mutuellement et à entrer dans les combinaisons politiques les plus diverses, où souvent les uns doivent disparaître pour laisser la place libre aux autres ?

La réponse à cette question ne peut prétendre à aucun attrait de nouveauté ; elle est très simple, même presque triviale ; car cette loi suprême est celle de la conservation ; cette force qui produit toutes ces merveilles de l'évolution sociale n'est pas autre que la tendance à la conservation de soi-même. Tout groupe social est animé de l'instinct de la conservation ; et de la *prévoyance* soucieuse de cette conservation dans l'avenir découle la tendance à l'élévation constante du bien-être. Or, la conservation aussi bien que l'élévation du bien-être exigent l'acquisition d'une somme toujours croissante de biens extérieurs, qui doivent assurer l'une et l'autre.

Au nombre de ces biens extérieurs comptent aussi les services des hommes, car telle est la nature de l'homme que, pour sa conservation et son bien-être, il ne peut pas se passer des services des autres hommes. Il s'en suit que la tendance d'un groupe social à la conservation et à l'élévation de son bien-être devient la *tendance à la domination et à l'asservissement* des autres groupes sociaux, donc la *tendance au pouvoir* qui, à son tour, dès que plusieurs groupes ayant la même tendance se rencontrent, doit se transformer en *lutte pour la domination sur les autres groupes sociaux*. Mais tous ces mouvements des groupes s'accomplissent sous la pression d'impérieuses lois naturelles ; il en résulte donc ensuite la nécessité de tout devenir historique et sa conformité aux lois naturelles.

Obéissant à la nécessité, les peuples primitifs *sont forcés*, d'abord, d'entreprendre des expéditions de pillage et de brigandage, où les forces des adversaires se mesurent. Quand les expéditions répétées de pillage et de brigandage ne paraissent plus assez rémunératrices aux plus forts, alors *nécessairement* ils passent à l'asservissement permanent des peuplades voisines (ou transmarines) et les forcent à l'exploitation intensive des territoires conquis. Ainsi est inaugurée la formation des Etats et en même temps l'augmentation territoriale continuelle des Etats de conquérants et l'évolution des grands Etats.

Cette marche est typique. Nous la retrouvons à toutes les époques et dans toutes les parties du monde, car elle découle nécessairement des conditions naturelles. Mais il y a un fait simple et naturel qui, tôt ou tard, pousse irrésistiblement tout Etat à sortir de ses frontières et à attaquer les autres sociétés pour les exploiter, — phénomène, sans lequel il n'y aurait pas d' « histoire universelle ».

Ce fait c'est la fécondité des femmes. L'accroissement de la population force chaque société à augmenter les moyens de subsistance, mais, comme l'accroissement de la production du sol, qui se trouve possédé par cette société, ne peut pas dépasser certaines limites, il ne lui reste donc qu'à songer à exploiter les sociétés voisines ou bien, chez les peuples situés aux bords de la mer, les sociétés transmarines.

Le plus simple schème du processus historique, c'est donc la rencontre de deux groupes hétérogènes, dont chacun aspire à utiliser l'autre pour ses propres buts. Ce simple schème est seulement obscurci dans une certaine mesure, mais non essentiellement changé, par la structure sociale plus compliquée des Etats.

De la loi suprême de toute l'évolution des Etats, c'est-à-dire de leur tendance à l'augmentation de la puissance, découle une loi secondaire, notamment que chaque Etat tâche d'empêcher l'augmentation de la puissance d'un Etat voisin, qu'il s'efforce de soutenir « l'équilibre politique » et ne permet pas, tant qu'il le peut, de l'altérer à son préjudice. Une autre loi secondaire est que chaque Etat vise les plus grands moyens d'exercer sa puissance et les plus grandes facilités de se les procurer, donc que chaque Etat continental gravite *vers la mer*, qui est le moyen d'entretenir une force maritime et de conquérir tout ce qu'elle permet de conquérir. Chaque

Etat trouve dans cette tendance vers la mer des obstacles opposés, autant que possible, par les Etats rivaux, qui craignent l'augmentation de sa puissance.

De même chaque Etat aspirera à avoir des *frontières naturelles,* par conséquent, pour ne pas en être privé, il entreprendra des guerres contre les Etats qui le séparent de ses frontières naturelles. Il y aura également des luttes incessantes entre deux Etats voisins pour les frontières naturelles.

A l'intérieur, chaque Etat doit aussi nécessairement tendre à l'augmentation de sa puissance, donc augmenter la force armée et, par conséquent, chercher à élever la valeur et la production des biens, qui rendent possible l'entretien de la force armée. Et aucun Etat ne peut contenir à son gré toutes ces tendances et leur imposer des limites librement déterminées. Car, au milieu de la poussée générale, il faut choisir entre les deux alternatives : ou bien se pousser en avant, ou être repoussé en arrière. Il n'y a par conséquent pas de choix pour le plus puissant des monarques, car lui et son Etat se trouvent au milieu d'une poussée mondiale irrésistible. Le même impératif catégorique de la loi naturelle domine également toute l'évolution sociale à l'intérieur de l'Etat.

Si nous nous délivrons de la fausse conception atomiste et individualiste de l'Etat, selon laquelle la société politique n'est que le total de tous les individus (libres et égaux !) qu'elle contient, il ne nous sera pas très difficile de découvrir les vrais éléments composants de l'Etat dans les états, classes ou cercles sociaux, en un mot dans les groupes sociaux qui réagissent éternellement les uns sur les autres, selon le même principe, conformément à une méthode identique, si l'on peut s'exprimer ainsi. Et ce principe, encore un coup, ce n'est pas autre chose que l'expression de cette loi suprême de toute évolution historique et sociale : *lutte pour la domination dans l'Etat.*

Quel que soit l'Etat que nous considérons, qu'il appartienne à l'antiquité ou aux temps modernes, qu'il soit situé en Europe, en Asie, en Amérique ou en Afrique, nous trouvons partout au moins l'antagonisme, l'action mutuelle de deux groupes sociaux, les gouvernants et les gouvernés. Les destinées, l'évolution de chaque Etat pareil, dépendent des rapports réciproques de ces deux groupes et des changements de ces rapports. Ces changements sont inévitables. Car le *mouvement* est la loi suprême du monde des phénomènes sociaux, comme de toute la nature. Il n'existe pas de stabilité dans les rapports mutuels des groupes sociaux. Car la tendance mentionnée de chaque groupe à élever son bien-être, la tendance qui en résulte à élargir la sphère de sa domination et, de l'autre côté, à relâcher ses chaines, ébranle et secoue incessamment la situation établie, ne la laisse jamais au repos, forme l'éternelle roue motrice du processus social et pousse toujours en avant l'évolution sociale.

Ce qui détermine la régularité de cette évolution, c'est que ces tendances des groupes sociaux, basées sur cette loi sociale suprême de la conservation et de l'augmentation du bonheur, sont essentiellement toujours les mêmes et apparaissent seulement sous des formes diverses selon le temps et les conditions, selon la diversité du milieu extérieur et des conditions de l'existence (1).

Mais en général, l'évolution intérieure de l'Etat est subordonnée à sa force extérieure, et celle-ci est le but auquel doit servir toute l'évolution intérieure. Cette relation, ou, pour mieux dire, cette dépendance, à laquelle aucune évolution intérieure d'un Etat ne peut échapper, s'explique très simplement. L'élément le plus puissant à l'intérieur de l'Etat est toujours celui qui a en même temps le plus d'intérêt dans sa puissance extérieure.

Ceux qui dominent dans l'Etat ont le plus grand intérêt à soutenir cette puissance, et le moyen le plus sûr qui y mène, c'est sans doute la conservation de l'Etat. De là ce phénomène bien connu, que l'intensité du patriotisme national (politique, *staatlich*) des éléments sociaux de l'Etat est directement proportionnelle à sa puissance à l'intérieur.

Celui des éléments sociaux qui se trouve au sommet de l'Etat, montre toujours le plus vif intérêt à sa conservation : si, dans les luttes intérieures de l'Etat, il éprouve une perte de puissance et d'influence, il se fait aussi dans son patriotisme une brèche considérable, et il se met à espérer son salut « de l'extérieur ». Ce sont des phénomènes aussi naturels que le lever et le coucher du soleil.

Mais comme tout ce qui arrive dans l'Etat par voie d'autorité et qui y est obligatoire, procède de l'initiative ou du moins du consentement de la classe dominante, il s'en suit que toute cette évolution, qu'elle se déroule

1. Voir les exemples dans notre « *Précis de Sociologie* », III, § 2.

dans le domaine de la législation, de l'administration, de l'économie, de la science, de l'art protégés par l'Etat, a toujours, d'un côté, le caractère de la conservation de l'Etat et porte l'empreinte de la classe dominante et de ses intérêts, de l'autre, vise la confirmation de la puissance extérieure de l'Etat.

Là est la corrélation entre toute l'évolution intérieure des États et leur histoire extérieure internationale ; c'est ce qui fait que l'histoire intérieure n'est que l'appendice de l'histoire extérieure et est déterminée par celle-ci, et qui cause en même temps la supériorité d'importance et d'intérêt de l'histoire extérieure sur l'histoire intérieure, cette dernière ne pouvant être comprise et expliquée que par la première.

§ 28

L' « EXPLOITATION » SOCIALE

Ce qui fait la différence principale entre les formes de l'utilisation, ou, si l'on veut, de l'exploitation d'un groupe par un autre, c'est le moyen employé, la force et la contrainte, ou bien la ruse et la circonvention pacifique. Cette dernière forme de l'exploitation correspond à un degré plus avancé de la civilisation, du moins de celle du groupe exploiteur ; d'ailleurs ces deux formes s'accompagnent souvent et se soutiennent mutuellement. Quand, par exemple, l'Angleterre força ses colonies d'au-delà les mers à acheter uniquement des marchandises anglaises et interdit aux vaisseaux étrangers l'accès de ces colonies, c'était l'exploitation en partie forcée, en partie pacifique.

Cette dernière forme est d'ailleurs le but de toute la politique dite commerciale. L'histoire des traités commerciaux n'est que le récit des tentatives d'exploitation pacifique mutuelle des nations, ou, si l'on veut, des luttes pacifiques pour la plus-value à tirer des relations commerciales mutuelles. Le même principe sert de base à toutes les luttes économiques à l'intérieur de l'Etat. Ce sont toujours certains groupes sociaux, liés par la communauté des intérêts matériels, qui aspirent à tirer un profit exclusif de leurs relations économiques avec les autres groupes, ou, si l'on préfère une autre expression, qui veulent circonvenir ou exploiter les autres groupes dans les relations économiques.

C'est par cette loi sociale générale que s'explique le fait qu'autrefois la noblesse s'adjugea le droit exclusif à la production de l'eau-de-vie; elle avait pour but d'obtenir un profit exclusif au dépens des autres groupes, qui consommaient de l'eau-de-vie. Les nations commerciales de l'Europe, comme les Hollandais, les Anglais, font la même chose dans l'Asie orientale ou dans les îles de l'Océan pacifique, quand ils monopolisent pour eux le commerce de l'opium.

C'est encore la même chose, quand le groupe social des propriétaires terriens demande des droits sur le blé et les établit par voie législative pour se faire ainsi payer un profit exclusif par tous les autres groupes sociaux, ou quand les industriels demandent et obtiennent un droit protecteur sur un produit industriel. Toute cette « exploitation » intérieure procède sous la forme du droit, s'accomplit sans contrainte armée. Mais l'essence de la chose reste la même.

Si l'on considère à ce point de vue toute la marche de la vie intérieure et extérieure de l'Etat, on acquiert la conviction que ce qui en est l'âme, ce qui est le facteur le plus puissant de toute la politique extérieure et intérieure, c'est la lutte des différents groupes sociaux pour la conservation et l'augmentation du bien-être au moyen de l'exploitation, qui est la plus facile à réaliser par la domination; d'où il résulte que cette lutte revêt partout et toujours la forme de la lutte pour la domination.

Ces tendances et mobiles, simples et faciles à comprendre, engendrent, grâce à la variété et à la diversité de grandeur et de force, des propriétés et inclinations psychiques chez les groupes sociaux, toute cette foule de phénomènes sociaux et toute cette succession d'événements sociaux, dont la représentation a été de tout temps la tâche de l'histoire, dont la conduite et la manœuvre est l'affaire de la politique pratique, mais dont l'explication scientifique doit être le but de la sociologie et d'une *science de la politique*, formant une de ses parties.

Le schème sociologique.

Sans doute, en remplissant ce monotone schème sociologique, nous ne remplacerons jamais le récit historique amusant par sa variété : mais tel n'est pas non plus le but à atteindre. Une généralisation philosophique n'a pas besoin d'être amusante, et la sociologie n'a nullement la prétention de remplacer l'histoire.

Mais d'un autre côté, il serait erroné de croire que la sociologie en tant que science est épuisée par ce simple schème et que tout son contenu est donné par ces deux mots : « exploitation sociale ». Car la sociologie tient la guerre et l'exploitation sociale en dernier lieu seulement pour des *moyens*, lesquels sont utilisés nécessairement et sans que les groupes sociaux en aient conscience, pour de plus hauts buts ou *effets* naturels. Or, dans toute opération et dans toute étude d'une opération, les moyens forment l'élément secondaire, et les buts et effets, l'élément supérieur et essentiel. Par conséquent, en sociologie aussi il s'agit moins de constater ces moyens de la marche de l'évolution sociale, que de montrer comment ils interviennent pour la réalisation des buts ou des résultats de l'évolution sociale.

Chaque exposé sociologique partira donc naturellement du fait partout identique de la pluralité donnée d'éléments sociaux hétérogènes, et de la lutte sociale qui en résulte : mais il attachera son attention principale à la manière et aux facteurs socio-psychiques, par lesquels, de ces luttes toujours renouvelées sur des terrains de plus en plus larges, naissent ces grandes civilisations que nous devons admirer partout, comme le résultat de l'évolution sociale.

Ici nous n'avons plus devant nous un schème monotone, mais, au contraire, la plus grande variété : car ces civilisations elle-mêmes nous présentent à leur tour les plus grandes différences.

Ce qui nous apparaît donc finalement comme la tâche de la sociologie, c'est de montrer comment, des pluralités partout données d'éléments sociaux hétérogènes, qui obéissent partout dans leurs tendances et mouvements naturels et nécessaires à une loi sociale suprême, se dégagent avec l'intervention de facteurs socio-psychiques très variés et diversement colorés selon l'époque et le lieu, des civilisations différentes, qui ensuite se comportent à leur tour l'une vis-à-vis de l'autre comme les éléments hétérogènes sociaux au début de l'évolution, de manière que ce processus évolutif n'arrive jamais au repos, mais que, toujours renforcé, élevé à un degré supérieur, avec intervention de facteurs socio-psychiques plus puissants au point de vue qualitatif et quantitatif, il passe aux formes plus élevées, ou bien, s'étant épuisé dans un temps et un espace donnés, se transforme en un processus de décomposition sociale.

§ 29

LES TENDANCES DES COLLECTIVITÉS

Cette tendance à l'augmentation de puissance, dont nous venons de parler, anime chaque État en tant qu'être naturel, c'est-à-dire collectivité naturelle (à distinguer d'«organisme»), en tant qu'unité historiquement formée, et est tout à fait indépendante des sentiments, goûts, inclinations et tendances des individus, non seulement de ceux qui jouent dans la collectivité un rôle subordonné, mais même de ceux qui s'y trouvent au sommet.

Nous abordons par cette phrase le plus difficile problème de la sociologie : *l'indépendance des tendances collectives au regard de la volonté individuelle.* Cela paraît invraisemblable, semble un paradoxe (1). Car, peut-

1. Je tiens pour l'objection la plus sérieuse qui ait été faite à ma sociologie, celle de Durkheim (« Revue philosophique », 1885, T. II, p. 632) d'un côté, et de Simmel (*La différenciation sociale*, v. ci-dessous notre livre IV), de l'autre, à savoir que la conception d'une « collectivité » animée d'une tendance unique et générale contient quelque chose de mystique et même est une idée « aventureuse » (Simmel). Mais je crois que cette objection n'est pas fondée à mon égard et ne peut provenir que d'un malentendu. Voici la critique de Durkheim : « N'est-ce pas faire reposer toute la sociologie sur une de ces idées confuses que Gumplowicz relève parfois et si sévèrement chez ses adversaires ? Sans doute, une société est un être, une personne (?!) Mais cet être n'a rien de métaphysique. Ce n'est

on répondre, la collectivité, la société, le groupe se compas une substance plus ou moins transcendante, c'est un tout composé de parties. Mais alors, le premier problème qui s'impose au sociologue, n'est-il pas de décomposer ce tout, de dénombrer ces parties, de les décrire et de les classer, de chercher comment elles sont groupées et réparties ? C'est justement ce que Schäffle a voulu faire..... Puisqu'il n'y a dans la société que les individus, ce sont eux et eux seuls qui sont les facteurs de la vie sociale ».

Eh bien, nulle part que je sache, je n'ai désigné le groupe social, la collectivité, comme étant un être indépendant, un organisme ; j'ai seulement indiqué le fait que les groupes et les collectivités se comportent dans l'évolution sociale d'une façon unitaire, comme s'ils étaient des êtres ayant une seule volonté. Si je me sers de la comparaison comme d'un moyen indispensable de la compréhension, avec la réserve expresse que ni le groupe ni la collectivité ne sont un organisme, je crois m'être préservé contre le reproche de « métaphysique » qui, ici, équivaut à celui de « mysticisme ». L'action uniforme des collectivités, par exemple, des partis, des États, — mais nous l'observons chaque jour et à chaque heure ; l'expression : « ils agissent comme un seul être », ne serait-elle plus permise sans provoquer le grief de « métaphysique » ? Naturellement de la constatation de cette action unie des collectivités, qui n'est pas égale à la somme des volontés de tous leurs individus, à l'explication de la manière dont naît cette action, il y a encore très loin ; ici il y a encore place pour des explications sociologiques qui devront être données par la suite ; mais le manque d'une explication d'un phénomène, en tout cas très naturel, n'a toujours rien de mystique.

Je dois opposer la même réserve à la remarque de Simmel (*La différenciation sociale*, p. 85, relativement à la p. 149 de ma Sociologie), qui, dans mon affirmation, à savoir que « le groupe, dans ses actes, obéit toujours à l'impulsion de ses intérêts », ce qui permet de conclure à l'existence d'un phénomène conforme aux lois naturelles, voit une des « idées sociologiques les plus aventureuses ». Le fait même, Simmel l'accorde ; il conteste seulement qu'il résulte d'une loi naturelle, mais le déduit de l'organisation du groupe opposé à l'individu. Je suis d'accord avec lui sur l'explication de ce fait, mais je ne crois pas qu'elle soit en contradiction avec l'affirmation que les mouvements des masses sont déterminés pose d'individus, elle n'est pas un organisme, elle n'a pas de volonté par elle-même. Ce que fait un groupe, une collectivité, ne peut être expliqué que par la volonté de ses parties composantes, par la volonté des individus qui la forment. Et pourtant, c'est le contraire qui est vrai.

Considérons seulement la réalité et consultons l'expérience. L'individu, du moins l'individu normal, n'a pas d'autre tendance que son succès personnel et celui des siens.

Mais qu'est-ce donc qui le pousse vers les entreprises qui ne sont certainement pas profitables à son bonheur et succès, qu'est-ce donc qui poussa toujours les empereurs allemands vers l'Italie, Napoléon Ier à Moscou, qui pousse les monarques européens civilisés et aimant la paix vers les entreprises guerrières répétées, qui répugnent à leur sentiment personnel et ne contribuent pas à leur bonheur personnel ? Si c'était la cupidité ou la vanité, ils seraient criminels. Qui considère les choses impartialement et objectivement, doit convenir que ce sont les tendances irrésistibles des collectivités, qui, dominant les sentiments, les inclinations et les volontés des personnes, attirent les individus dans le tourbillon des événements ; que ce sont les courants sociaux qui emportent avec eux les individus. Ces courants, nous ne pouvons les expliquer que par des tendances inhérentes aux collectivités, qui restent partout et toujours les mêmes,

par les lois naturelles ! Le point litigieux entre moi et Simmel n'est pas du tout la compréhension de la conduite du groupe, mais la notion de la « loi naturelle ». Mais ceci c'est de nouveau un chapitre tout différent sur lequel je m'explique longuement dans mon *Précis de Sociologie*, II, § 1.

notamment tendance à la conservation, à l'augmentation du bien-être, par conséquent à la domination sur les autres collectivités voisines ou plus ou moins à leur portée. Dès lors, la loi suprême de l'histoire peut très facilement tenir dans la formule suivante : « le plus fort l'emporte sur le plus faible, deux égaux en force s'unissent pour être supérieurs à un troisième égal en force et ainsi de suite ». C'est non seulement la loi de l'histoire, mais de la vie toute entière ; nous la voyons se confirmer, que nous considérions à travers un microscope la vie qui grouille dans une goutte d'eau, ou la vie des tribus, peuples et nations, inscrites sur les feuillets de l'histoire. Ne perdons jamais de vue cette simple loi, et l'énigme au premier abord insoluble de l'histoire politique nous apparaîtra claire et simple ; de ce facteur unique résulte tout ce spectacle varié, dans l'explication duquel les historiens font intervenir, en quantité infinie, des motifs psychologiques individuels, qui n'expliquent rien.

Le pessimisme.

Cette conception, qui est nôtre, de l'ensemble de l'évolution de l'histoire humaine encourt souvent le reproche de « pessimisme ». Or, le mot « pessimisme » sonne mal, on y attache la signification d'un blâme. Quant à sa signification vraie, on ne se rompt pas la tête à la comprendre, et pourtant, il y en a plusieurs, et chacune ne comporte point nécessairement un blâme. Si je repousse résolument le reproche de pessimisme dans une des significations courantes, je n'ai nulle intention de repousser ce qualificatif de « pessimiste » dans une autre acception. Il est donc nécessaire de s'entendre avant tout sur les divers sens de ce mot.

Celui-ci s'est d'abord généralisé comme épithète de la philosophie de Schopenhauer et ensuite de Hartmann, et désignait cette opinion que la vie dans ce pire des mondes est tellement misérable, qu'il ne vaut pas la peine de vivre et que la plus grande sagesse consiste par conséquent, à détruire la « volonté de vivre ». Dans ce sens le caractère de *blâme* attaché à ce mot peut être fondé. Mais on oublie que cette conception pessimiste de Schopenhauer et de Hartmann est composée d'un jugement, qui sert de prémisse (« ce monde est le pire de tous les mondes possibles ») et d'une conclusion qui en est tirée (« donc il ne vaut pas la peine de vivre »). Abstraction faite de ce que ce jugement sur les vices de ce monde peut comporter des degrés très différent, ce qui donne déjà lieu à un pessimisme, pour ainsi dire plus ou moins avancé, la conclusion de Schopenhauer et de Hartmann ne découle point nécessairement de ce jugement. Car elle pourrait être aussi tout autre, par exemple : ce monde, il est vrai, n'est pas le meilleur, il est peut-être même le pire, mais comme nous ne pouvons pas nous en procurer un autre, et puisque nous vivons, il vaut donc toujours la peine de goûter entière cette vie, même telle quelle (1).

1. Le pessimisme de Schopenhauer et de Hartmann est, comme on sait, la paraphrase philosophique du byronisme :
    Count o'er the joys thine hours have seen
    Count o'er thy days from anguish free,
    And know, whatever thou hast been
    'Tis something better not to be.
Mais tandis qu'on est forcé de pardonner au poëte un pareil bilan *essentiellement faux* de la vie, on n'est tenu à aucune indulgence envers les philosophes, quand ils font de faux comptes, comparent dans le bilan de la vie des grandeurs incommensurables (joie et douleur) et déduisent un solde défavorable à la vie. La joie et la douleur sont incommensurables déjà pour cette raison que la joie cause encore la joie même par son souvenir, tandis que toute douleur non seulement est passagère, mais encore cause également la joie, précisément par le fait de sa disparition. Naturellement, cela n'est vrai que pour une vie normale d'un homme et ne prétend pas l'être au cas d'un malheur exceptionnel ; mais même au milieu

Du degré plus ou moins élevé de l'appréciation pessimiste de ce monde et de la possibilité des conclusions contradictoires à tirer de ces appréciations, il découle qu'il peut y avoir des pessimismes fort distincts, qui diffèrent les uns des autres comme le jour de la nuit, s'étant placés à des points de vue absolument opposés par rapport à la question la plus importante de l'attitude à prendre vis-à-vis de la « vie ».

Il en résulte d'abord que l'épithète de pessimiste, que l'on applique volontiers partout où l'on rencontre un élément quelconque de la conception de Schopenhauer, ne dit encore rien, et que tel pessimisme peut totalement manquer des conditions qui autoriseraient à y attacher la signification générale de blâme. Car, évidemment, celui-là n'est pas pessimiste au sens ordinaire de ce mot, qui tout en reconnaissant peu de valeur à la vie dans ce monde, la considère pourtant comme digne d'être vécue jusqu'au bout. Ce dernier pessimisme constitue même au fond le plus grand optimisme, et si l'on voulait classer d'une manière scientifique les diverses nuances du « pessimisme », il faudrait l'appeler « pessimisme optimiste », et alors le sens de blâme propre à l'épithète de pessimiste disparaît de lui-même, même le cas contraire apparaît, et ceci pour une bonne raison.

C'est que ce serait évidemment illusionner le monde d'une manière peu scientifique, que de vouloir présenter l'évolution de l'humanité ici-bas comme une idylle où seule la vertu est victorieuse et le vice toujours châtié. Cette conception, avec la signification que nous attachons à ces mots et toujours relativement à la vie individuelle, ne s'applique pas du tout à l'évolution sociale de l'humanité, ne s'applique pas à l'histoire. Pourtant on appelle « optimistes » ceux qui l'imposent par

d'un pareil malheur, il ne tient qu'à un certain état d'âme et de sentiment de donner une valeur positive à la vie, comme le trahit le vers suivant d'un autre grand poète du pessimisme, le malheureux Leopardi :

E il naufragar m'è dolce in questo mare.

force à la réalité qui est tout autre, et nous la présentent masquée. Un éloge pareil contient, au point de vue scientifique, le plus grand blâme. Car pareille illusion est mensonge, donc condamnable pour cela seul. Que l'on traite de « pessimiste » la représentation strictement réaliste de l'évolution historique, elle aura, en outre de sa valeur scientifique, une valeur pratique inappréciable pour la vie, car elle assure ce calme et cette satisfaction philosophique, qui proviennent de la connaissance de la vérité.

Car tandis que ces représentations « optimistes » de l'évolution historique mènent à chaque pas dans la vie réelle à des désillusions, au mécontentement, à l'aigreur, au désespoir et aux crimes, la représentation de l'évolution historique, qu'on appelle « pessimiste », mais qui au fond n'est que simplement réaliste, ouvre le chemin à la compréhension vraie de la vie et, par suite, à la conciliation de l'homme avec la réalité.

Par conséquent, tandis que les représentations « optimistes », comme des feux follets, conduisent sur les fausses routes et vers les précipices de la perversité, on trouve au bout de la conception soi-disant « pessimiste », mais au fond seulement réaliste du monde, la récompense de toute *vérité*, l'harmonie intime entre l'homme et le monde.

§ 30

L'INFLUENCE DU GROUPE SUR L'INDIVIDU

Assurément il n'est pas impossible d'expliquer, comment l'individu est dominé par la collectivité et ses tendances. La clef de cette explication c'est que la conduite de chaque individu est déterminée non par des motifs psychologiques individuels, mais par des motifs sociaux, c'est-à-dire que l'individu agit dans toute situation selon l'opinion de son entourage. C'est un fait auquel on attache trop peu d'importance. Qu'est-ce qui pousse le négociant failli à se suicider ? C'est d'abord qu'il ne veut pas paraître failli devant « le monde », c'est-à-dire devant les hommes avec lesquels il a des relations. Nous avons choisi cet exemple parce qu'il montre d'une façon évidente, comment les motifs sociaux prévalent même sur les plus forts instincts individuels. De pareils mobiles agissent dans la vie collective sur chaque individu, si indépendant qu'il paraisse. La cause en est que l'homme ne peut vivre solitaire, qu'il est une créature de horde, ne peut jamais renier ce caractère et se laisse toujours guider par l'opinion de sa horde.

Qu'est-ce qui décide l'Européen à s'exposer vêtu à la chaleur du soleil des chaudes journées d'été, ce qui ne correspond nullement à ses besoins individuels, mais bien à l'opinion du « monde » ? Qu'est-ce qui nous force à obéir à la mode ? Les motifs sociaux. Cela est vrai pour les choses les plus petites et insignifiantes, aussi bien que pour les plus grandes et importantes.

Le petit bourgeois se dirige selon l' « opinion publique » de son entourage ; le monarque puissant est attentif au « verdict de l'histoire », c'est-à-dire, à l'opinion de son entourage sur ce qu'il convient ou ce qu'il est nécessaire de faire dans une situation donnée.

Mais cette « opinion publique » se forme socialement, c'est-à-dire, non par des considérations individuelles, mais par le contact mutuel d'un grand nombre d'hommes, et obéit aux intérêts du groupe.

Cette dernière circonstance explique, pourquoi l'opinion du groupe se prononce toujours contre la diminution et pour l'augmentation de sa propre puissance.

Cette opinion approuve celui qui augmente son bien et ses ressources, et désapprouve celui qui perd son avoir. Les petits et les grands sont également soumis à l'empire de cette opinion. Et l'efficacité de cette opinion va des masses inférieures d'une collectivité le long de toute l'échelle sociale et, se fortifiant toujours, atteint ceux qui se trouvent au sommet.

Un chef d'armée se laisse pousser par cette opinion à livrer une bataille, quoique les chances en soient défavorables à son armée ; par quelle voie cette opinion l'influence-t-elle ? Elle se forme par le contact des soldats entre eux, se transporte au corps des officiers et, par l'état-major, gagne le chef, qui compte avec l'opinion de l'armée.

Si l'on poursuit plus loin l'examen de la formation de

cette opinion au contact des foules, on rencontre naturellement des motifs égoïstes individuels. La victoire sur les ennemis réserve des profits à l'individu, que ce soit le butin ou la distinction. Néanmoins cette opinion n'agit que socialement, car l'individu, qui sera peut-être poussé, par des motifs personnels plus forts, à renoncer aux profits espérés, se trouve sous l'empire de l'opinion publique, qui obéit à l'intérêt général. De la même manière se forme l'opinion de chaque groupe, de chaque collectivité, et c'est encore d'une manière identique que, montant l'échelle sociale, elle emporte irrésistiblement les individus qui sont au sommet. C'est l'explication de la servitude de la volonté individuelle envers les tendances des collectivités, qui seules déterminent leurs mouvements et tous leurs agissements ou abstentions politiques,

§ 31

LES BASES NATURELLES DE L'ÉVOLUTION HISTORIQUE

Deux faits déterminent la manière dont agit et se réalise cette simple et grande loi naturelle, qui régit les relations des groupes sociaux : c'est d'abord le grand nombre des groupes étrangers dont se compose l'humanité, et ensuite, leur dissémination sur la terre. Mais il faut ici remarquer ce qui suit : La distribution des hordes humaines sur la terre n'a jamais été régulière, parce que la qualité du sol de notre terre n'est pas uniforme. De même que notre globe ne présente que des lambeaux de terre fertiles qui sont séparés par des montagnes et des mers inhospitalières, de même, plus nous reculons dans l'histoire, et plus la distribution des hommes sur la terre nous montre des agglomérations de hordes dans certains foyers de vie. Dans les contrées fécondes, nous trouvons un certain nombre de hordes, qui sont séparées par les déserts, les montagnes ou les océans des autres foyers de vie très-éloignés où se meut de nouveau un certain nombre de hordes humaines.

Ces foyers de vie deviennent plus tard des centres de civilisation que nous connaissons. Ils représentent l'arène de l'histoire de l'humanité. A ce point de vue ils ont tous une valeur égale, bien qu'ils ne se trouvent en aucun rapport mutuel. Le centre de la civilisation entre le Tigre et l'Euphrate ne vaut pas un iota de plus que celui entre le Mississipi et l'Ohio ou celui entre l'Océan Pacifique et les Cordillères.

Les historiens européens aiment à représenter l'histoire européenne comme la plus belle fleur et le fruit mûr de l'histoire de l'humanité : ils oublient pour la plupart qu'il y a eu et qu'il y aura toujours des fleurs et fruits pareils dans toutes les parties du monde habité. Pourtant, il faut dire, pour la justification de l'historiographie européenne, que les Hindous et les Chinois n'agissent pas autrement.

Considérons donc ces nombreux foyers de vie disséminés sur le globe ; nous allons voir, comment notre loi naturelle exerce son action, d'abord au sein des foyers isolés, ensuite dans les rapports qui se lient entre les centres de la civilisation.

Dans chaque foyer de vie historique, le même spectacle se déroule ; au milieu des tribus nombreuses, les plus fortes deviennent classes dominantes, fondent à leur gré et profit des organisations et, par la division forcée du travail, poussent le développement de la civilisation aussi loin que possible. Pendant la marche de ce phénomène, s'accomplit peu à peu la disparition des différences primitives de race, et restent seules des différences de classe et d'état social. Si jusqu'à ce moment l'évolution s'est avancée par les impulsions incessantes venant d'en haut, de la minorité dominante, maintenant commence un mouvement opposé dû aux impulsions de la réaction d'en bas, des masses asservies.

Elles se soulèvent vers la lumière et la liberté ; elles

réclament leur part aux biens de la vie, aux conquêtes de la civilisation : ce mouvement secoue fiévreusement toute l'organisation, qui faiblit, chancelle et n'a plus assez de forces pour résister aux attaques subites d'éléments étrangers. Ces étrangers se présentent toujours, car entre temps un processus social qui se déroulait au loin, a dépassé ses frontières locales et, franchissant les obstacles naturels, a atteint l'organisation affaiblie pour s'emparer des sucs vitaux de la société en décroissance et en faire profiter son organisme grandissant. Et voilà que le même procès, qui vient de se terminer en petit, recommence en grand. Mais aussi bien que là en petit, ici en grand, c'est toujours l'action d'une seule et simple loi naturelle.

§ 32

LES PHÉNOMÈNES SOCIO-PSYCHIQUES

Mais ici surgit la question : cette loi sociologique de l'égoïsme de chaque groupe et de son antagonisme envers les étrangers, suffit-elle à elle seule pour nous expliquer l'évolution de tous les phénomènes sociaux les plus divers qui apparaissent dans le cours de l'histoire humaine, et cette explication, basée sur cette loi, suffit-elle pour former la matière d'une science indépendante ? La réponse affirmative à cette question demande à être examinée de près.

Le choc physique de deux groupes hétérogènes et l'assujettissement de l'un d'entre eux par l'autre, qui se produit au commencement de l'organisation de l'Etat primitif, ne procure pas encore l'accomplissement de cette loi sociologique fondamentale ; cela ne fait que la mettre en branle. C'est seulement à cet instant que commence l'évolution sociale proprement dite ; car c'est seulement l'action réciproque des éléments sociaux de l'Etat ainsi mis en relations, qui, en se prolongeant, dégage peu à peu une certaine quantité de forces sociales latentes, qui poussent cette évolution sociale en avant dans toutes les directions et la transforment en l'évolution progressive d'une civilisation. Les facteurs, qui acquièrent de l'influence sur cette évolution et qui la favorisent sont en partie extérieurs, en partie intérieurs.

Parmi les extérieurs nous classons d'abord les conditions naturelles données de l'existence, comme le sol, le climat, la situation géographique, la fécondité, les propriétés antropologiques du peuple, et ensuite aussi l'accroissement de la population par l'immigration des autres groupes sociaux, par liaison avec les tribus et peuples voisins, etc.

Au nombre de mobiles intérieurs, nous comptons les qualités psychiques propres à chaque groupe social donné, la langue, la religion, les mœurs particulières, les coutumes, les capacités, les inclinations, les aptitudes, etc.

Ces divers éléments intérieurs s'unissant dans les combinaisons les plus variées avec les facteurs extérieurs énumérés, leur action engendre, malgré cette loi si simple qui se trouve à la base de tout mouvement social, une telle diversité de phénomènes sociaux et socio-psychiques, que, de même que la représentation de leur côté individuel forme la matière inépuisable de l'historiographie, de même leur explication par des lois sociologiques, qui s'y trouvent au fond, fournit une tâche presque interminable pour les explorations sociologiques.

§ 33

L'INFLUENCE DES FACTEURS SOCIO-PSYCHIQUES SUR L'ÉVOLUTION SOCIALE

Pour expliquer ce que nous venons de dire, nous devons examiner tous ces facteurs socio-psychiques qui s'affirment par leur influence dans la marche de l'évolution sociale. Ce sont d'abord tous les éléments qui forment l'hétérogénéité des divers groupes sociaux et qui, ensuite, sont en partie vaincus et disparaissent dans l'évolution sociale, en partie reçoivent d'elle leur complète floraison et développement. A ces facteurs socio-psychiques appartient en première ligne la langue. Elle était le produit spontané et naturel de chaque groupe ethnique et réunissait ses membres, en les isolant, d'autre part, de tous les autres groupes, avec lesquels ils ne pouvaient pas s'entendre.

Quand un choc hostile se produit entre les groupes hétérogènes, la différence des langues est, dans l'organisation du pouvoir, qui s'en suit, un obstacle aux relations pacifiques, obstacle qui est peu à peu éliminé par une loi sociale analogue à la loi d'adaptation. La manière dont cet obstacle est éliminé, peut être différente: il peut naître une langue mêlée; une langue peut tout à fait céder la place à une autre; les voies de ce processus peuvent être différentes, mais son résultat est toujours le même : l'unification de la langue (Comp. « La lutte des races »).

Examiner l'influence de la langue, en tant que facteur socio-psychique, sur l'évolution sociale et l'action réciproque de celle-ci sur la langue, et en établir la régularité, c'est une des nombreuses et difficiles tâches de la sociologie.

Et il en est de même des autres phénomènes socio-psychiques : la religion, les mœurs, les usages et coutumes, le droit, l'art, les industries et les métiers, etc. Chaque groupe social apporte avec lui dans l'union politique toute une dot de tous ces biens socio-psychiques, dont il est gratifié par la nature, et là commence aussitôt l'opération de l'adaptation sociale.

Or, chacun de ces biens est un produit de l'action mutuelle de l'individu et de son groupe, chacun de ces biens s'est formé exclusivement par voie sociale, il est un précipité psychique de la vie sociale du groupe et le résultat des nombreuses adaptations de l'individu au groupe. Le groupe entrant dans une organisation sociale plus grande, le même processus recommence d'une manière plus forte et doit, par conséquent, arriver au même résultat, donner les mêmes produits seulement sous une autre forme. Les frottements et les luttes, les éliminations et les liaisons réciproques donnent finalement naissance à des résultats nouveaux de l'adaptation, à des formes plus hautes, à des civilisations nouvelles, à de nouvelles agglomérations politiques et nationales.

Montrer comment toutes ces différentes évolutions s'accomplissent uniquement par les actions et réactions sociales, d'une façon tout à fait indépendante de l'initiative et de la volonté des individus, contre leurs idées et désirs, malgré leurs tendances « idéales » qui se croisent toujours avec les nécessités sociales, telle est la suite de la tâche de la sociologie.

§ 34

LE DARWINISME DANS LA SOCIOLOGIE

Il pourrait surprendre qu'ayant une base réelle apparemment si rudimentaire, devant une si grande simplicité des lois qui régissent le monde social et eu égard au grand nombre des écrits politiques depuis l'antiquité grecque, la sociologie doive encore être une science nouvelle, qu'elle n'ait à produire qu'une littérature datant seulement des temps modernes.

Ceci n'est d'ailleurs vrai qu'en un sens limité, car les observations et les études sociologiques, quoique disséminées dans les catégories de la littérature politique et historique, apparaissent depuis les temps les plus reculés et sûrement déjà dans les littératures de l'ancien Orient. Pourtant cette littérature sociologique, ancienne et plus récente, consiste seulement en observations incidentes, faites d'ailleurs en assez grand nombre par les écrivains politiques les plus éminents de l'antiquité classiques et du moyen âge et ayant souvent une grande valeur.

Aussi bien, tout ce qu'on a dit et écrit sur l'État et sur les peuples, appartient également à la littérature sociologique.

Assurément le verbe créateur de la sociologie se fait

entendre pour la première fois là où on déclare que la vie des États est régie par une loi naturelle, comme l'ont fait les encyclopédistes du XVIII® siècle en France, qui naturellement avaient eu déjà des prédécesseurs même dans l'antiquité. Ensuite, Auguste Comte est le premier qui, en donnant le nom à la nouvelle science, prépare aussi le terrain pour son développement indépendant. Pour la chose même, pour le contenu de la sociologie, il a fait autant que rien. Chez lui la sociologie repose encore au sein de la philosophie de l'histoire, elle ne s'en est pas encore séparée ni différenciée (1).

Cette séparation et différenciation est accomplie par Herbert Spencer. Chez lui apparaît déjà dans sa diversité la foule des véritables groupes sociaux vivant dans l'humanité, leur caractères distinctifs et leur évolution régulière. Spencer a rompu la première glace et frayé la voie à un nombre, aujourd'hui déjà fort respectable, d'écrivains sociologiques chez les principales nations européennes.

Mais de même que chez Spencer continue à agir et se développe largement cette idée comtiste, à savoir que la sociologie doit être fondée sur la biologie et qu'au fond elle n'est pas autre chose que la biologie de la personnalité collective, de la société, qui mènerait une vie organique comme étant un organisme supra-individuel, de même ensuite chez les successeurs de Spencer cette idée prévaut toujours et encore aujourd'hui. En Allemagne

---

1. « L'histoire *ou* la sociologie, dit Comte, a pour but d'examiner la structure et le mouvement des sociétés humaines. » Discours sur l'ensemble du positivisme, p. 170.

(Schaeffle, Lilienfeld) et notamment en Italie, la plupart des ouvrages sur la sociologie reposent sur l'introduction des analogies biologiques dans la vie organique des personnes collectives supra-individuelles.

Mais en même temps une autre idée du domaine des sciences naturelles, donna l'impulsion à l'étude de l'évolution sociale à un point de vue un peu différent et qui contribue plus au progrès de la sociologie.

Nous parlons de la théorie darwiniste, qui d'ailleurs fut-elle même engendrée par les recherches sociologiques de Malthus.

Quand on se mit une fois à traiter de la vie des sociétés au point de vue biologique, on ne pouvait pas manquer, vu la grande influence de la théorie de Darwin sur les sciences naturelles et sur la biologie, d'essayer d'appliquer également sa théorie de la lutte pour la vie à l'évolution sociale.

Ces tentatives devaient être d'autant plus favorables au développement de la sociologie qu'elles conduisaient à la reconnaissance de l'antagonisme et des compétitions entre les nations et tendaient, du moins sur ce terrain international, à comprendre et à expliquer les relations et les influences réciproques entre les peuples par des lois naturelles générales dominant ces phénomènes. De là il n'y avait qu'un pas à l'application de ce principe non seulement aux États, mais aussi à tous les groupes et cercles sociaux.

Cette méthode laisse actuellement espérer des résultats d'autant meilleurs qu'en même temps, d'un côté, l'histoire se sert de la lanterne sociologique pour nous montrer la formation des divers groupes sociaux dans le passé et de l'autre, la statistique sociologique nous montre tous les groupes sociaux actuellement existants, si compliqués et entrelacés entre eux, qui constituent des documents plus que suffisants pour la démonstration, avec l'aide de l'histoire et de la statistique, de l'action des lois sociologiques.

§ 35

LA GUERRE ET LE DROIT DES GENS

De la loi sociale suprême de l'exploitation sociale des étrangers, combinée avec cette circonstance que les États ne vivent pas sous un régime commun du droit de la paix, il résulte qu'il ne peut y avoir d'autres relations entre deux États que : la guerre, l'armistice ou enfin l'alliance dans le but d'opérer ensemble contre un troisième.

Aussi Rettich appelle avec raison la guerre « acte de relation » entre les Etats (1), qui, comme toute relation est « l'effet d'un besoin humain », et dont le but est « la satisfaction de ce besoin ». Mais ce besoin n'est pas autre chose que la tendance à augmenter son bien-être propre aux dépens des étrangers.

Et comme cette tendance est naturelle, nécessaire et profondément enracinée dans la nature de chaque groupe social, Odysse Barrot n'a donc pas tout à fait tort, quand il estime que, de toutes les idées, seule l'idée de la guerre est innée chez l'homme et que par conséquent

---

1. Heinrich Rettich : « Zur Theorie und Geschichte des Rechts zum Kriege : Völkerrechtliche Untersuchungen », 1888. — Nous parlons de ce livre dans notre « *Allgemeines Staatsrecht* », Vienne, 1897.

l'état d'antagonisme et de guerre est l'état normal des groupes sociaux dans leurs relations réciproques (1).

Tandis que l'historiographie se livre avec plaisir à la représentation de ces guerres, comme émanation des tendances et dispositions individuelles, en raconte les causes individuelles et le cours, spécialement en ce qui concerne la participation des individus, la sociologie ne prend d'intérêt ni à la participation personnelle des individus, ni au récit du cours de ces événements, mais seulement aux buts, pour lesquels chaque guerre ne paraît être que le moyen.

Car la marche de l'histoire prouve que les guerres sont simplement des moyens, qui conduisent à des formations sociales de plus en plus étendues, donc qu'elles ne représentent que des fonctions naturelles secondaires, quoique inévitables, de la grande évolution sociale, dont le but ultime nous échappe.

Quant à la question de savoir, si l'évolution, qui progresse dans cette direction, conduira un jour à un Etat universel, il est plus facile de le prévoir que de le prouver d'une façon scientifique. L'idéal d'un pareil Etat universel a été souvent annoncé, et Hugo Preusz l'a fait tout récemment dans son livre « *Gemeinde, Staat und Reich* ». La question est simplement la suivante : l'évolution sociale, qui, jusqu'à présent, n'a abouti qu'à la fondation des grands Etats, surmontant, à leur tour, tous les obstacles de l'espace et des différences de races, aboutira-t-elle un jour à un véritable Etat universel ou mondial ?

---

1. « De toutes les idées, l'idée de la guerre est peut-être la seule qui soit innée chez l'homme. L'antagonisme est si véritablement l'état normal des sociétés que nous le retrouvons dans toutes les actions des hommes, même les plus inoffensives... » Odysse Barrot : « Philosophie de l'histoire », p. 32.

Une discussion sur cette question est oiseuse. Mais celui qui, pour des raisons scientifiques, ne croit pas à une si belle conclusion de l'évolution sociale de toute l'humanité, n'éprouve pourtant aucune envie de détruire le beau rêve des optimistes, car ce rêve a, en tout cas, une valeur morale positive.

Hugo Preusz, dans son ouvrage : « *Das Völkerrecht im Dienste des Wirthschaftslebens* ». (Le droit des gens au service de la vie économique), a récemment essayé d'expliquer d'une manière plus étendue ces vues idéales, en indiquant l'évolution du droit des gens. Son argumentation est inattaquable au point de vue logique. Si l'on considère, dit-il, les grands progrès faits depuis deux cents ans par le droit des gens, le droit international des pays civilisés, et si l'on se souvient que le principe suprême de la nature est : « des transformations infiniment petites dans des espaces de temps infiniment grands » ; nous devrons conclure des progrès réalisés jusqu'à présent par le droit international (lesquels veulent être considérés comme les effets nécessaires des relations économiques internationales), que cette évolution devra conduire un jour à une organisation économique et à l'établissement d'un droit public du monde entier, qui rendra les guerres impossibles.

Comme nous l'avons dit, ce raisonnement est inattaquable au point de vue logique. Mais la joie de jeter ainsi un coup d'œil sur les millions d'années de l'avenir nous est rendue amère par cette pensée plus proche, que l'humanité devra verser encore beaucoup de sang avant que le terrain soit préparé pour ce droit des gens universel. Car si un pareil droit des gens, ayant les guerres en horreur, peut jamais se réaliser, ce n'est que dans des systèmes politiques ayant une civilisation uniforme ; par conséquent il faut d'abord, non seulement que le globe ait une organisation économique universelle, mais aussi que cette organisation ait produit une civilisation à peu près identique. Car jusque là les membres des civilisations hétérogènes se comporteront toujours les uns vis-à-vis des autres, non comme des hommes, mais comme des bêtes sauvages. Les atrocités, commises sans cesse sur les membres d'une civilisation étrangère, prouvent que les hommes des civilisations différentes ne se considèrent pas comme semblables. Autrement, comment expliquer la boucherie commise il y a peu de temps sur les Manipours par les Anglais? L'homme primitif lui-même ne se livre pas à de pareilles atrocités sur les êtres qu'il tient pour ses semblables.

De même les nombreuses atrocités, commises encore tout récemment par les Européens en Australie et en Afrique sur les indigènes de ces pays, ne s'expliquent que par cette hypothèse que les Européens ne prennent pas ces races humaines pour leurs égales. Naturellement, l'unification graduelle des nombreuses civilisations de notre globe est possible, et nous accordons volontiers à Hugo Preusz que tout cela doit forcément arriver en grande partie à la suite des relations économiques universelles ; seulement, il est évident que tous ces progrès ne peuvent pas s'accomplir pacifiquement, comme d'ailleurs les progrès réalisés jusqu'à présent sont dus pour la plupart à la guerre et à la force.

Car là où il y a toujours en présence des civilisations ayant des forces égales, il n'y a pas à songer à une unification pacifique : chacune défend son existence avec tous les moyens violents qui sont à sa disposition, et tant qu'il en est ainsi, il n'y a pas à songer à un droit des gens universel. Ainsi la réponse à la question qui concerne la réalisation d'un droit des gens international, et par conséquent aussi de la paix universelle, dépend de la réponse qui pourra être donnée à la question préalable suivante : quand serons-nous sur ce globe entre nous, c'est-à-dire, quand aurons nous affaire sur tout le globe à des hommes selon notre goût ? Surmontons pour un instant l'aversion, qui nous saisit, quand nous pensons à la mer de sang qui nous sépare inévitablement de cette époque, car ce serait de l'hypocrisie de vouloir nous persuader à nous-mêmes et aux autres, que nous pourrons arriver un jour à fusionner pacifiquement même avec les peaux-rouges américains ; regardons les nombreuses peuplades de l'Asie et de l'Afrique, auxquelles le spectacle d'un européen découpé en morceaux cause une joie intime indicible, et demandons : arrivera-t-on jamais à une fusion pacifique avec ceux-là aussi ? L'histoire nous enseigne qu'il faut plutôt s'entendre là à une élimination violente des éléments plus faibles, résistant à toute unification pacifique. Si nous voulions maintenant, même en nous aidant de pareilles éliminations violentes des éléments incapables d'adaptation, nous représenter un monde uniformément civilisé et embrassant le globe entier, nous serions arrachés à ce rêve d'une façon désagréable par cette simple remarque que, à mesure que les antagonismes originaires et primitifs disparaissent par l'élimination violente, avec le progrès de la « civilisation européenne et chrétienne » apparaissent des antagonismes nouveaux, qui divisent intérieurement l'humanité « civilisée » et doivent nécessairement conduire avec le temps à des scissions non moins terribles et dangereuses, que les hostilités originaires et primitives, que nous n'avons pas encore surmontées jusqu'à ce jour. Que l'on songe seulement au développement de l'antagonisme entre les Américains et les Européens, qui commence seulement à apparaître dans ces derniers temps ; quand les intérêts économiques et politiques contradictoires auront conduit avec le temps, comme cela est vraisemblable, à l'isolement complet de l'Amérique, nous aurons avec celle-ci dans mille ans une nouvelle Chine devant et contre nous. Par conséquent, le côté sombre des perspectives tournées vers la future paix universelle, assurée par le droit international, consiste en ceci, que ce principe naturel « des transformations infiniment petites dans les espaces de temps infiniment grands » n'intervient pas seulement pour l'élimination des antagonismes existants, mais malheureusement aussi pour la création évolutive d'antagonismes nouveaux jusque-là inconnus ! Ainsi, il semble qu'ici également, dans le domaine de l'histoire de l'humanité, la nature a tout préparé pour perpétuer éternellement la lutte et la guerre.

LIVRE TROISIÈME

LA POLITIQUE COMME SOCIOLOGIE APPLIQUÉE

> ..... Non est enim singulare nec solivagum genus hoc...
> Cicero: de re publica, I, 25.
> Mankind are to be taken in groupes, as they have always subsisted.
> Fergusson : History of civil society, 1789, p. 6.

§ 36

LA SOCIOLOGIE ET LA POLITIQUE PRATIQUE

Puisque nous nous sommes expliqué, dans les chapitres précédents, la nature, le contenu et l'objet de la sociologie, considérons maintenant la question de sa valeur et de son utilité.

Il est vrai qu'on ne devrait considérer dans chaque science que sa valeur purement scientifique, car la science est but en soi et pour soi ; néanmoins la sociologie n'a point besoin de se dérober à l'examen de son utilité, spécialement de l'utilité qu'elle présente pour la politique pratique.

Étant une science des tendances et mouvements réguliers des groupes et collectivités sociales, la sociologie a pour la politique pratique cette valeur, qu'elle apprend à connaître la marche de l'évolution sociale qui est conforme aux lois naturelles et, par conséquent, nécessaire et inévitable, et qu'ainsi elle montre à l'homme d'Etat et au politicien aussi bien qu'à chaque particulier la voie qu'ils ont à suivre, s'ils ne veulent pas entrer en collision avec les tendances naturelles.

Certes, il y a toujours eu des hommes d'États et des politiciens sages; certes, la plupart des hommes suivent également le bon chemin sans avoir étudié la sociologie; car les masses aussi bien que la majorité des individus sont dominées par un juste instinct sociologique.

Néanmoins on s'égare souvent inutilement dans la vie sociale, et l'évolution sociale, bien qu'elle obéisse à des lois constantes, et qu'au point de vue de l'ensemble elle ne puisse jamais s'écarter du bon chemin, atteint pourtant ces buts d'ordinaire par des voies détournées, qu'elle est forcée de prendre à cause des obstacles qui lui sont opposés par « la libre activité humaine ». Si l'on parle souvent de la lutte de l'homme contre la nature, cela n'est vrai que dans ce sens que l'activité humaine libre, c'est-à-dire réfléchie, comprend mal la marche naturelle et régulière de l'évolution sociale, tâche de lutter contre elle inutilement, mais n'obtient aucun résultat et gaspille seulement les forces humaines, dont d'ailleurs la nature n'est point parcimonieuse.

Ainsi l'évolution sociale nous présente d'habitude le

spectacle peu consolant de l'action individuelle inutile, qui reste stérile parce qu'elle n'est pas conforme au régime naturel. Evidemment on pourrait ici poser la question de savoir, pourquoi la toute-puissante loi naturelle permet ce gaspillage des forces. A cette question nous n'avons pas de réponse. Nous savons seulement que c'est là la méthode de l'action des lois naturelles. Comme des millions de germes sont inutilement gaspillés dans la nature, de même des millions de libres actions humaines sont à jamais perdues pour l'évolution sociale, parce qu'elles se trouvent en-dehors de son ornière, parce qu'elles ne contribuent pas à sa marche et tombent inutilement à travers les rayons de sa roue sans pouvoir arrêter son mouvement tournant.

Ce serait précisément la grande utilité de la science sociologique, que la somme de ces actions inutiles et, par conséquent, celle des inconvénients sociaux, pût être diminuée ; en tout cas, elle ne le serait que dans la mesure où nos connaissances peuvent influencer nos actes, car on sait que les actes humains ne résultent que pour une partie minime de la réflexion raisonnable, qui seule peut être influencée par la science.

Néanmoins il ne faudrait pas que l'utilité de la science sociologique fût méconnue même au point de vue de la politique pratique.

Aux remarques faites antérieurement sur la vie instinctive de l'homme, ajoutons ici encore ce qui suit. Le rapport de l'action réfléchie à la somme des impulsions qui ne franchissent pas « le seuil de la conscience » est certainement un des plus intéressants problèmes de la psychologie. Mais la psychologie individuelle ne réussira certainement pas à élucider ce rapport sans l'aide de la sociologie. Car au nombre de ces instincts, à côté de ceux qui résultent de la nature physique de l'homme et peut-être sont héréditaires, un rôle important est joué également par ceux qui lui sont propres en tant que membre d'un ou de plusieurs groupes sociaux. Ces derniers instincts ne sont pour ainsi dire que l'émanation des tendances naturelles des collectivités ; ils n'agissent dans l'individu que tant qu'il est attaché à la collectivité par des liens sociaux. S'ils restent dans le domaine de l'inconscient, c'est sans doute parce qu'ils se forment dans l'individu par l'influence sociale de son milieu et précisément à l'époque de sa vie où la réflexion personnelle n'agit pas encore, c'est-à-dire dès l'enfance la plus tendre jusqu'au commencement de la maturité.

§ 37

LA POLITIQUE EN TANT QUE SCIENCE

Quand il s'agit des phénomènes de la nature organique et inorganique aussi bien que des phénomènes psychiques, on distingue avec raison une discussion scientifique d'un « vain verbiage ». Où est la différence ? c'est que le raisonnement peut reposer ou non sur la connaisance exacte de l'objet donné.

Quand la foule superstitieuse se rompt la tête à se demander ce que veut dire une comète, si elle annonce la guerre ou la peste, c'est du pur verbiage. Pour pouvoir discuter le même objet d'une manière scientifique, il faut posséder le savoir astronomique, la connaissance de la nature les comètes, de leurs trajectoires, etc. Mais une fois qu'on a fait les calculs nécessaires, on peut annoncer d'avance avec une sûreté mathématique la réapparition de la comète dans l'avenir.

Avant que l'on n'ait connu les causes directes des épidémies, il y a eu à chacune de leurs apparitions beaucoup de conjectures peu raisonnables sur leurs causes, mais très peu de mesures préventives efficaces contre elles. On cherchait les hommes qui avaient dû empoisonner les puits, ou les criminels pour lesquels le ciel punissait le peuple par la peste. Aujourd'hui qu'on connaît la nature des maladies, leurs facteurs immédiats, leurs foyers et les manières dont elles se communiquent, les spécialistes peuvent les discuter scientifiquement et indiquer des mesures rationnelles pour les prévenir ou les éloigner.

Il n'y a pas encore longtemps, on a considéré en Europe les aliénés comme des possédés du diable, et on en expulsait le diable au moyen de l'eau bénite et du goupillon. Nous connaissons aujourd'hui la nature des maladies mentales ; une discussion scientifique a pu s'établir autour d'elles et donner lieu à leur traitement rationnel.

La prédiction du temps appartenait encore il y a peu de temps au domaine du vain verbiage et s'appuyait dans le meilleur cas sur les règles trompeuses des paysans.

Depuis qu'on a étudié la nature et les propriétés des courants aériens et qu'on a pu définir exactement les causes du changement du temps, la prédiction du temps, du moins pour quelques jours à l'avance, est fondée d'une manière scientifique.

L'essor pris récemment par la météorologie nous montre plus spécialement que des sciences nouvelles se forment encore et toujours, et que les domaines entiers de phénomènes, qui autrefois pouvaient être uniquement l'objet de vagues hypothèses, entrent soudain dans la claire lumière de la science. Il serait naïf de croire que le cercle de ces catégories des phénomènes, qui l'une après l'autre quittent le crépuscule de la superstition pour entrer dans la claire lumière solaire de la science, soit déjà fermé et que nous soyons déjà tellement avancés dans tous les domaines du savoir ou, pour mieux dire, de la pensée. Une pareille croyance, exagérant à ce point la valeur du savoir humain contemporain, serait également contraire à la loi suprême de la nature toute entière, à la loi de l'évolution, car elle voudrait nous mettre au degré suprême de l'échelle de l'évolution, dont nous jugeons ainsi la hauteur évidemment uniquement selon le chemin accompli, sans pouvoir nous faire aucune idée de celui qui reste encore à parcourir.

Nous devons d'autant plus songer ici à une évolution plus large, embrassant les grands domaines du savoir humain, que, d'un côté, le contraste frappant entre le traitement scientifique, appliqué à certains objets, et le traitement non-scientifique, appliqué aux autres objets, nous saute aux yeux d'une manière naturelle, que de l'autre, nous voyons se faire actuellement sous nos yeux les tentatives les plus diverses pour soumettre à un examen strictement scientifique des catégories de phénomènes, qui jusqu'à présent ont été seulement l'objet d'opinions et d'hypothèses se combattant entre elles sans fin et sans résultat. L'histoire et la politique appartiennent au nombre de ces catégories ; et il est facile de comprendre que ce domaine soit en retard par rapport aux autres en ce qui concerne son caractère scientifique.

C'est que, parmi les diverses catégories de phénomènes, ceux-là sont d'abord soumis à une observation scientifique, qui sont les plus *éloignés* de l'homme. Le ciel étoilé attire son observation investigatrice avant le règne végétal ; la géographie est une science antérieure à l'anatomie ; et la formation du globe terrestre, qui est beaucoup plus éloignée de nous, est devenue l'objet des études scientifiques longtemps avant les phénomènes sociaux et la vie des peuples. Newton et Laplace apparaissent avant Comte et Spencer.

Ce qui nous est le plus proche, ce avec quoi nous sommes le plus familiarisés par la vie journalière, nous l'examinons scientifiquement le plus tard, pour cette raison simple, que l'homme n'y pense même pas, croyant le connaître parfaitement. Les phénomènes sociaux de la vie quotidienne n'ont pour lui rien de singulier, il a pour ces phénomènes des explications suffisantes, naturellement superstitieuses et erronées, mais tout à fait satisfaisantes pour lui ; il n'y a aucune raison qui puisse les lui faire déduire d'une source autre que les actes spontanés des hommes. Mais ces phénomènes sociaux de la vie quotidienne forment dans leur succession chronologique la vie des peuples et l'histoire, et il est naturel que l'homme transporte dans l'histoire et dans la vie des peuples sa manière d'envisager ces phénomènes, et qu'il se sente satisfait par ces explications habituelles et inculquées à son esprit dès l'enfance.

Ainsi la loi lui semble l'émanation de la volonté législative du prince ou d'un autre gouvernant ; la guerre, résultat de l'énergie d'un ou de plusieurs individus qui ont l'influence décisive ; l'accroissement de l'Etat, leur mérite, la perte d'une province, leur faute, etc.

En appliquant cette méthode d'envisager les choses à l'avenir, on arrive à une « politique » qui consiste à formuler des vœux pour telles ou telles actions des gouvernants et à juger leurs actions au point de vue des intérêts particuliers, qui d'ailleurs sont pour la plupart masqués par les plus généraux intérêts de l'humanité.

Mais de pareilles idées sur l'histoire et sur la politique prouvent seulement que ces catégories de phénomènes restent encore aujourd'hui profondément au-dessous de l'horizon de la science, qu'on les considère encore à travers le crépuscule de la superstition et qu'on se livre à leur sujet aux plus naïves illusions.

Ce n'est qu'appuyée sur la sociologie que la politique, comme nous allons le voir, devient une science positive.

Le pronostic sociologique.

Laplace a déjà, comme on sait, affirmé qu'à un certain degré du développement de la science il doit être possible de prévoir et de déterminer à l'avance les évènements futurs. Pour le naturaliste et le mathématicien, auxquels le monde des phénomènes n'apparaît que comme un grand système de mouvements réguliers d'atomes, il doit sembler tout naturel qu' « un esprit, qui à un instant donné connaîtrait toutes les forces, qui animent la nature » et qui pourrait les exprimer en formules mathématiques, serait aussi en état de prédire tous les événements de l'avenir. Invoquant cette affirmation de Laplace, Du Bois Reymond estime qu'un pareil esprit « lirait dans ses équations le jour où la croix grecque brillera sur la mosquée de Ste-Sophie, ou celui où l'Angleterre consommera son dernier morceau de charbon ».

Mais laissons de côté la question de savoir si les naturalistes et les mathématiciens réussiront à expliquer par les mouvement des atomes le monde social lui aussi; ce qui nous touche de plus près, c'est l'explication du monde des phénomènes sociaux par les mouvements des groupes sociaux qui en sont les éléments constitutifs, et la possibilité de formuler des prévisions sur la base de cette explication. Naturellement, les prévisions sociologiques n'auront jamais l'exactitude des prédictions astronomiques, qui calculent le jour, l'heure et la minute de la production d'un phénomène astronomique, et ceci parce que les prévisions sociologiques sont basées sur des aggrégats grands et flottants, et dès lors ne peuvent s'astreindre aux divisions ordinaires des calendriers. Les siècles, peut-être même les milliers d'années ne sont rien dans le pronostic sociologique ; mais cette imprécision au point de vue du temps n'enlève pas aux prévisions sociologiques leur valeur, car ici il s'agit plus de la *tendance de l'évolution*, que du moment même où se produit un événement. Car, en fin de compte, cette tendance a plus d'importance pour la politique, que ce moment. Ainsi par exemple, la sociologie ne peut pas prédire quel sera le jour où se tiendra en Afrique le dernier marché aux esclaves; mais aussi cela n'a pas d'importance vis-à-vis de la sûreté avec laquelle la sociologie, tous les facteurs économiques et politiques ayant trait à cette question bien considérés, peut prédire que la traite des esclaves disparaîtra un jour en Afrique, comme elle a disparu en Europe et en Amérique. Une prévision pareille de la tendance de l'évolution sociale a pour les hommes une valeur morale qu'il ne faut pas diminuer, car elle offre une base et un appui à leur conscience morale et, dans les larges limites de la nécessité naturelle, leur indique des buts idéaux pour leurs actes et tendances.

§ 38

UN EXEMPLE DU MANQUE DE PRÉVOYANCE POLITIQUE

Un exemple intéressant du manque de compréhension de la sociologie et, par conséquent, de prévoyance politique de la part d'un parti dominant, nous est fourni par l'histoire récente de l'Autriche-Hongrie. Cet empire se compose d'un certain nombre de « pays et royaumes » qui s'étant développés dans des conditions historiques particulières et indépendantes, représentent ce qu'on appelle « des individualités historico-politiques ». Or, depuis 1848 une théorie constitutionnelle doctrinaire et tout à fait idéale a voulu faire de l'Autriche-Hongrie un Etat parlementaire, unifié et, de plus, allemand. Au point de vue abstrait il n'y aurait rien à y redire. Au point de vue de l'évolution historique il ne serait pas du tout absurde de vouloir brûler un certain nombre d'étapes intermédiaires, et de vouloir transformer un Etat polyglotte et polynational en monoglotte et national. Mais un instinct sociologique, même primitif, aurait dû indiquer que de pareilles transformations ne s'accomplissent pas en un tour de main et qu'elles ne se laissent décréter par un gouvernement ni même par un parlement élu *ad hoc*. C'est pourtant à cette chimère que se sont livrés en Autriche des hommes d'Etat éminents (Bach et Schmerling) et de grands partis politiques (le parti allemand libéral). On a gaspillé infiniment de temps et des forces, des millions innombrables tirés des contribuables, pour réaliser cette doctrine irréalisable. Le parti allemand libéral ne quitta les positions déjà occupées qu'à la suite de luttes acharnées, en disputant de toutes ses forces chaque pouce du terrain qu'il avait victorieusement conquis lors de son premier élan. Il céda d'abord en Hongrie.

En 1861 Schmerling réussit à faire envoyer des députés allemands de la Transylvanie pour renforcer le parti allemand libéral dans le parlement viennois, mais en même temps on se plaignait encore à Vienne que les Magyars, bien qu'ils eussent « perdu par leur propre faute » tous leurs droits, étaient si opiniâtres et s'entêtaient absolument à rester Magyars, quoique pourtant ils formassent une minorité dans leur propre pays et dussent être contents d'avoir obtenu leur liberté par la grâce du parti allemand libéral.

Mais bientôt les choses changèrent de face. La situation réelle obtint le dessus. La Hongrie resta Hongrie, elle resta ce qu'elle était par son développement historique, et le parti allemand libéral en fut pour ses frais.

La même chose est arrivée en Galicie. L'empereur Joseph II a inauguré avec force la germanisation de ce pays, il a même fait certaines choses utiles à l'instruction publique.

Mais ni l'empereur Joseph, ni les ministères allemands libéraux ou même réactionnaires ne purent accomplir ce qui était impossible ; germaniser un pays polonais contrairement à toute son évolution historique.

Ici encore on s'est heurté à des désillusions ; la raison

vint trop tard ; on a dissipé une quantité infinie de forces intellectuelles et matérielles ; on a porté un grand préjudice matériel et moral au pays. Aujourd'hui les partis allemands les plus prononcés de l'Autriche demandent précisément l'autonomie de la Galicie. Dans ces deux cas, celui de la Hongrie et celui de la Galicie, le manque de connaissances sociologiques a fait beaucoup de mal et poussé l'État à des entreprises inutiles et infructueuses. Car dans l'un et dans l'autre de ces cas, les connaissances sociologiques auraient pu indiquer qu'on n'arrête pas d'un coup les évolutions historiques qui se déroulent depuis des milliers d'années, et que les nationalités historiquement formées et capables de vivre ne se laissent pas abolir par décrets (1).

Si une politique veut être efficace, elle doit compter avec les conditions données et historiquement formées, car seul est réel ce qui s'est formé d'une manière historique ; ce qui provient de la doctrine, ce qui est décrété d'en haut, doit d'abord se confirmer dans une lutte difficile avec la réalité avant d'acquérir la constance et la durée.

Cette confirmation ne lui vient qu'à condition de s'adapter à la réalité, de s'incliner devant la loi de l'adaptation qui domine la nature toute entière, et par conséquent aussi le monde social. Ce qui est impropre à l'adaptation, est éliminé par les forces réelles qui assurent la marche de l'évolution sociale.

La science sociologique exige en Autriche la conser-

1. Ces évènements intérieurs de l'Autriche sont exposés d'une manière étendue, dans leur développement historique et selon leur importance sociologique, dans mes ouvrages : « Oesterreichisches Staatsrecht », Vienne, 1891 et « Oesterreichische Reichsgeschichte », Berlin, 1896.

vation et l'agrandissement de l'indépendance et de l'autonomie, de l'évolution particulière des parties composantes historiques de la monarchie ; tout affaiblissement ou abolition de ces individualités historico-politiques amène en même temps l'affaiblissement de l'ensemble.

Cela, le parti allemand libéral en Autriche n'a jamais voulu le reconnaître ; il poursuivait une politique purement idéaliste si on ne veut pas la nommer egoïste.

Or, tout idéalisme consiste, comme on sait, à vouloir brûler les étapes de l'évolution immédiatement rapprochées pour atteindre d'un coup l'avenir lointain, qui n'est pas immédiatement réalisable.

Le résultat d'une pareille politique, c'est toujours une désillusion amère, et il enseigne qu'il faut nécessairement suivre la voie indiquée par la nature de la situation, si l'on veut faire un pas en avant.

Il est vrai que les derniers buts de l'idéalisme sont toujours rationnels ; ce qui est irrationnel, ce sont ses voies et moyens. Qui donc contesterait, qu'il serait désirable que tous les peuples de l'Autriche parlassent une seule langue ? Il serait encore plus beau que tous les peuples de la terre fissent de même ! L'erreur des idéalistes (et des volapückistes aussi !) consiste à croire qu'on peut réaliser ce but raisonnable, en décrétant purement et simplement : « il doit en être ainsi ».

Il n'est plus contraire à la logique de conclure de toute la marche de l'évolution de l'humanité jusqu'à nos jours qu'un pareil Etat doit se réaliser un jour : mais vouloir réaliser immédiatement de pareils rêves idéaux, en violant la marche naturelle et lente de l'évolution (car la nature non seulement ne fait pas de bonds, mais, en général, ne se presse pas) c'est une erreur grave. Tout être vivant dans la nature a la tendance à vivre jusqu'à la fin, et il s'épuise selon le degré de sa vitalité : il en est de même des nations et des races. Elles veulent vivre et réalisent cette volonté selon leur force. Tout se réduit au jeu de ces forces. Mais une politique raisonnable repose sur une mesure juste des forces. Car seule la vitalité, la force d'une collectivité sociale et nationale lui donne le droit à l'existence.

Mais cette force ne se réalise que dans la lutte, qui par conséquent est en bonne partie inévitable, en qualité de jugement de Dieu. Naturellement, une politique sage voudra mesurer les forces avant le combat et ne se jettera pas dans des luttes perdues d'avance, comme l'a fait toujours le parti allemand libéral en Autriche.

Une autre erreur de l'idéalisme consiste à voir son but final rationnel d'une manière partiale et teintée de subjectivisme. Sans doute, l'unification de la civilisation, la fusion des éléments hétérogènes sociaux appartient, pour ainsi dire, au programme d'avenir de la nature. Seulement, chaque nation voit cet avenir à travers ses lunettes particulières.

Qu'une civilisation européenne commune doive amener un jour la formation du moyen commun de compréhension entre hommes pour toute l'Europe, pareille supposition n'est pas illogique. Il est donc sûr que la formation d'agglomérations de plus en plus étendues, parlant une même langue, n'est pas contraire à la tendance de l'évolution historique.

Mais d'abord, les buts dont la réalisation n'est pas possible à prévoir dans les temps même éloignés, peuvent, par rapport aux millénaires actuels, être considérés simplement comme n'existant pas, comme utopiques. Ensuite, c'est encore une question fort douteuse que de savoir, si, en poursuivant une politique d'assimilation nationale déterminée, on prépare véritablement l'évolution de ces millénaires futurs ou si par hasard on n'accomplit pas seulement un travail inutile? Car nous ne savons pas, quelle sera la langue qui sortira un jour victorieuse de la Tour de Babel européenne. Toutes ces considérations sociologiques contiennent un simple enseignement pour l'homme politique, pour l'homme d'Etat : c'est de laisser les tribus, les peuplades et nations différentes se développer et accomplir leurs destinées selon la vitalité de chacune d'elles; de ne jamais intervenir quelque part que ce soit brutalement dans leur évolution naturelle, et de laisser à Dieu le soin des millénaires futurs. Pour la politique *intérieure* des Etats il n'y a pas de règle morale plus élevée, et ici la plus haute *morale* politique est d'accord avec la *sagesse* politique.

Les erreurs politiques peuvent provenir de deux sources : elles consistent d'abord, à ne pas voir la forêt derrière des arbres, ensuite, à ne pas voir les arbres derrière la forêt, autrement dit, à négliger l'évolution des parties pour celle de l'ensemble ou inversement. Nous allons expliquer cette phrase spécialement par rapport aux événements de l'Autriche.

Quand on considère l'évolution générale de l'humanité et que l'on aperçoit qu'elle tend de la pluralité des tribus et langues hétérogènes vers les agglomérations nationales unifiées, on peut arriver aisément à diminuer l'importance de la pluralité des individualités historico-politiques, en pensant que cette pluralité des sociétés hétérogènes n'est qu'une phase transitoire dans la tendance vers l'unification future toujours croissante ; tel était le point de vue de Joseph II et des centralistes. Devant l'ensemble de l'évolution, tous ils négligèrent les évolutions naturelles partielles. Celles-ci, bien qu'elles semblent ne pas s'accorder, être en contradiction avec l'ensemble, ne sont pas moins naturelles et nécessaires que cette évolution d'ensemble. C'est une erreur de croire, puisque l'histoire de l'humanité montre la disparition croissante de l'hétérogénéité, qu'on a le droit de poursuivre une politique de compression vis-à-vis de ce qui est hétérogène et individuel en faveur de l'ensemble. C'est une erreur, parce que l'évolution naturelle ne présente point une ligne droite, mais plutôt une ligne sinueuse, dont les détours ne sont pas nécessairement situés dans la direction de l'ensemble de l'évolution, mais en forment néanmoins les étapes nécessaires.

Si donc les centralistes autrichiens, depuis l'empereur Joseph II, croyaient que la pluralité des nationalités hétérogènes était irrationnelle, qu'il aurait mieux valu les écarter et mettre à leur place une seule langue et une seule nationalité, ils avaient raison en apparence, car cette opinion se base sur la tendance désirable et véritable de l'évolution générale de l'humanité. Mais en réalité, une pareille opinion est erronée, car elle néglige les évolutions partielles non moins nécessaires et inévitables, sans lesquelles il n'y aurait pas d'évolution totale. Il y a là encore une autre erreur. Sans parler même de ce que cette tendance considérée de l'évolution générale s'étend sur des milliers d'années et se compose d'évolutions partielles, qui durent des siècles, on peut encore se poser avec raison cette question de savoir, quelle sera la teinte de l'évolution générale dans cette direction donnée ? En effet, on peut admettre que si la civilisation européenne se développe encore pendant plusieurs milliers d'années, les Européens parleront une seule langue, et la plupart des langues actuelles appartiendront au nombre des « langues mortes ». Mais qui pourrait dire aujourd'hui quelle sera cette langue ? probablement ce ne sera aucune des langues actuelles, mais (malgré les puristes) un mélange de ces langues : par conséquent, il est absolument injuste de prendre prétexte de la direction de l'évolution générale, dont nous ne connaissons pas la teinte, pour donner la prépondérance à une quelconque des langues civilisées actuelles et éliminer un certain nombre d'autres langues. Si le principe de la civilisation consiste à respecter toute vie, personne dans un Etat civilisé ne doit s'adjuger le droit d'opprimer ou d'exterminer violemment les nationalités vivantes. Il faut laisser cela à l'évolution générale de l'humanité, qui prononcera bien entre ceux qui doivent conserver la vie et ceux qui doivent périr. Mais un Etat civilisé doit respecter tout ce qui vit et lui assurer non seulement son développement naturel, mais aussi le droit de lutter pour la vie.

§ 39

LA LUTTE ENTRE LES CIVILISATIONS HÉTÉROGÈNES

Il y a deux causes qui rendent difficile l'entreprise de frayer la voie à la science sociologique. C'est que, d'abord, il est impossible de faire des expériences pour prouver les affirmations sociologiques, et qu'ensuite, les prévisions sociologiques ne se rapportent qu'à un avenir éloigné. A ce dernier point de vue, la sociologie est précisément le contraire de la météorologie, dont les prévisions se rapportent uniquement aux jours les plus prochains, tandis que les journées de la sociologie sont presque des journées de Dieu, dans le sens des psalmistes. D'autre part, dans ses prédictions, même les plus fondées, elle ne peut affirmer qu'une chose, à savoir : que l'évolution sociale ou politique marchera dans une certaine direction ; combien de temps et de quelle manière la « liberté » humaine, c'est-à-dire les divagations et les tâtonnements humains l'éloigneront de la bonne voie, avant qu'elle la trouve définitivement, quels seront les obstacles et les retards de ce genre, indifférents pour elle, à des questions pareilles la sociologie ne peut pas donner de réponse précise.

Pourtant la sociologie dispose pour appuyer, quant au fond, ses prévisions et ses calculs, d'évolutions histori ques analogues dans le passé, où elle peut constater l'action normale de ses lois et dont elle peut déduire la probabilité de leur action pareille dans l'avenir.

Ainsi, par exemple, il n'est pas difficile de tirer de la marche de l'évolution suivie jusqu'à présent par les Etats européens des conclusions sur leur évolution future.

Souvenons-nous de ce que nous disions des foyers de la civilisation, où se déroulent d'abord des processus sociaux de la civilisation, dont les victorieux tenants inaugurent ensuite, conformément à leurs tendances expansives, des processus analogues territoriaux et continentaux.

Pareils phénomènes locaux se sont déroulés en Europe dans les provinces géographiques, comme : la Grèce, l'Italie, la France, l'Angleterre, l'Allemagne, la Pologne, la Hongrie, la Russie.

De temps en temps, une civilisation formée sur un territoire donné envahissait un territoire voisin et ayant une autre civilisation, avec la tendance à réaliser en gros ce qui venait de s'accomplir sur une petite échelle.

Ainsi la Grèce envahit l'Asie-Mineure, ensuite l'Italie envahit la Grèce, ensuite l'Italie fit pénétrer sa civilisation en Allemagne, ensuite commença l'intervention dans la marche de la civilisation du monde gréco-italien des peuplades « barbares », qui se trouvaient en dehors de la civilisation et étaient séparées du monde civilisé de cette époque par les Alpes et le Danube. Sous l'impulsion d'une exploitation intellectuelle et matérielle de ce monde commença ensuite dans la partie occidentale et centrale de l'Europe une évolution territoriale intense, qui produisit d'abord une organisation politique gallogermanique commune (Charlemagne), qui se scinda ensuite en deux corps hostiles.Tout ce que ses « barbares » du Nord ont infligé au pays civilisé de l'Italie, ne resta pas sans revanche : opprimée par eux au point de vue matériel,l'Italie commença à réagir par sa force intellectuelle, enchaîna l'Europe barbare au point de vue intellectuel et lui imposa la souveraineté spirituelle de Rome. L'Italie et Rome régnèrent de nouveau, sinon par le glaive, du moins par la crosse.

Cette souveraineté ne fut pas brisée avant la Réforme ; le Nord de l'Allemagne le plus éloigné de l'Italie secoua le joug de Rome.

Mais cet évènement jeta le germe de la scission dans l'organisation politique allemande. Les vieilles hostilités des tribus se réveillèrent et revêtirent des formes nouvelles : catholiques et protestants. La lutte pour la domination recommença : le Nord,jusqu'à présent asservi et subjugué,commença sa lutte pour l'émancipation et la mena obstinément avec des velléités d'hégémonie, si bien qu'enfin il remporta la victoire, chassa hors de l'Allemagne l'élément méridional qui avait antérieurement dominé le Nord, et le poussa vers l'agglomération des peuples du Sud-Est.

La guerre a toujours été l'instrument de pareilles évolutions, qui avaient pour résultat constant un acquit commun de civilisation ; de cette façon, quinze siècles de l'histoire européenne produisirent une civilisation européenne commune, qui réunit les Etats européens en un système politique, reposant sur la base d'une civilisation commune en un monde civilisé particulier.

Ce monde, en tant qu'unité historiquement formée,

quoique composé de nombreux Etats, est animé de la tendance naturelle à se conserver, à assurer et consolider son existence. Mais cette civilisation était toujours et est exposée grâce à sa situation géographique aux tendances expansives de deux civilisations étrangères et hostiles. Du Sud-Est elle commença à être envahie depuis le xv⁰ siècle par l'Islam, et du Nord-Est la Russie commença contre elle depuis le xviii⁰ siècle une politique agressive.

. La lutte contre l'Islam a été couronnée de succès ; sa puissance n'est plus aujourd'hui dangereuse pour la civilisation européenne. La Russie, au contraire, en partie aux dépens de la Turquie, en partie grâce à des conditions politiques favorables et à sa situation géographique, a pris une telle extension territoriale que l'on peut aisément prévoir le moment où, si son développement économique et l'accroissement de sa population atteint le niveau de son expansion territoriale, elle pourrait conquérir une puissance écrasante par rapport à l'Europe. L'Europe, ou du moins les Etats directement intéressés, doivent compter avec cette prévision, et comme autrefois la Pologne, la Hongrie et l'Autriche contre l'Islam, ainsi aujourd'hui avant tout l'Allemagne et l'Autriche doivent se garer contre le danger qui les menace de la part de la Russie.

En face de cette puissance de la Russie, qui s'accroît continuellement et tend à augmenter de plus en plus, la situation de l'Europe comparée à celle où elle se trouvait il y a trois cents ans en face de la puissance croissante de l'Islam, a peu changé. Alors c'était également une civilisation étrangère et hostile, qui tendait toujours à s'accroître et qu'il s'agissait de repousser : aujourd'hui les rôles sont simplement renversés. La puissance étrangère, hostile à la civilisation européenne et qui la menace, c'est aujourd'hui la Russie. Il ne faut point dire que ce sont des « barbares », qui menacent l'Europe du côté de l'Est. Ce nom n'est que relativement juste. Les Ottomans n'étaient également des « barbares » qu'aux yeux de l'Europe; eux au contraire, envisageaient l'Europe comme un monde de mécréants qu'Allah leur a donné en proie. Il en est de même de la Russie. Les Russes peuvent avoir raison à leur point de vue, quand ils se croient être les envoyés de la Providence pour rajeunir la civilisation « pourrie » de l'Europe occidentale : mais pour la civilisation européenne et à son point de vue, ils sont des barbares, comme l'étaient autrefois les Ottomans.

Cet ouvrage ne peut pas se proposer la tâche de prouver cette affirmation d'une manière étendue : d'autres l'ont fait depuis longtemps. Indiquons seulement qu'il existe une différence fondamentale et caractéristique entre les Etats européens et la Russie. Tandis que dans tous les Etats européens la forme parlementaire du gouvernement s'est développée depuis des siècles, la Russie y est restée toujours étrangère. Sous ce rapport la Russie ne diffère pas de la Turquie.

Le caractère distinctif de la civilisation asiatique c'est le despotisme, et de la civilisation européenne le régime parlementaire. Si limité et peu développé que fût ce régime, il a régné depuis un millier d'années des bords de l'Ebre jusqu'à la Vistule, et de la Tamise jusqu'au Danube et à la Theiss. Et ce caractère européen n'a même aucun rapport à l'origine des peuples : il appartient depuis mille ans à la Hongrie, dont la population dominante vient notoirement de l'Asie, origine qu'il est moins facile de démontrer chez les autres peuples européens.

La participation plus ou moins grande du peuple au gouvernement, telle est la caractéristique de la civilisation qui s'est développée en Europe, et la Russie est ainsi étrangère et hostile à cette civilisation que seul l'Islam l'était.

Mais ce n'est précisément que la caractéristique, la manifestation d'une cause qui est plus profonde, et cette cause c'est le contraste absolu de la civilisation européenne qui respecte la liberté et l'égalité des droits des individus, et du despotisme asiatique qui élève son trône sur la large base de la servitude et de l'esclavage.

Entre deux civilisations, qui reposent sur des principes si contraires et qui s'excluent réciproquement, il ne peut y avoir de conciliation : la Russie tend d'une manière naturelle à dominer l'Europe, et l'Europe commence à deviner avec un instinct juste le danger, qui ne la menace plus du côté des Ottomans, mais du côté de la Russie.

Il est caractéristique, que la guerre contre la Russie a été d'abord proclamée par celle des nations, qui marchait effectivement au premier rang de la civilisation européenne et la représentait de la manière la plus nette (1). Il y a un fond de vrai dans les mots de Napo-

---

1. La rivalité des puissances européennes envers la puissance de la Russie, augmentant aux dépens de la Turquie, s'éveilla dès 1790, devant l'expansion victorieuse de la Russie, et se traduisit

léon Ier, que l'Europe,dans cent ans,sera républicaine ou cosaque ; seulement il ne faut pas prendre à la lettre le mot « républicain » ; ce que Napoléon pressentait justement, c'est que l'Europe ne peut pas éviter la lutte pour sa civilisation qui a trouvé son expression dans le gouvernement du peuple par le peuple et dans le parlementarisme, contre l'adversaire de cette civilisation, la Russie.

Lors de la guerre de Crimée la France a obéi à ce juste instinct européen, exprimé par le mot de Napoléon Ier.

Pourtant depuis,la France s'est éloignée, espérons-le, passagèrement, de la voie historique qui lui est tracée par la nature des choses,et le chauvinisme la conduit sur de faux chemins ; heureusement, l'Allemagne, alliée à l'Autriche, l'Italie et l'Angleterre, s'est chargée *au moment actuel* de la mission européenne,remplie autrefois par la France : celle d'être le rempart et le bouclier de l'Europe contre la barbarie russe.

Sous ce rapport, il faut considérer comme un grand bonheur pour l'Europe, que la personnalité de Bismarck ne puisse plus s'opposer à la formation d'une grande alliance des grandes puissances européennes contre la Russie. Car Bismarck par tout son passé et toute sa

---

par l'intervention de l'Angleterre (et de la France aussi) en faveur de la Turquie lors de la conclusion du traité de paix russo-turque à Jassy (1792). La Russie dut accorder à la Turquie battue le *statu quo* et la laisser en possession tranquille de la Serbie. L'Europe fêtait alors vis-à-vis de la Russie un triomphe diplomatique analogue à celui qu'elle obtint cent ans plus tard au congrès de Berlin.

personnalité intellectuelle, se résumant toute entière en une seule idée, était nécessairement partisan d'une alliance russe-allemande, qui aujourd'hui a perdu toute raison d'être (1).

1. Ces lignes ont été écrites dans l'été 1891. Depuis, la situation a changé. L'Allemagne n'est pas aujourd'hui une Allemagne allemande, mais une Allemagne prussienne — et la politique du roi Guillaume II se dérobe à tout calcul raisonnable. — Néanmoins, les tendances des diverses civilisations européennes restent les mêmes : la politique journalière peut suivre un cours contraire — les tendances des grands groupes de nations civilisées l'emporteront un jour.
Si l'on se rappelle que les plus grands hommes, eux aussi, ou peut-être *eux* surtout, sont toujours dominés par *une seule* idée, et par conséquent souvent sujets au parti-pris et à la partialité, on peut s'expliquer, au point de vue psychologique, pourquoi Bismarck a cessé d'être en harmonie avec les besoins de son temps.
Bismarck étant un des fondateurs de l'unité allemande, était dominé exclusivement par cette idée ; aucune autre idée ne pouvait s'implanter dans son cerveau avant qu'il n'eût accompli et développé jusqu'à ces dernières conséquences cette grande œuvre de sa vie. Mais comme il trouva dans cette voie une très grande hostilité en Allemagne même et en Autriche, il ne put donc songer à aucun autre moyen de réaliser son idée, que l'alliance avec la Russie. C'est ce qui explique le ferme attachement de Bismarck à la Russie, et les nombreuses humiliations qu'il accepta de ce côté-là dans les derniers temps de son administration. Mais c'était encore de la politique *prussienne* que celle que poursuivait Bismarck. La petite et faible Prusse *devait* nécessairement complaire à la Russie pour obtenir son agrandissement. Encore en 1866 et 1870, la Prusse, pour remplir sa tâche historique, qui consistait à unifier l'Allemagne, devait être pleine d'égards pour la Russie. Mais vouloir continuer cette politique russophile encore en 1890, cela aurait été trahir la civilisation européenne. Heureusement, Bismarck fut empêché d'exécuter ses plans plus lointains, qui n'auraient pu qu'être favorables à la Russie. Déjà, dans les dernières années de sa domination,

Cette politique russophile de Bismarck explique aussi sa politique antipolonaise depuis 1863 et ses entreprises coloniales, qui décidément ne sont pas marquées au coin de la civilisation européenne. Car le principe de la civilisation européenne, c'est le gouvernement par le peuple et la liberté, et un Etat moderne ne doit pas se livrer à la politique de dénationalisation par la force. Cet outil de l'art gouvernemental russe est inutile et inefficace dans un Etat européen. De plus, il n'est pas du tout de l'intérêt moral de l'Allemagne de s'aliéner la Pologne, qui occupe sa frontière occidentale. Car cette Pologne, qui a été autrefois le mur de protection de l'Europe contre les attaques des Ottomans, reprendra un jour tôt ou tard, de concert avec l'Allemagne et l'Autriche, sa mission historique, qui consiste à servir à l'Europe de boulevard contre l'attaque de la barbarie russe.

C'est ce qui résulte d'un calcul sociologique très simple, si l'on prend en considération l'énorme puissance de la Russie, sa civilisation (pour éviter le mot : barbarie) qui diffère de la civilisation européenne, comme le ciel

---

Bismarck, se plaçant à son point de vue borné, a fait des déclarations qui n'auraient peut-être étonné personne dans la bouche d'un ministre prussien de la première moitié de ce siècle, mais que l'homme d'Etat, gouvernant l'Allemagne unie en 1870, n'aurait jamais dû faire, comme celle, par exemple, que cette bouchée de Bulgarie ne valait pas, à ses yeux, les os d'un grenadier poméramien. Bismarck, dans sa rage de dominer toute l'Allemagne, ne regardait pas, ne se souciait pas, que chaque morceau de pays balcanique, avalé là par la Russie, augmente la force de ce même colosse, qui ici, au bord de la Vistule, ouvre, menaçant Berlin, sa gueule insatiable.

et la terre, et sa tendance à s'étendre de tous les côtés avec une force élémentaire (1).

1. Ce sont, nous l'avons déjà remarqué, seulement les grands courants que la Sociologie peut entrevoir, laissant de côté toutes les ondulations minimes de la politique quotidienne. A de telles ondulations appartient par exemple l'alliance franco-russe, une alliance dictée par des intérêts passagers. Cette alliance peut néanmoins avoir sa raison d'être pour quelque temps. Elle peut par exemple rendre un service à la civilisation européenne en délivrant l'Allemagne du joug des Hohenzollern (*Note après six ans*).

§ 40

L'ALLEMAGNE ET LA FRANCE

Quand on parle de l'antagonisme naturel entre l'Allemagne et la Russie et du conflit futur inévitable entre les puissances européennes réunies et cette puissance asiatique, la question des rapports entre l'Allemagne et la France s'impose d'elle-même.

Selon le principe sociologique : « qui est étranger, est ennemi »,on pourrait croire, et l'histoire des relations franco-allemandes pourrait sembler confirmer cette croyance, qu'il ne peut y avoir d'autres rapports entre l'Allemagne et la France que la guerre à mort, que la guerre pour la domination, interrompue par de courtes pauses de recueillement et de préparatifs réciproques. Mais il n'en est pas ainsi, comme on va le voir.

L'antagonisme entre la France et l'Allemagne est, en effet, très-ancien, et date au moins de l'époque du partage de la monarchie universelle carlovingienne par le traité de Verdun. Cet antagonisme s'est accru à mesure qu'avançait l'évolution politique, nationale et intellectuelle de ces deux Etats et nations. Généralement, si deux Etats voisins de nationalité différente ne sont pas unis par une alliance pour des raisons de politique extérieure,chacun d'entre eux est forcé, dans son propre intérêt, de viser l'affaiblissement, et autant que possible, l'assujetissement de l'autre. L'Allemagne et la France, par la nature même des choses, ont dû également suivre une telle politique d'envie et d'hostilité mutuelle.

Autrefois, quand l'Allemagne était encore divisée, déchirée et éparpillée, la France s'est accrue aux dépens de l'Allemagne. Cela ne veut pas dire, que la France se soit là rendue coupable d'aucune injustice ; cet accroissement était simplement la marche naturelle de l'amalgamation des éléments sociaux disparates, qui habitaient le territoire entre le Rhin et l'Océan Atlantique, entre les Pyrénées et la Manche. Un processus identique se déroulait entre le Rhin et l'Oder, les Alpes et la mer du Nord. L'amalgamation réussit sur chacun de ces deux territoires : deux nationalités naquirent. Il était inévitable, qu'ayant terminé un jour leur travail de digestion, chacune de ces deux collectivités s'efforçât de se soumettre l'autre.

La France, dont l'unification intérieure s'était terminée la première, commença aussi la première ces efforts sous le règne de Louis XIV. La faiblesse et la division de l'Allemagne assuraient la victoire de la France. De même Napoléon Ier, qui comprit cette tendance expansive de la France et assit sur elle, en s'y abandonnant, sa grandeur, utilisa la division de l'Allemagne.

Mais ces victoires éveillèrent la réaction en Allemagne et provoquèrent son union. Un demi-siècle après les guerres de délivrance l'unité allemande était fondée, et rien n'était plus naturel que de voir l'Allemagne cherchant à consolider et à renforcer cette unité récente par la reprise des territoires, qu'elle avait dû céder à la France, ce qui lui réussit pleinement vis-à-vis de la France, qui avait été pendant ce temps corrompue par le césarisme.

Aujourd'hui, après leur duel sanglant, les deux Etats et nations couchent sur leurs positions et le monde observe attentivement la marche de leurs relations ; car, ces deux grandes puissances occupant, pour ainsi dire, le centre de l'Europe, leurs relations doivent nécessairement avoir leur répercussion dans les relations et la conduite de tous les Etats autour d'eux.

Mais la sociologie se demande : le spectacle sanglant de la guerre entre deux nations civilisées pour quelques lambeaux du territoire limitrophe se renouvellera-t-il bientôt ? Pour répondre, le sociologue considérera et examinera deux catégories de faits : d'abord, certains éléments de la civilisation intérieure de chacun des deux Etats et les rapports réciproques de ces éléments ; ensuite, les relations extérieures de chacun de ces deux Etats avec les autres puissances européennes, dans leur forme produite par la marche de l'évolution historique.

Un tel examen montrera, qu'une guerre franco-allemande est extrêmement improbable. Car le goût de la guerre diminuant à mesure que la civilisation s'accroît, une guerre est moins vraisemblable entre deux nations hautement civilisées, qu'entre deux nations non civilisées, ou une civilisée et une qui ne l'est pas. La guerre est encore moins probable, quand les deux nations appartiennent à la même civilisation, comme c'est le cas pour les Français et les Allemands.

Que l'on pense seulement quelle masse de conquêtes de la civilisation est commune à ces deux nations, et combien il est difficile de distinguer ce qui, dans la civilisation européenne, dont elles occupent le centre toutes les deux, est dû à l'une ou à l'autre d'entre elles ! Arts et sciences, inventions et découvertes, mœurs et coutumes, habitudes et plaisirs, jusqu'à la cuisine française et à la bière allemande, tout cela est tellement commun à l'Allemagne, à la France et aux autres nations civilisées de l'Europe, elles comprennent mutuellement si facilement leur langue, qu'il y a entre elles très peu d'antagonismes de nature à provoquer des conflits, et beaucoup plus de facteurs d'union pour une action commune au nom des intérêts intellectuels et économiques communs. Par conséquent, *dans la situation normale,* une guerre entre la France et l'Allemagne, unifiées intérieurement l'une et l'autre, ne serait pas facilement possible, aucun de ces deux Etats ne pouvant songer à subjuguer complètement l'autre.

Il serait donc nécessaire, pour qu'une guerre éclatât, que des circonstances extraordinaires intérieures ou extérieures y poussent : par exemple, une restauration monarchique ou césarienne en France. Actuellement, cela n'est pas à prévoir, mais il existe, au contraire, des circonstances extérieures et intérieures qui pourraient facilement amener une entente franco-allemande. Au nombre des circonstances intérieures, nous comptons, à côté des intérêts économiques importants qui pourraient être lésés par une guerre, avant tout la constitution républicaine de la France. Aux circonstances extérieures, qui rendent improbable une guerre, appartient l'isolement de la France au milieu des Etats européens, opposés à la guerre pour des raisons économiques et financières ; quant à l'alliance, contraire à la nature, avec la Russie, Etat lointain et qui, en réalité, se trouve en dehors du système politique européen, elle ne peut entrer ici en balance. La France, comme Etat civilisé moderne et comme membre du système politique européen, a, au contraire, le plus grand intérêt à occuper dans ce système la place qui lui est due et qui concorde avec les intérêts européens ; et pour ces raisons durables inhérentes a la nature du système politique européen, la France devra tôt ou tard entrer pacifiquement dans la fédération des Etats qui est en voie de préparation (1).

1. Ces paroles aussi semblent, à présent, après six ans, être bien mal à propos en face de l'alliance franco-russe. Mais il ne faut pas oublier deux choses : cette alliance n'est pas dirigée contre l'Allemagne, mais contre l'Allemagne prussienne — contre le Césarisme prussien — et dans ce rôle momentané, cette alliance a sa raison d'être et peut rendre à l'Europe un grand service. — C'était *avec l'aide* de la Russie (neutralité) que la Prusse a détruit le Césarisme français ; pourquoi la France ne pourrait-elle pas, à son tour, avec l'aide de la même Russie, détruire le Césarisme prussien ? C'est apparemment Dieu qui mène l'humanité vers la liberté — seulement on ne peut pas dire qu'il choisit toujours la voie directe. A qui donnera-t-il un jour la tâche de détruire le Césarisme russe ? Peut-être aux Etats-Unis de l'Europe ?

Il est pourtant possible, avant que ce but inévitable soit encore atteint, qu'un épisode guerrier, passager et occasionnel, interrompe cette évolution. Il est toujours possible de gagner à l'idée de la guerre les masses chauvines et subversives du peuple, qui n'y ont rien à perdre directement. Il faut seulement qu'un hasard porte à la tête de la République un ambitieux, un César masqué, qui voudrait exploiter ces bas-fonds de chaque pays pour son intérêt personnel, et du coup un épisode guerrier est rendu possible. Mais cela ne change rien à la tendance générale de l'évolution du système politique européen.

§ 41.

La Prusse et la Russie.

L'« entente cordiale » qui régnait entre la Prusse et la Russie depuis plus de cent ans, paraît contredire le principe ci-dessus énoncé, à savoir que deux Etats de civilisation hétérogène, qui entrent en contact par leur territoire ou par leurs intérêts, doivent nécessairement se combattre mutuellement. Mais cette contradiction n'est qu'apparente.

Des intérêts momentanés peuvent causer des dérogations à cette règle générale. Car deux collectivités étrangères et hostiles concluent généralement une alliance d'amitié, quand leur intérêt à toutes les deux leur commande de combattre ensemble une troisième puissance et de l'exploiter en commun. Une pareille communauté d'intérêt unit il y a cent ans la Prusse et la Russie contre la Pologne, enclavée entre elles et affaiblie par l'anarchie intérieure.

Le petit Etat prussien ne pouvait avoir un meilleur allié que la Russie ; la Pologne, située entre lui et la Russie, engendrait leur intérêt commun ; la faible république des gentilshommes du XVIIIe siècle, corrompue et en désordre, semblait inviter elle-même ses voisins des deux côtés à conclure une alliance, dont le but ne pouvait être autre, que le partage en commun de cet Etat disloqué, décomposé par l'anarchie.

A cette époque la Prusse ne songeait pas à poursuivre une politique de grande puissance européenne ; son propre intérêt était plus proche. Mais cet intérêt propre à la Prusse était favorable à la Russie ; et il était même de l'intérêt de la Russie de le favoriser, car l'augmentation de la puissance de la Prusse équilibrait celle, trop grande, de l'Autriche, rivale possible de la Russie dans la péninsule balkanique.

Le partage de la Pologne entre la future puissance d'avant-garde de l'Allemagne, la Prusse en voie de croissance, et la Russie, réunissant un certain nombre de peuplades slaves, était un *phénomène naturel* ; il découlait de l'intérêt de ces deux Etats, et c'est parce que l'Autriche ne pouvait pas l'empêcher, qu'elle dut y prendre part dans son propre intérêt et pour le salut de la nation polonaise.

Le partage de la Pologne fut loin d'épuiser la communauté d'intérêt et l'entente diplomatique de la Russie et de la Prusse. La proie partagée exigeait une surveillance incessante et des mesures communes ; la Pologne ne cessait de s'insurger, et la convention de février 1863 fut une preuve récente que les deux puissances co-partageantes devaient agir en commun.

La Prusse avait encore un autre intérêt à garder l'amitié de la Russie, et elle profita savamment de la communauté d'intérêts par rapport à la Pologne pour conclure avec la Russie une alliance intime. Elle devenait, en grande partie grâce à l'annexion des territoires polonais, un grand Etat allemand du Nord de l'Europe, et avait les meilleures chances de dominer toute l'Allemagne. Pour cela, elle avait besoin d'une alliance avec une forte puissance étrangère, et cette puissance, la Russie devait l'être. Cette politique était la seule possible et naturelle. Aussi elle mena la Prusse au but. Car la Russie a favorisé la croissance de la Prusse jusqu'à l'obtention de la couronne impériale allemande.

Mais ici se produisit un retour dans l'histoire européenne, à partir duquel les relations entre la Prusse et l'Allemagne d'une part, et la Russie de l'autre, devaient subir un changement radical.

La défaite de la France et la reconstitution de l'empire allemand par la Prusse, favorisées l'une et l'autre par la neutralité de la Russie, donnèrent une telle puissance au voisin de la Russie, qu'elle dut éveiller ses soupçons, d'autant plus qu'au Congrès de Berlin, l'Allemagne contribua en partie à détruire les avantages que la Russie croyait s'être assurés, par rapport à la Turquie. Cette circonstance empoisonna complètement les relations entre l'Allemagne et la Russie, ce qui se comprend très bien. — Car la Russie, rendant par sa neutralité bienveillante des services amicaux à l'Allemagne pendant sa lutte armée contre la France, comptait sur des services réciproques de la part de l'Allemagne dans l'expédition qu'elle projetait contre la Turquie. Elle ne se trompa point complètement, car, au bout du compte, l'Allemagne favorisa l'expédition de la Russie dans la péninsule balkanique, puisque seule l'attitude et l'influence de l'Allemagne détermina l'Autriche à regarder sans dégaîner l'attaque de la Russie contre la Turquie. Sous ce rapport, l'Allemagne a donc entièrement payé sa dette à la Russie. Mais elle ne pouvait, dans ce secours donné aux désirs de la Russie, aller trop loin, aussi loin que l'appétit naturel des conquêtes, animant la Russie. Un instinct naturel gouverne les intérêts mutuels des Etats ; les avantages qu'ils peuvent s'accorder les uns aux autres, sont pesés sur une balance d'or des plus délicates. Mais cette balance n'est nullement tenue par les hommes d'Etat, quoiqu'on leur attribue souvent le mérite de maintenir cet équilibre parfait. Ce sont les instincts naturels et inconscients, vivant dans les groupes sociaux, qui veillent sur cet équilibre.

L'Allemagne mesura exactement les avantages obtenus par la Russie dans la péninsule balkanique, et elle veilla à ce que la Russie n'y devînt point trop puissante, à ce que ces avantages ne dépassassent en rien ceux réalisés par l'Allemagne sur le Rhin. Dans un moment donné, pour établir cet équilibre entre l'Allemagne et la Russie, l'Autriche dut occuper la Bosnie et l'Herzégovine, et la Russie, reculer du traité de San-Stefano jusqu'à la ligne tracée par le congrès de Berlin.

Tout cela, c'étaient des choses tout à fait naturelles, qui arrivèrent d'elles-mêmes, qui ne purent se produire autrement, car le poids de la puissance de chacun des Etats européens déterminait précisément un tel équilibre. Aujourd'hui l'Allemagne et la Prusse n'ont plus besoin de poursuivre une politique de petit Etat, obséquieux envers la Russie, comme le voulait encore Bismarck, aveugle au changement réel des relations russo-allemandes. Ses intérêts les plus vitaux obligeraient aujourd'hui l'Allemagne à renoncer à la politique antérieure de petit Etat, politique russophile, et à poursuivre une politique de grande puissance européenne.

Celle-ci devrait être déterminée uniquement par le rapport de l'Allemagne en tant que grande puissance envers la Russie, car aujourd'hui ces deux grandes puissances de civilisation hétérogène, la Russie et l'Allemagne, sont immédiatement voisines. Or, un voisinage pareil déchaîne partout et toujours la lutte pour la domination, pose la question de la suprématie. Ici il ne peut y avoir de compromissions ni d'équilibre, ici ni les relations personnelles des souverains, ni les liens familiaux entre eux ne peuvent rien.

Une force élémentaire pousse vers la solution de la question de la suprématie, et cela d'autant plus, que les antagonismes naturels rendent ce conflit de puissance plus aigu. Entre l'Allemagne et la Russie, toutes les matières combustibles imaginables, qui jamais aient donné lieu à l'incendie entre deux Etats, sont accumulées. La vieille haine de race entre les Allemands et les Slaves trouve ici son expression la plus accusée dans la rivalité des deux grandes puissances ; l'antagonisme entre le christianisme protestant, le plus avancé, et le christianisme gréco-orthodoxe, le plus arriéré, peut aussi à chaque moment fanatiser les masses ; l'antagonisme économique entre un grand Etat agricole de l'est de l'Europe et un Etat industriel du centre crée chaque jour et chaque heure tous les conflits commerciaux et financiers possibles. Le centre de gravité de la politique européenne, c'est aujourd'hui cet antagonisme sinistre. Autrefois, c'était Rome et l'Allemagne, le pape et l'empereur, les Guelfes et les Gibelins ; ensuite c'était le Français et le Prussien ; cela a presque disparu à son tour ; on appréhende encore, d'un côté comme de l'autre, de prononcer la formule vraie de la lutte gigantesque de l'avenir ; mais elle doit éclater en faisant trembler l'Europe : *c'est l'Allemagne contre la Russie !* (1).

Mais qu'est-ce que devrait faire l'Allemagne pour être à la hauteur de sa tâche nouvelle ? La situation n'est pas favorable pour elle. La frontière orientale du territoire prussien a été établie au temps des relations amicales entre le petit Etat prussien et la grande puissance russe : rien donc d'étonnant, que tous les avantages y soient du côté de la Russie, et tous les inconvénients du côté de la Prusse. C'est pourquoi l'Allemagne n'a pas aujourd'hui de frontière naturelle et tant soit peu assurée à l'Est, et présente tout le côté oriental, dénué de toute protection,

1. Les considérations politiques développées ci-dessus remontent à l'année 1894. Les six ans écoulés depuis ne modifient rien aux traits fondamentaux de la situation, tels que nous les avons esquissés. Une seule chose a changé. L'Allemagne est placée aujourd'hui sous l'influence exclusive de la Prusse. La Prusse s'est, sous l'empereur Guillaume II, développée en monarchie absolue, et par conséquent l'arbitraire et la fantaisie du maître absolu sont momentanément devenus déterminants. En cet état, la politique de l'Allemagne ne comporte pas de calculs de prévision. Ceci ne modifiera sans doute rien au déroulement de la politique européenne ; mais, toutefois, il faut s'attendre à toutes sortes de surprises, représentant autant d'entraves à la marche du développement naturel, jusqu'à l'arrivée du temps où les tendances raisonnables du développement européen reprendront leurs droits. Selon toute vraisemblance, les années du règne de Guillaume II reviendront à une sorte de lacune, de trou dans la marche de la politique allemande, car c'est bien là la malédiction du régime absolu qu'à l'absence d'une valeur réelle sur le trône corresponde un zéro dans le développement. C'est l'Allemagne qui supportera le dommage. Elle le méritera d'ailleurs, en permettant que l'hégémonie prussienne dégénère en absolutisme prussien étendu sur l'Allemagne.

au puissant voisin, qui, en gonflant son territoire occidental, a en même temps enfoncé un coin dans le sein de l'Allemagne. Une pareille situation territoriale ne peut pas durer, étant donnés les rapports actuels entre l'Allemagne et la Russie.

Et alors, nous sommes en présence du cas, dont nous avons parlé plus haut (voir livre II, § 27). L'Allemagne doit nécessairement tendre à se constituer une protection quelconque contre le voisinage dangereux du côté de l'Est.

Le juste instinct sociologique a inspiré un nombre infini de fois à l'opinion publique de l'Allemagne, qu'il était nécessaire d'interposer entre la Russie et l'Allemagne la Pologne reconstituée en guise de « tampon ». Pour le sociologue il est hors de doute que cela arrivera un jour nécessairement. Entre la Pologne et l'Allemagne il n'y a jamais eu d'antagonismes profonds et durables, et l'instinct de conservation conduira un jour l'Allemagne à reconstituer de son côté oriental la Pologne, destinée à être une des forteresses contre l'attaque de l'empire russe universel (voir ci-dessous § 43). Sous quelle forme, dans quelles conditions et quand cela arrivera-t-il ? est-ce dans 50 ou 100 ans ? Cela, la sociologie ne peut le déterminer ; mais ce qui résulte des calculs sociologiques avec une sûreté presque mathématique, c'est que cela doit *nécessairement* arriver un jour.

1. Cette vérité a été récemment soulignée par les orateurs du parti allemand dans la Chambre des députés autrichienne.

§ 43.

La tendance naturelle de la Russie.

Nous nous confirmons dans l'opinion que nous venons d'exprimer, en observant l'état d'âme national de la Russie, produit d'une manière nécessaire par l'évolution historique, que nous avons décrite ci-dessus. Un peuple ne fait aucune attention aux preuves données par le sociologue que cette évolution est nécessaire, il réagit, malgré cela, contre le résultat de l'évolution, et cela en vertu de la même nécessité naturelle, qui fait l'évolution elle-même.

La Russie, — l'Etat et le peuple, ou du moins la partie du peuple qui compte dans l'opinion publique, — ne peuvent pas s'accommoder des stipulations du congrès de Berlin et de tout ce qui a été fait depuis en Europe pour les sauvegarder (l'installation des Cobourg en Bulgarie). L'aiguillon a profondément pénétré ; la blessure suppure, et la Russie se recueille.

Elle ne peut pas faire autrement. Le trop-plein de force nationale intérieure, fruit du processus d'amalgamation territoriale, qui dure depuis 300 ans, la pousse vers l'expansion violente. Dans quelle direction peut-elle se produire tout d'abord, si ce n'est vers les Balkans et jusqu'à Constantinople? La Russie s'est étendue aussi loin qu'elle a pu vers l'Occident européen, et même plus loin que l'Europe et l'Allemagne ne peuvent l'admettre, puisque l'Allemagne n'a pas de frontière naturelle de ce côté-ci ; elle a annexé à l'Est et au Nord toutes les contrées sauvages, et subjugué toutes les peuplades nomades qui en valaient la peine ; mais elle n'a pu encore réaliser le rêve doré de tous le « barbares » septentrionaux, celui de posséder un pays cultivé du Sud, un morceau de terre civilisée, riche et fertile, sur la mer du Sud ; pour la Russie ce rêve, dont elle poursuit la réalisation depuis 200 ans par tous les moyens de la force et de la diplomatie la plus rusée, — c'est Constantinople.

D'abord, elle a essayé de se rapprocher de son but par la voie éloignée de l'Europe, celle de la Crimée ; puis elle a choisi les chemins situés plus à l'occident, par les principautés danubiennes et les Balkans. Les expéditions et guerres, qu'elle entreprenait, de temps en temps, contre la Turquie, ne faisaient qu'interrompre violemment les intrigues continuellement forgées contre la domination turque ; car tous les moyens imaginables de la diplomatie primitive la plus rusée ont été mis sciemment en mouvement contre le Croissant (1).

1. L'histoire des conquêtes des Romains, dont Tite-Live donne le récit dans ses dix premiers livres, a donné à Machiavel la matière de son manuel de l'art politique ; du travail souterrain de la Russie depuis 200 ans pour arriver à Constantinople, des intrigues et artifices diplomatiques variés qu'elle met en œuvre pour circonvenir la Turquie, pour abattre sa puissance, on pourrait composer un manuel de l'art diplomatique beaucoup plus complet et qui laisserait complètement dans l'ombre celui de Machiavel, car, non seulement le rusé Italien, le maitre génial de tous les diplomates européens, n'a aucune idée des finesses et stratagèmes du genre de

Si la Russie avait affaire à la Turquie seule, son plan serait réalisé depuis longtemps, et il faut le dire, ce qui serait arrivé à la Turquie ne serait que justice his-

ceux employés par la Russie contre la Turquie ; mais ni l'antiquité, ni l'époque de la Renaissance n'en connurent de pareils. Indiquons comme seul exemple le moyen suivant, inconnu de la diplomatie des siècles précédents.

Jusqu'à présent, chaque processus d'amalgamation continentale commençait par la conquête pure et simple, par la supériorité de force physique. On commençait par conquérir, puis on amalgamait. Ainsi allait l'évolution sociale depuis des siècles, et ainsi elle se déroule encore aujourd'hui dans le monde entier. Rome commençait toujours par faire la conquête des pays étrangers, et ensuite elle les romanisait pour en rendre la possession d'autant plus sûre. La Prusse a d'abord conquis la Pologne avec l'aide de la Russie, et c'est seulement dans les provinces polonaises annexées que commença le processus de germanisation et d'amalgamation (qui, disons-le entre parenthèse, n'est jamais possible que jusqu'à une certaine limite, puisque l'expérience prouve que la force d'amalgamation et de nationalisation de *chaque* nation s'épuise après avoir atteint un certain maximum).

Ainsi la France a agi autrefois envers les provinces allemandes, et l'Allemagne agit aujourd'hui *vice versa* de même envers l'Alsace-Lorraine. La Russie donne dans l'histoire du monde le premier exemple de la méthode inverse. Elle s'efforce d'entamer d'abord le processus d'amalgamation spirituelle, pour s'en servir ensuite dans la conquête et l'annexion. Pierre-le-Grand se fait déclarer pape de l'église grecque, pour s'imposer ainsi comme défenseur de toute la chrétienté orientale. Le clergé grec reçoit des subventions de la part de la Russie. Les moines du mont Athos deviennent émissaires russes. Ainsi, la Russie parvient à propager cette doctrine, que tout membre de l'église grecque doit obéissance au tsar. L'exploitation de la similitude des langues slaves et de l'idée du panslavisme qui s'y appuie est encore plus tenace et fructueuse. Ainsi la Russie essaie de faire d'abord des conquêtes morales, afin qu'elles lui préparent la voie pour la conquête armée et l'annexion. Ce plan est tracé hardiment, et on essaie de le réaliser avec une grande habileté.

torique. Car les Turcs ont commis un péché de négligence politique, qui ne peut pas rester impuni et qui fait que leur domination en Europe n'est qu'une question de temps. La loi suprême de l'histoire, à savoir : que l'amalgamation nationale doit nécessairement succéder à l'organisation du pouvoir, si cette organisation doit être durable et produire un grand résultat au point de vue de la civilisation, cette loi, les Turcs l'ont violée et par là préparé la chute de leur domination en Europe (1).

1. Les consanguins des Turcs, les Mongols, fondèrent leur domination aux bords du Volga dans des conditions analogues ; mais ils n'ont pas tardé à commencer le processus d'amalgamation territoriale, en se slavisant eux-mêmes. La domination dans la fertile plaine slave leur parut un prix suffisant, pour troquer contre lui leur nationalité mongole. Ils se soumirent à la loi historique, et bientôt ils furent récompensés par le passage de l'évolution territoriale à l'évolution continentale. Les Turcs n'agirent pas ainsi. Leur sombre fanatisme, qui considère une seule foi comme bonne, et les croyants de toutes les autres religions comme « mécréants », qui méprise le monde des mécréants au point de ne pas même pouvoir le convertir, et veut encore moins se convertir lui-même aux mœurs, langues et religions des autres nations, laissa ouvert l'abîme qui existait entre eux, les conquérants, et les peuples subjugués de la péninsule balkanique. Les Turcs présentent l'exemple, rare en Europe, de conquérants qui ne troquent pas leur particularité ethnique contre la domination. Ainsi ils ont gouverné, et gouvernent encore en partie aujourd'hui, non seulement sans poursuivre, mais sans même commencer le processus d'amalgamation nationale. C'est ce qui fait que leur destinée en Europe est finie. Ce n'est qu'une question de temps, que la péninsule balkanique soit définitivement englobée dans la marche de la civilisation générale du continent européen.

On ne commet pas impunément un péché contre une loi naturelle de l'histoire ; or, cette loi exige absolument l'amalgamation, que ce soit d'en haut ou d'en bas qu'elle parte. Un abîme entre les nationalités dans une seule et même organisation politique, pareil

Si donc la Russie, qui est une collectivité normalement développée, très avancée au point de vue de l'assimilation nationale, très étendue et très forte, ne peut pas venir à bout de la Turquie, Etat anti-naturel, dont l'évolution normale s'est arrêtée au lieu d'avancer, qui n'assimile pas ses parties sociales composantes, et par conséquent arrête le progrès ; si la Russie ne peut pas, par l'asservissement complet de la Turquie, passer à l'*assimilation continentale,* qu'elle prépare déjà si habilement, — cela est le mérite de l'Europe, ou, plus exactement, des grandes puissances européennes, en première ligne, de celles qui sont directement intéressées : l'Allemagne, l'Autriche et l'Angleterre. Le rôle de ces Etats envers la Russie, qui, ayant terminé l'unification de son territoire, passait à l'évolution continentale, fut déterminé par la nature des choses, par la situation réciproque.

Aucun Etat ne peut et ne doit tolérer à ses côtés un voisin trop puissant ; aucun ne peut regarder avec indifférence un Etat étranger s'approcher de ses possessions transmarines ou de ses autres sphères d'intérêts. Il faut toujours être sur ses gardes, car le trop puissant voisin peut du jour au lendemain se transformer en un trop puissant ennemi et adversaire.

En observant avec méfiance chaque pas fait par la Russie croissante, les grandes puissances désignées ne faisaient qu'obéir à la loi suprême de la vie de chaque

---

à celui qui sépare les Turcs et les raïas, est contraire à la loi de l'histoire, car cette loi, c'est en même temps le progrès de la civilisation, tandis qu'un pareil abîme s'oppose à ce progrès.

Etat. Car la croissance de la Russie devait nécessairement menacer, d'un côté ses voisins immédiats à l'Occident, c'est-à-dire la Suède et la Norwège, l'Allemagne ou la Prusse et l'Autriche, de l'autre l'Angleterre, dans ses possessions asiatiques. Par conséquent, cette situation de fait détermine par elle-même la conduite de ces Etats et la communauté de leurs intérêts vis-à-vis de la Russie ; tous les actes de ces puissances contre la Russie, depuis les guerres de Charles XII jusqu'à la guerre de Crimée, le congrès de Berlin et l'appui donné à l'indépendance de la Bulgarie, s'expliquent très bien par leurs intérêts les plus vitaux et ceux de l'Europe en général. Et ces intérêts généraux de l'Europe doivent également influencer le développement futur des relations entre l'ensemble des Etats européens et la Russie, et amener la fondation d'une chaîne d'avant-postes dirigés contre la Russie, allant de la Finlande jusqu'à la Bulgarie, et comprenant à son milieu la Pologne, reconstituée par l'Autriche en alliance avec l'Allemagne, et reprenant le rôle qui lui est dû dans l'Est de l'Europe.

§ 43.

La politique de l'Allemagne et de l'Autriche vis-a-vis des Polonais et des Slaves

Le danger que présente pour les voisins occidentaux de la Russie, donc en première ligne pour la Prusse et l'Autriche, sa tendance naturelle à l'accroissement, indique également quelle est la bonne politique de la Prusse envers les Polonais, et de l'Autriche non seulement envers les Polonais, mais aussi envers toutes les autres nations et peuplades slaves qui lui appartiennent.

Ni la Prusse, ni l'Autriche, ne peuvent négliger le danger russe, et comme elles en sont toutes les deux également menacées, il s'en suit d'abord la nécessité de l'alliance entre ces deux Etats. L'intérêt commun, déterminé par le danger commun, a été toujours le lien le plus fort et le plus durable entre les Etats : devant ce danger, le plus grand de tous, toutes les divergences possibles entre la Prusse et l'Autriche deviennent tout à fait insignifiantes. En ce qui concerne la politique intérieure de la Prusse aussi bien que de l'Autriche-Hongrie, il résulte de ce danger russe la nécessité d'une politique qui n'affaiblisse chez aucun des éléments nationaux composants de l'Etat sa fidélité à cet Etat, qui ne provoque jamais chez aucun d'entre eux une sympathie même passagère pour la Russie.

Cela s'applique en première ligne à la politique intérieure vis-à-vis des Polonais. Bien que l'évolution historique séculaire ait si fortement développé l'individualité nationale des Polonais, que la dépendance vis-à-vis de la Russie et la menace de l'unification leur doivent être foncièrement odieuses, néanmoins un courant de germanisation pourrait contribuer à éveiller chez les Polonais une attitude sans doute passagère, mais enfin conciliante vis-à-vis de la Russie. Une politique de la Prusse et de l'Autriche, conservant et favorisant la nationalité polonaise, peut, au contraire, étant donné la haine nationale réciproque entre les Polonais et les Russes, élever un puissant rempart, derrière lequel ces deux Etats trouveraient le plus sûr abri contre l'agression naturelle de la Russie. C'est cet intérêt vital de la **Prusse** et de l'**Autriche**, qui a amené l'abandon de la politique de germanisation en Galicie, politique essayée depuis longtemps, et néanmoins infructueuse, parce que contraire à la nature, et c'est lui aussi qui en Prusse, après la chute de Bismarck, qui était l'ennemi personnel des Polonais, a donné naissance à une politique plus conciliante vis-à-vis des Polonais. Car il est absolument impossible que ces deux Etats ne comprennent pas quel intérêt vital ils ont à *conserver* et à *fortifier* la nationalité polonaise(1).

1. Un moment, après la chute de Bismarck et sous le ministère du général Caprivi en Prusse, il a semblé que la politique prussienne envers les Polonais poursuivrait cette direction dictée par l'intérêt allemand et européen. Mais comme l'Empereur Guillaume II change chaque année le « cours » de sa politique, la Prusse

Mais le danger russe menaçant prescrit aussi une politique tout à fait déterminée vis-à-vis des autres nationalités slaves de l'Autriche. L'Autriche-Hongrie ne doit pas laisser le panslavisme se renforcer. Mais celui-ci est un phénomène naturel chez tous les peuples slaves, qui n'ont pas encore quitté le niveau général, donc inférieur, du slavisme, qui se sont encore peu différenciés comme individualités nationales tranchées. Car plus ce niveau est bas en général, plus l'ensemble exerce d'influence, et moins l'élément individuel s'en sépare.

Si le panslavisme ne peut trouver aucun terrain chez les Polonais, cela tient simplement et nécessairement à ce que la nationalité polonaise s'est élevée il y a déjà longtemps au-dessus de ce niveau général, et que l'élément individuel, séparatiste, l'a depuis longtemps emporté sur l'élément panslaviste.

Cela se retrouve chez les Tchèques, à un degré moins élevé, mais pourtant considérable. Mais si l'on veut que la Bohême soit radicalement et à jamais défendue contre les velléités panslavistes, il n'y a pas pour cela de moyen plus efficace, que de laisser la nationalité tchèque se développer en liberté complète. Car ce développement renforcera de plus en plus l'individualité nationale des Tchèques et en même temps l'instinct social de sa

---

a repris depuis deux ou trois ans sa politique de germanisation envers les Polonais. Le gouvernement russe a vite profité de cette bonne occasion pour se rapprocher des Polonais et aujourd'hui dans la Pologne russe un courant russophile est en voie de naissance. C'est une preuve de plus que la politique prussienne n'est pas du tout une politique allemande (*Note après six ans*).

conservation. Et cela s'applique également aux autres nationalités slaves méridionales de l'Autriche-Hongrie : plus on les opprimerait, plus elles se prêteraient à la propagande russe ; plus elles se développeront librement, et plus grande sera leur peur instinctive du colosse du Nord, qui ne trahit que trop clairement sa tendance à la russification de tous les Slaves (1).

On n'a pas besoin d'une meilleure preuve de cette affirmation que les deux Etats balkaniques « délivrés »

1. Au sein du Parlement autrichien, le député Popowski a fait, au cours de la session d'été de 1891, une remarque fort importante sur la différence entre le slavisme et le panslavisme. Ces deux mots désignent deux faits réels, deux courants, dont la différence et l'antagonisme sont restés jusqu'à présent inaperçus, mais doivent acquérir dans l'avenir une importance toujours croissante, et méritent spécialement d'être appréciés selon toute leur importance par le gouvernement autrichien. Tandis que le panslavisme est une *propagande politique* provenant de la Russie, derrière laquelle se cache le *panrussisme* avec toutes ses conséquences (despotisme, orthodoxie grecque, etc.), — le slavisme présente un simple phénomène littéraire, essentiellement sympathique et basé sur un besoin de sentiment. Il est ce charme particulier qu'exerce le son d'une langue slave sur tous ceux qui ont un idiome slave pour langue maternelle, et ce sentiment de sympathie qui en résulte entre les membres de ces diverses nations. A ce point de vue, le slavisme présente dans les temps modernes une réaction contre l'éloignement complet qui avait régné jusqu'à nos jours entre les Slaves occidentaux et orientaux, septentrionaux et méridionaux, — réaction qui a trouvé sa première expression chez Kopitar (« La réciprocité slave »). Mais elle apparaît déjà accidentellement avant Kopitar, comme par exemple, dans la description des pays slaves du Sud par un des princes Sapieha, qui date de la deuxième moitié du siècle précédent. Le seigneur polonais qui, évidemment, ne soupçonnait même pas que l'on parlât une langue slave au Sud des Alpes, est agréablement étonné, lorsqu'il entend soudain aux bords de l'Adriatique des sons qui, bien qu'il ne les comprenne pas, lui paraissent si connus et lui rappellent sa patrie.

par la Russie, la Bulgarie et la Serbie. Tout le monde se souvient encore, comment la Bulgarie, peu de temps après sa libération, n'était point inclinée à se soumettre à la protection et à la suprématie russe, — comment, obéissant à l'instinct naturel de la conservation, sous la pression même des évènements, elle est devenue antirusse. Si à Pétersbourg on met cette attitude de la Bulgarie sur le compte de son premier prince, Alexandre de Battenberg, — alors on y pense précisément d'une manière antisociologique. On n'y comprend pas que c'est la collectivité qui exerce une influence morale sur son souverain, et non inversement. Le tsar ferait asseoir son propre frère sur le trône de la Bulgarie, qu'il devrait néanmoins devenir antirusse et se tourner du côté de l'Europe contre la Russie. Car aucun Etat indépendant ne se jette de propos délibéré dans la gueule ouverte d'un Etat conquérant.

Seuls les individus pratiquent le suicide. Les collecti-

Ce sentiment naturel provoqua dans ces derniers temps la tendance des divers peuples slaves à se rapprocher *littérairement*, à se connaître mutuellement. Les ennemis des Slaves, en général, ont l'habitude de confondre, en partie par ignorance, en partie de parti-pris, le slavisme avec le panslavisme, et de lui attribuer des tendances politiques. Mais ce serait de la part du gouvernement autrichien de la mauvaise politique que de confondre et d'identifier ces deux courants, car cela pourrait précisément provoquer ce danger que l'on veut combattre : cela pourrait jeter le slavisme dans les bras du panslavisme. Mais le slavisme, en tant que courant non politique, d'ailleurs fort naturel et par conséquent justifié, peut précisément, si l'on lui laisse le champ libre qui lui convient, devenir le plus sûr rempart contre le panslavisme. Car le panslavisme est le contraire du slavisme, par cela seul qu'il vise la fusion de tous les Slaves, tandis que le slavisme maintient précisément intacte l'individualité propre de chaque peuple slave.

vités et les groupes se défendent jusqu'à la dernière goutte de sang ; ils peuvent être subjugés, mais, tant que la force vitale leur reste, ils ne renoncent jamais spontanément à leur existence.

L'attitude de la Serbie dans ces derniers temps est aussi une preuve de cette affirmation, qu'aucune collectivité sociale, tant qu'elle a la force de se développer indépendamment, ne veut rien entendre du panslavisme. Combien de travail et de sacrifices, combien d'efforts et d'artifices diplomatiques la Russie n'a-t-elle pas dépensés pour prendre la Serbie « délivrée » dans le filet panslaviste ? Cette chanson se termina par l'expulsion violente de la reine Nathalie, qui tenait pour la Russie. Cela n'est pas l'œuvre des intrigues autrichiennes, comme on le croit en Russie ; c'est l'œuvre de la tendance naturelle de chaque Etat à la conservation de son existence nationale, et chaque Etat, chaque tribu slave sent instinctivement que rien ne menace plus son individualité nationale, que la Russie.

Mais une pareille politique pourrait peut-être mettre quelque part en danger les possessions allemandes, et les Allemands auraient peut-être raison de craindre, que poursuivre une politique polonophile et slavophile à cause de la Russie n'équivaille pour l'Allemagne et l'Autriche à chasser le diable par le Beelzebub ? Nullement.

Les principales nationalités européennes se sont formées par une évolution séculaire et ont définitivement constitué leur territoire ; en général, elles n'ont point à s'en inquiéter. Elles ne peuvent plus guère ajouter à leur territoire historique aucune acquisition nouvelle importante. Cela est vrai pour les Italiens, les Français, les Anglais, aussi bien que pour les Allemands. Naturellement il ne faut pas prendre cette affirmation trop rigoureusement à la lettre ; à l'évolution historique nationale, ou, si l'on peut s'exprimer ainsi, au génie de l'histoire, s'applique la maxime du préteur romain : *minima non curat*. Qu'une bande du territoire limitrophe passe à une nationalité, ou à une autre, cela est sans importance pour l'évolution historique.

Mais, au point de vue sociologique, on peut poser à cet égard un principe général : les changements de territoire d'une nationalité à l'autre ne sont plus à prévoir que pour les territoires de nationalité mêlée, et ici partout celle des nationalités a plus de chances qui occupe les campagnes ; car la population agricole représente vis-à-vis des villes l'élément durable ; les citadins cèdent devant les paysans.

Mais la situation à cet égard est également fixée, et il serait difficile de la changer. Du moment qu'un Etat européen moderne et civilisé ne peut plus employer de mesures barbares ; du moment par exemple que la Prusse ne peut exterminer la population de ses campagnes polonaises par le feu et le glaive, — celui qui veut accomplir de nouvelles conquêtes nationales sur le terrain polonais a exclusivement des mesures financières à sa disposition. C'est ce que Bismarck a essayé ; s'il a réussi, cela est encore à voir (1). La sociologie a des raisons pour douter de cette réussite, car les mesures financières et

1. Aujourd'hui, après six ans d'expérience, on ne peut plus douter que les fameuses colonisations prussiennes dans les pays polonais ont fait un fiasco complet. C'est le *pays* polonais qui polonise les *colonisateurs* allemands.

colonisatrices ne suffisent pas contre une nationalité en possession des campagnes. Ce n'est pas la nationalité polonaise, mais la Russie qui est dangereuse pour la Prusse et l'Allemagne : au lieu d'acquérir, par des efforts disproportionnés, des territoires insignifiants sur la nationalité polonaise, qui ne menace pas l'Allemagne et ne lui nuit pas, la Prusse et l'Allemagne auraient plutôt un autre devoir à remplir : c'est de sauver les provinces allemandes baltiques, fortement menacées et endommagées par la Russie, et où la nationalité allemande mène contre la Russie une lutte désespérée pour la vie.

En ce qui concerne les positions allemandes en Autriche, elles y sont également assurées pour longtemps partout où les Allemands occupent les campagnes ; mais là où il s'agit seulement de petites villes allemandes, entourées par une population agricole slave, aucun moyen n'en arrêtera la slavisation puissante. Les villes cèdent devant le peuple des campagnes ; cette loi s'est vérifiée partout et toujours. Cela tient simplement à la natalité plus forte des paysans, et ni les mesures gouvernementales, ni les associations d'instruction (*Schulvereine*), n'y pourront rien. Du moment que les villes, à cause de l'accroissement naturel plus faible de leur population, sont forcées de se renouveler par la population des campagnes, les petites villes allemandes, qui sont entourées par des paysans slaves, sont nécessairement livrées à la slavisation graduelle. Les *grandes* villes allemandes, au contraire, n'ont point à craindre cette éventualité, car elles absorbent et germanisent les éléments étrangers qui y arrivent.

Mais un Etat tel que par exemple l'Autriche, n'a aucun

intérêt à se mêler violemment de ces processus de l'évolution. L'intérêt de sa conservation lui commande uniquement de diriger ces processus dans les voies légales, de sauvegarder les lois existantes, de respecter les libertés constitutionnelles, et de laisser, pour le reste, à chaque nationalité le soin de conserver, d'augmenter ou de perdre ses positions. Et comme dans tout cela il ne s'agit en réalité que de morceaux de territoire insignifiants, l'Etat appliquera ici de nouveau avec raison la maxime du préteur : *minima non curat*.

LIVRE QUATRIÈME

LA LITTÉRATURE SOCIOLOGIQUE RÉCENTE

> C'est, en apparence, un fait sans portée, qu'un livre consacré à des doctrines nouvelles et dont quelques centaines d'exemplaires se répandent dans le public ; soyez sûrs cependant que par là certains courants d'idées très profonds et très étendus se révèlent et ne doutez pas que ce livre ne doive réagir à son tour très puissamment sur la société qui l'a produit.
> Espinas, « Philosophie expérimentale en Italie », p. 17.

L'importance de l'instinct et de la science sociologiques pour toute politique, extérieure aussi bien qu'intérieure, nous fait attribuer au développement propre de la première beaucoup d'intérêt au point de vue de la dernière. — Cet intérêt nous justifiera, si, pour terminer, nous jetons un coup d'œil sur la littérature sociologique de ces derniers temps. Nous aurons en même temps l'occasion d'approfondir et d'expliquer notre conception de la nature de la sociologie, en examinant l'attitude de cette littérature sociologique par rapport à notre conception et aux buts de la sociologie par nous formulés.

A. — *La France.*

Le premier rang appartient ici aux Français, qui sont les fondateurs proprement dits de cette science. Examinons d'abord l'œuvre de l'écrivain sociologique si fécond, Letourneau (1). Plus heureux que les écrivains des autres nations, il peut s'appuyer sur les idées scientifiques très avancées de l' « opinion publique » française : selon Letourneau, cette opinion serait (en France du moins) accoutumée à cette idée que « la vie des sociétés humaines, comme toutes les autres choses, est soumise à des règles et lois constantes, donc peut être l'objet d'une science ». Si ces paroles ne sont pas un peu trop optimistes, alors l'idée fondamentale de Comte a poussé en France des racines profondes. Ce phénomène mériterait d'autant plus d'être reconnu et admiré, que depuis Comte jusqu'aujourd'hui, comme le dit très justement Letourneau lui-même, nous possédons bien « le mot (sociologie), mais pas la chose ». Et, disons-le tout de suite, Letourneau, malgré toute son admirable assiduité et tout son zèle louable, n'a rien changé à cette triste situation. Il a commencé par nous donner une « sociologie ethnographique », où le mot « sociologie » est, à proprement parler, de trop, car le livre ne contient rien de plus que ce qu'on appelait jusqu'à présent du nom d'ethnographie (ou encore anthropologie). Il est louable qu'il avoue lui-même se borner à réunir des documents, et déclare que « dans l'enfance de la science sociale il est au-dessus de ses forces

1. Letourneau : « La Sociologie d'après l'ethnographie », Paris, 1886 ; « L'évolution de la morale », Paris, 1887 ; « L'évolution politique », 1890 ; « L'évolution juridique », 1891.

de formuler des lois »; mais ce que, malheureusement, nous cherchons en vain chez Letourneau, c'est la définition claire de la sociologie, qu'il confond constamment dans ce premier ouvrage avec l'anthropologie ou avec l'ethnographie. Cela apparaît déjà dans sa préface, où il affirme que « tout ce qui exerce de près ou de loin une influence sur la vie humaine, a une importance sociologique », et où il définit l'objet de son ouvrage, en disant qu'il contient « la description des manifestations principales de l'activité humaine, telles qu'elles se sont succédé chez les diverses races ». Or, tout cela peut bien avoir son importance pour le sociologue, mais ce n'est pas du tout de la sociologie !

Letourneau commence par l'énumération des races humaines et par l'exposé de leur distribution géographique sur la terre, et ensuite nous offre dans cinq chapitres: la vie nutritive de l'humanité, la vie des sensations, des sentiments, la vie « sociale » et la vie « individuelle ». Dans chacun de ces chapitres nous trouvons réunis tous les faits qui se rapportent à chacune de ces catégories vitales. Le premier chapitre nous apprend donc, de quoi se nourrissent et s'abreuvent les peuples de la Mélanésie, de la Polynésie, de l'Amérique, de l'Asie, de l'Afrique et de l'Europe; dans le deuxième nous lisons les récits, pour la plupart déjà connus, sur les rapports sexuels des peuples primitifs ; dans le troisième, sur les mœurs et coutumes, qui procèdent de la vie sentimentale (anthropophagie, rites funéraires, croyances religieuses etc.) ; dans le quatrième, sur le mariage, la famille, la propriété, l'organisation des sociétés ; enfin, dans le cinquième, sur l'industrie et les sciences. Les documents recueillis par Letourneau sont très précieux ; mais on ne voit pas qu'il les ait utilisés pour des buts sociologiques, dans le sens que nous avons donné à ce terme.

La plus haute généralisation à laquelle il arrive est à peu près celle des historiens de la civilisation en Allemagne depuis Klemm, à savoir : l'évolution progressive des arts et des sciences, des procédés et découvertes, des principes moraux et juridiques au sein de « l'humanité », — idée qu'il est facile de prouver par les faits, quand on les groupe en mosaïque tout à fait arbitraire, sans égard au temps et au lieu.

Letourneau continue ce travail dans ses trois ouvrages ultérieurs, dont chacun nous présente l'« évolution » d'un phénomène socio-physique : la morale, la politique et le droit. Il aurait été peut-être préférable de présenter ensemble l'évolution de ces trois domaines de la vie sociale. Letourneau aurait évité ainsi beaucoup de répétitions. Néanmoins, ces trois ouvrages sont très respectables. Pourtant l'auteur n'y va plus au-delà de la généralisation, que nous venons de trouver dans sa « sociologie ethnographique ». Il exprime lui-même cette idée, qui n'est pas du tout neuve, de la manière suivante : « l'ethnographie et l'histoire nous enseignent que les sociétés humaines se développent en passant par une série d'étapes successives, où la morale change de même que la forme de la société en s'adaptant nécessairement aux besoins » (1).

En suivant cette idée fondamentale, Letourneau nous donne dans le premier des trois ouvrages énumérés, l'é-

---

1. « L'évolution de la morale », p. VIII.

volution de la morale depuis « les temps préhistoriques », en passant par les quatre phases de la « bestialité », de la « sauvagerie », de la « barbarie », et du « commerce » (*phase mercantile*). Ces phases sont illustrées par toute sorte de faits ethnographiques qui ont été déjà en partie cités dans « la Sociologie ».

L'économiste J.-B. Say est aussi appelé à illustrer la « morale commerciale et industrielle », très voisine de la morale « barbare ». Letourneau ne peut lui pardonner ces mots que « la société, en prenant les choses strictement, n'est point tenue à secourir ses membres, à leur fournir les moyens de subsistance » (p. 399). Cette morale de Say est, selon Letourneau, la morale actuelle du monde économique, où l'on oublie que derrière les notions économiques du travail, du capital, etc., il y a des *hommes*. Ainsi « l'évolution de la morale » se met à formuler les revendications du socialisme. Dans les deux derniers chapitres de l'ouvrage, l'auteur traite encore de « l'influence de la religion sur la morale » et de « la métaphysique ». Letourneau reconnaît aux religions une partie de mérite dans la propagation des idées morales : mais il a beaucoup à reprocher aux divers dieux ; ils demandent trop aux hommes et ils leur donnent trop peu ; ils sont sectaires et despotiques ; les dieux qui lui plaisent le plus, ce sont encore les dieux d'Epicure, tels qu'ils sont présentés par Lucrèce, se régalant d'ambroisie et pour le reste laissant les hommes en paix.

La métaphysique est une « religion mitigée ». Letourneau expose les transformations de la morale métaphysique depuis les temps préhistoriques, en passant par les phases des divers systèmes de l'antiquité grecque (platonisme, aristotélisme, stoïcisme), jusqu'à Kant et la philosophie moderne, et il termine, en montrant la morale « scientifique » et le « progrès de l'humanité », que produit « la foi nouvelle », qui « nous remplace avantageusement les paradis disparus et nous donne la consolation au milieu des dures épreuves » (1). Tout cela est sans doute très beau, mais est-ce de la science sociologique ? Au moins, ce ne serait pas une science nouvelle. La littérature *socialiste* a déjà mille fois répété tout cela.

Et pourtant Letourneau, contrairement aux sociolo-« gues intuitifs », qui formulent courageusement des lois « aprioriques », croit du moins avoir donné à ses généralisations « une base de faits suffisamment forte » et « avoir rendu possible la science sociale par la méthode ethnographique ».

Fort de cette foi, il continue son œuvre et nous donne son « Evolution politique », une histoire de l'évolution des organisations sociales. « En sociologie, dit-il, l'ère des spéculations vides est close ; aujourd'hui on examine l'évolution sociale comme toute autre évolution, elle forme un chapitre de l'histoire naturelle (2) ».

C'est par cette dernière qu'il commence son exposé, en nous montrant d'abord l'organisation sociale des oiseaux, des mammifères, des fourmis et des abeilles, en passant aux peuples primitifs et, ensuite, en passant en revue les peuples et nations historiques. L'évolution ou, pour mieux dire, le progrès s'opère très lentement dans ce domaine, se plaint Letourneau en terminant son ex-

1. L. c., p. 464.
2. « L'évolution politique », p. 2.

posé. « Les peuples de la race blanche du vieux continent ont en général encore peu progressé au point de vue politique » (p. 547). L' « Utopie », la société idéale de l'avenir, pourrait être réalisée, si seulement « l'humanité ne consommait auparavant son suicide par l'excès d'hécatombes guerrières et industrielles » (p. 546). Le régime actuel militaire et industriel rejette la réalisation de cette société idéale dans un avenir lointain et « il n'est que trop probable que les guides actuels ne verront point la terre promise ; ils travaillent et pensent pour la postérité éloignée : mais ils ne doivent pas se décourager, on ne peut pas être en même temps réformateur et égoïste ». Letourneur termine par ces paroles son « Evolution politique », pour revenir bientôt de nouveau à cet ordre d'idées dans son « évolution juridique chez les diverses races humaines ».

Contrairement à la métaphysique, qui envisage le droit au point de vue d' « une idée du droit innée à l'âme », — « l'évolutionnisme » aperçoit l'origine du droit dans le plus simple mouvement réflexe de l'animal, provoqué par le besoin de se défendre » (p. VI). Cet instinct de la défense se transforme plus tard en passion de la vengeance, qui, finalement, est réglée par les clans, et dirigée par les chefs dans l'intérêt de la communauté. « Ce grand tableau de l'évolution du droit, dit Letourneau, je me suis efforcé de le tracer dans ce livre, en prenant tout le genre humain pour champ d'observation et laissant la parole uniquement aux faits ». — « Pour comprendre les phases récentes de la civilisation, il faut les relier aux plus lointaines et aux plus anciennes ; les beaux temps de l'histoire sont passés ; une ère nouvelle est ouverte: l'ère de la sociologie » (p. VIII). Mais dans cette « ère de la sociologie », Letourneau nous donne-t-il une nouvelle théorie de l'évolution du droit ? Vraiment, dans tout ce livre nous ne trouvons rien qui n'ait déjà été dit dans les diverses histoires du droit. Letourneau répète sans cesse qu'il fut un temps, où « ce que nous appelons la justice, était inconnu à l'humanité ; on ne connaissait que le besoin de la vengeance ; plus tard, ce besoin fut réglé, il prit la forme du talion et de la réparation pécuniaire. Le droit de punir passa ensuite aux monarques etc. etc. ». (p. 501). Nous demandons, où sont ici des points de vue nouveaux ? où se trouve ici la sociologie ? Tout cela n'a-t-il pas été déjà dit par l'histoire de la civilisation, l'anthropologie et la philosophie du droit ? Que « l'idée du droit soi-disant innée » des métaphysiciens, soit plutôt une idée acquise et héréditaire, c'est très juste, mais c'est une notion de la philosophie réaliste du droit ; quant à un point de vue spécialement sociologique, nous ne parvenons pas à l'y découvrir.

Sans doute Letourneau est un chercheur zélé et méritant, qui combat pas mal de préjugés, mais son évolutionnisme n'est pas sociologie, ce n'est toujours que l'histoire de l'évolution des institutions morales et politiques, basée sur l'idée du progrès, idée, au bout du compte, également apriorique, et sur la foi, que cette évolution progressive ne peut avoir d'autre but que celui de faire que « ton royaume vienne sur la terre ». C'est très beau, mais ce n'est ni de la science, ni de la sociologie.

Avec Letourneau, on sait du moins ce qu'il comprend par sociologie ; on peut ne pas être d'accord avec lui, mais sa notion de la sociologie est claire. Au contraire, avec Combes de Lestrade (1), il est difficile de se faire une idée de ce qu'il comprend par sociologie. Car la phrase qui fait penser à Schaeffle, à savoir que « la sociologie est l'anatomie du corps social », ne dit rien du tout, parce qu'elle dit trop et n'est qu'une comparaison, et non une définition. Dans la suite de l'introduction de ses « Eléments de sociologie », il ajoute d'ailleurs qu'elle n'est pas une science exacte et par conséquent, n'a pas de limites fixes. Mais cela ne devrait pas pouvoir s'appliquer à une «anatomie ». Cette incertitude de la notion de la sociologie règne dans tout le contenu du livre. L'auteur se livre à des considérations spirituelles, mais un peu sentimentales, sur les débuts de la société qu'il explique d'ailleurs très simplement comme « l'ensemble des hommes et ceux-ci » (?), et de ce que l'homme ne peut pas vivre sans société, il déduit pour cette dernière le devoir « d'assurer la conservation de ses membres » ! La discussion se poursuit de la même manière sur la famille, la liberté, la morale, la patrie, les gouvernements, les religions, l'instinct social, la propriété, les idées héréditaires (courage, pudeur, etc), finalement sur l'économie. Mais où est la science et la sociologie dans cette discussion, où on en parle pourtant à chaque page ? Voilà qui serait difficile à dire.

Par contre, on voit bien clair dans ce que de Roberty entend par sociologie dans son nouveau livre sur la philosophie ancienne et nouvelle, sans que nous puissions toutefois adhérer à sa manière de voir. Selon lui, tout ce qui est « un produit de la civilisation humaine » ap-

1. Paris, Alcan, 1889.

partient à la sociologie ; donc toute histoire des sciences, des arts, des métiers, etc., est une partie de la sociologie, qui par conséquent, dans le sens donné par de Roberty, est de nouveau identique à la notion allemande de l'histoire de la civilisation (1). Alors, à quoi bon constituer une science spéciale de la « sociologie » ?

A cette question nous ne trouvons pas plus de réponse satisfaisante chez Durkheim, quoiqu'il indique justement le point de départ nécessaire de la sociologie (2). « Les économistes reconnurent les premiers que les lois sociales portent le même caractère de nécessité et de généralité que les lois naturelles... Etendons ce principe à tous les faits sociaux, et la sociologie se trouve fondée ». Si les historiens élevaient des critiques contre l'existence de pareilles lois sociales, eh bien ! selon Durkheim, la manière la plus simple de les réfuter, ce serait de « trouver ces lois ». Quoique cela ne soit pas encore fait, Durkheim croit néanmoins, qu' « une induction très justifiée nous autorise à affirmer que de pareilles lois existent »... « Car s'il existe actuellement un principe scientifique qui est au-dessus de tout doute, c'est bien celui que tout dans

---

1. E. de Roberty: « L'ancienne et la nouvelle Philosophie », Paris, Alcan, 1887. L'idée de Roberty sur la nature de la sociologie apparaît dans les phrases suivantes : « ..... la philosophie constitue, au point de vue historique, un produit de la *culture* humaine, *par conséquent*, un des objectifs multiples d'une science particulière, la sociologie ». — « Notre temps... a fondé une nouvelle science spéciale, la sociologie, et à cette science appartient l'histoire des destinées de la philosophie. »

2. Emile Durkheim : « Cours de science sociale. — Leçon d'ouverture d'un cours de science sociale à la Faculté des lettres de Bordeaux ». Paris, 1888.

la nature, depuis le règne minéral, jusqu'à l'homme, est soumis à des lois nécessaires... C'est une vérité qui est confirmée par l'expérience, car ces lois sont connues, ou bien nous les découvrons peu à peu. Sur la base des lois ainsi découvertes, chacune des sciences naturelles s'est constituée : la physique et la chimie, la biologie et la psychologie. Si donc les sociétés sont dans la nature, elles doivent obéir également à cette loi générale. Certes, les faits sociaux sont plus compliqués que les faits psychiques, mais ces derniers sont à leur tour plus compliqués que les faits de la physique, de la chimie, etc., et pourtant personne ne mettra plus aujourd'hui les faits de la vie psychique en dehors de la nature et de la science. Si les phénomènes sont simples, leur explication est plus facile ; mais ce ne sont là que des différences de degré, ce n'est là qu'une simple question de voies et moyens ».

Pourtant Durkheim ne nous donne aucune indication sur ce qui concerne ces voies et moyens : il se contente, en attendant, de présenter la sociologie comme la science, qui doit trouver « les lois sociales » régissant les « faits sociaux ». Durkheim ne va pas plus loin ; il ne se rend même pas clairement compte de ce qu'il faut comprendre par ces « faits sociaux », car s'il comprend par ce nom, comme cela paraît être, les phénomènes socio-psychiques, comme le droit, la morale, l'art, on ne voit pas quel serait le rôle de la sociologie à côté des sciences spéciales qui s'occupent de ces phénomènes ? En somme, Durkheim n'est pas allé au-delà de l'idée de Comte, selon laquelle « la vie de la société est, elle aussi, soumise à des lois constantes et il doit y avoir une science de ces lois, une sociologie ». Il ne nous définit pas clairement l'objet de la « sociologie », il ne nous dit pas davantage quelles catégories spéciales de « faits sociaux » doivent former l'objet de la sociologie, le droit, la morale, la religion et autres faits sociaux formant chacun l'objet d'une science spéciale. Durkheim est un penseur clair; il a le pressentiment juste de ce que la sociologie doit être; mais lui aussi n'a pas trouvé son objet spécial, propre à elle et les caractères qui la distinguent de toutes les autres « sciences sociales ».

B. — *La Belgique.*

Au point de vue intérieur aussi bien qu'extérieur, la littérature belge est la plus rapprochée de la française ; aucun autre pays ne se trouve sous une influence aussi puissante des idées françaises, et il ne doit pas être étonnant, que le plus éminent parmi les sociologues belges, De Greef, entreprenne la tâche de tracer le plan de la science sociologique au point précis où Comte est arrivé, pour la continuer de ce point (1). De Greef, lui aussi, ne veut pas encore élever l'édifice de la sociologie, il ne veut qu'en tracer le plan et indiquer la manière dont les autres devront l'élever. Ce travail sociologique préparatoire de De Greef mérite considération ; sa critique de Comte est très juste.

Néanmoins ce que De Greef nous donne pour la sociologie, n'est nullement une science indépendante, mais plutôt une synthèse de toutes les sciences sociales existantes ; si De Greef lui-même ou un autre entreprenait la construction, selon son plan, de l'édifice de la sociologie, nous obtiendrions simplement un système unifié de tou-

1. Introduction à la Sociologie, t. II, p. 32 : « La présente introduction, consacrée exclusivement à la méthode en sociologie, n'a pas pour objet la prétention d'être un exposé de la science sociale ; elle a simplement pour but la recherche des procédés à employer, et de la marche à suivre pour en faire une science positive au même titre que toutes les autres sciences ; d'autres travailleront à élever l'édifice. »

tes les sciences morales et politiques existantes, mais non une science de la société nouvelle et indépendante. Le problème même qui se pose, quand il s'agit du plan de la sociologie, De Greef l'a formulé d'une manière juste ; mais la manière dont il le résout ne peut pas nous satisfaire.

« Y a-t-il, demande-t-il, dans le monde des phénomènes des agrégats supraorganiques, dont la structure, les fonctions et les organes ne se laissent pas expliquer par les moyens de toutes les sciences précédentes ? Car si les phénomènes sociaux se laissaient expliquer par la biologie et la psychologie, toute sociologie serait inutile. » De Greef revient souvent à ce raisonnement, en invitant la sociologie, à traiter les problèmes, qui sont au-dessus de la biologie et de la psychologie. Mais De Greef oublie que, outre la biologie et la psychologie, il existe un nombre considérable de sciences dites morales et politiques, qui s'occupent de phénomènes « sociaux », au nombre desquelles il compte avec raison, l'économie politique, le droit, la morale, etc. Par conséquent, son raisonnement est incomplet ; s'il voulait être irréprochable, il devrait commencer par la question suivante : y a-t-il des phénomènes sociaux, qui ne peuvent être expliqués ni par la biologie ou la psychologie, ni par aucune des sciences morales et politiques existantes ?

S'il s'était posé cette question ainsi complétée, il aurait été amené à considérer en effet la sociologie, telle qu'il la comprend, comme une « superfétation ». Seul le caractère incomplet de sa question le conduit à la définition de sa notion de la sociologie, qui alors ne dépasse pas les bornes des sciences morales et politiques déjà exisantes et ne justifie pas la fondation d'une nouvelle science.

Car affirmer, comme le fait De Greef avec Schäffle et Lilienfeld et après Spencer, l'existence d'un être « supraorganique », appeler la société « supraorganisme », cela seul n'est qu'une raison apparente de créer une science nouvelle.

Evidemment, « il est très commode de discuter avec des mots, de fonder un système sur des mots » ; la construction suivante a très bon air :

Le monde inorganique, la physique ;

Le monde organique, la biologie ;

Le monde supraorganique, la sociologie ;

mais malheureusement « supraorganisme » n'est qu'un mot, à qui ni l'autorité de Spencer et de De Greef, ni la science et l'esprit de Schäffle et de Lilienfeld, ne réussiront à donner un sens réel ! Qu'ils écrivent des livres encore plus spirituels et savants : la notion « supraorganisme » n'entrera pas dans un cerveau humain normal. A côté de la notion des êtres inorganiques et organiques, il ne reste pas dans un cerveau humain normal pour celle des êtres supraorganiques plus de place que pour la notion des êtres incorporels à côté de celle des êtres corporels.

La suite conséquente de la construction d'une science sur une notion aussi chimérique est chez De Greef la même que chez Schäffle et Lilienfeld ; lui aussi, ayant commencé par une fiction, est forcé de recourir à des métaphores et des analogies; ayant pris un « supraorganisme » pour objet de la sociologie, il glisse nécessairement sur le plan incliné des figures jusqu'au gouffre de l'absurde et nous sert à nouveau les cellules, les tissus, les fibres musculaires etc., que nous connaissons à satiété (1).

Or, ce qui fait le danger de pareilles figures en apparences innoffensives, c'est qu'elles deviennent à la longue une « fable convenue », à laquelle commencent peu à peu à croire ceux du moins qui s'en servent, et que par elles on « explique » en apparence toute sorte de choses, quoiqu'en réalité on les embrouille complètement. C'est ainsi par exemple que De Greef nous définit l'Etat comme « l'ensemble coordonné des organes et des appareils d'organes économiques, familiaux, artistiques, scientifiques, moraux, juridiques et politiques dont le fonctionnement, dans l'espace et le temps, constitue la vie du superorganisme social ».

Qu'est-ce que nous explique une définition qui se compose de métaphores (« organes et appareils d'organes ») et de notions fictives (« superorganisme ») ? Cela nous fait simplement revenir par le détour de la sociologie à la « théorie organique de l'Etat ».

1. De même que Lilienfeld (voir notre « Précis de Sociologie »), De Greef se défend de donner au terme « organisme » un sens « purement figuré (l'organisme réel » de Lilienfeld). Il dit catégoriquement : « Ce serait une erreur de croire que les seuls êtres vivants sont les individus, que c'est par métaphore que nous donnons à l'ensemble des individus un corps, des membres, des organes... La famille, les banques, l'usine, les marchés, l'art, la religion, les tribunaux, les parlements, etc., sont des organismes au même titre que l'organisme individuel... » (t. II, p. 10). Nous n'avons pas besoin de reproduire ici, contre de pareilles extravagances, les critiques formulées déjà dans notre Sociologie contre Schaeffle et Lilienfeld.

Nous regrettons beaucoup de devoir relever cette idée fausse chez De Greef, de même que nous l'avons fait chez Schaeffle et Lilienfeld ; car pour le reste nous devons reconnaître sans restriction la masse de pensées fécondes et suggestives qu'on peut trouver chez De Greef, de même que chez Schaeffle et Lilienfeld. L'ouvrage de De Greef est également d'une grande valeur et d'une importance qu'il ne faut pas diminuer, pour la préparation de l'édification de la sociologie indépendante.

C. L'Italie.

En Italie la sociologie a commencé en partie par des imitations des analogies de Schaeffle, en partie par des tentatives d'appliquer la théorie darwinienne à l'évolution sociale. La première phase est représentée par Vadala-Papale (1). Mais ce qui est caractéristique pour toute cette école, c'est la fusion de la question sociale avec la sociologie. Les ouvrages de ces écrivains, parmi lesquels Colajanni (2) occupe une place éminente, tournent pour la plupart autour des questions de la politique sociale rapprochées du darwinisme. Si la lutte pour la vie de Darwin, disent à peu près ces écrivains, est la loi suprême de l'évolution de l'humanité, les plaintes du socialisme ont-elles encore raison ? Est-ce qu'il ne résulte pas de cette loi sociale naturelle, que les vaincus et les dépossédés doivent souffrir, pour que les vainqueurs jouissent de la vie ? Cela n'empêche que le plus souvent on s'efforce de donner à cette loi suprême de l'évolution de l'humanité une signification favorable aux tendances socialistes, comme par exemple la suivante : « la loi darwinienne doit bien être en vigueur, mais on ne doit pas poser de bornes artificielles à son action et à ses effets, — en assurant par exemple à un faible, armé de la

1. « Darwinismo naturale e Darwinismo sociale », Torino, 1882.
2. Napoleone Colajanni : « Socialismo e Sociologia criminale, t. Il Socialismo », Catania, 1884.

propriété héréditaire, la domination sur les forts expropriés et dépossédés, etc. »

Des raisonnements pareils remplissent également les écrits de Siciliani et de Vaccaro (1). Mais tous ces écrits dignes d'attention sont entachés d'une erreur commune. Ils cherchent inexactement la réalisation de la loi darwinienne dans le domaine des relations entre les individus, tandis que socialement elle se réalise uniquement dans le domaine des relations entre les groupes. Quant aux relations entre les individus, le fait lui-même de la lutte pour la vie ne s'y vérifie pas, sans parler à plus forte raison de toutes les conséquences de cette loi. Il est simplement inexact de dire que tout individu soutient une pareille lutte pour la vie ; il y a des individus qui s'y dérobent ou qui y renoncent. Il est encore moins vrai de dire que la loi darwinienne se réalise dans ces relations ; mais elle se réalise en effet pleinement et avec toutes ses conséquences dans le domaine intersocial, c'est-à-dire dans les relations mutuelles des groupes sociaux, y compris les Etats.

Le fait, que dans ces études sociologiques on s'occupe sans cesse de la question sociale, atteste également une incertitude par rapport à la nature et aux buts de la sociologie. Celle-ci peut parfaitement, en sa qualité de science, contribuer à l'examen de la question sociale, elle pourra, une fois arrivée à des résultats sûrs, donner

1. Pietro Siciliani : « Socialismo, Darwinismo e Sociologia moderna », Bologna, 1885 ; — Angelo Vaccaro : « La lotta per l'esistenza e i suoi effetti nell' umanità », Roma, 1886. — Comp. mon analyse de ce dernier livre dans la *Deutsche Litteraturzeitung*, 1887, n° 1.

des indications et des inspirations aux divers partis s'occupant de la question sociale, sur leur conduite vis-à-vis de cette question : mais vouloir aujourd'hui déjà faire de la sociologie une politique sociale, prétendre résoudre par elle la question sociale, c'est décidément une entreprise prématurée, rappellant la méthode de l'ancienne médecine, qui consistait à vouloir guérir les maladies sans connaître leur vraie nature. Au contraire, la sociologie imite la médecine moderne, dont les efforts tendent en première ligne à connaître la nature de la maladie, pour aborder seulement avec cette connaissance la question de savoir si la maladie peut être guérie, et comment ? — Ces incertitudes et déviations de la sociologie fournissent à un autre écrivain italien, Icilio Vanni, l'occasion de soumettre sa nature et ses buts à une critique serrée, profonde et pénétrante (1).

Vanni passe en revue toutes les définitions de la sociologie formulées par les sociologues et examine leur justesse. Aucune ne le satisfait. La sociologie n'est, selon lui, ni la philosophie de l'histoire, ni la théorie de l'évolution superorganique ; ni la science des groupes et groupements sociaux, ni une science descriptive anthropologico-ethnologique ; ni « anatomie, physiologie et psychologie du corps social, » ni « physiologie des peuples » ; elle n'est pas plus physique sociale avec la méthode statistique, que philosophie sociale, mettant en valeur les résultats des sciences morales et politiques ; elle n'est enfin ni philosophie du droit ni science des phé-

1. Icilio Vanni : « Prime linee di un programma critico di Sociologia », Perugia, 1888.

nomènes sociaux (1). Qu'est-ce qu'elle est donc selon Vanni ? — Sa réponse reste tout à fait dans les généralités. Selon lui, la sociologie devrait être une « synthèse » de toutes les sciences sociales (p. 28), mais en même temps une « introduction et propédeutique » de ces sciences (p. 29) ; une « *scienza complessiva e sintetica della società* » (p. 33), dont le rapport aux sciences sociales particulières serait celui de la biologie aux sciences particulières des phénomènes organiques spéciaux (p. 34). Et comme elle se donne pour but de réunir les résultats les plus généraux de ces sciences sociales spéciales (économie politique, politique, jurisprudence, morale, etc.), on peut donc la considérer comme la philosophie de ces sciences (p. 35). De la biologie et de la psychologie elle diffère par cette propriété que celles-là s'occupent de la vie individuelle de l'homme, et celle-ci de sa vie sociale (*vita comune*) (p. 53) ; de l'histoire de la civilisation, qui restera toujours une science « analytique », dont le but est de réunir et de préparer des documents, elle se distingue parce qu'elle est une science synthétique et philosophique (p. 67), « une vraie philosophie des phénomènes sociaux » (p. 74 et 88). Le caractère distinctif du « phénomène social », du « fait social » (*fatto sociale*), n'est pas, comme l'affirme sans le prou-

1. Cette dernière négation de Vanni est dirigée directement contre la définition, donnée par moi dans mon « Précis (*Grundris*) de Sociologie », du phénomène social comme « rapport engendré par l'action collective des groupes et sociétés humaines ». Comp. Vanni, p. 20 et 99.

ver Gumplowicz, sa formation par la rencontre de plusieurs groupes, mais son « caractère historique » (1).

Car dans cette évolution sociale tout, selon Vanni, est historique, les impulsions et les facteurs, les conditions et les effets ; le caractère idéal, qui la pousse vers des formes toujours plus hautes de la vie, est également historique. « Trouver les lois de ces transformations, prouver ce caractère historique qui est propre à l'évolution de l'humanité, — telle est la tâche de la sociologie, et cette tâche lui appartient exclusivement » (2).

Ainsi Vanni croit avoir trouvé les limites recherchées de cette « *scienza sintetica dell' evoluzione sociale humana* » (p. 137), sans empiéter sur le domaine de la biologie, de la psychologie ou de l'anthropologie. Certes, nous le lui accorderons volontiers. Mais quel est alors le rapport de cette sociologie de Vanni à l' « histoire de la civilisation » cultivée en Allemagne ? Sa définition de la sociologie ne s'applique-t-elle pas complètement à l'histoire de la civilisation, qui, elle aussi, ne veut être autre chose que science synthétique de l'évolution sociale (ce qui veut dire implicitement : évolution de la civilisation) de l'humanité ? — Vanni n'a pas empiété sur le domaine de la biologie, de la psychologie ou de l'anthropologie, mais comment la chose va-t-elle par rapport à l'histoire de la civilisation ? Certes, un Italien n'a

1. « Appunto la storicità dell' evoluzione sociale costituisce la nota caratteristica del fatto sociale e segna par consequenza rigorosamente i confini della sociologia » (p. 104).

2. « Trovare le leggi di questo trasformazione, colpire la storicita propria del processo evolutione umano, ciò deve fare la sociologia e non puo farlo che essa » (p. 109).

pas besoin de se faire de scrupules à ce sujet; la « *storia del incivilimento* » n'est pas en Italie arrivée à la phase de l'indépendance ; il peut la négliger ; mais il en est autrement en Allemagne et en Angleterre. Ici, son explication ne suffit pas ; ici, ou bien il faut pouvoir donner à la sociologie un objet propre, une tâche spéciale nettement délimitée, ou bien elle n'a pas de raison d'être à côté de l'histoire de la civilisation ; et la « sociologie » italienne, telle qu'elle est définie par Vanni, ne serait qu'une autre dénomination de l'histoire de la civilisation.

D. — L'Allemagne et l'Autriche

Si en Allemagne, après les essais de Schäffle et de Lilienfeld de présenter la « société » comme organisme, on paraît avoir renoncé à traiter la sociologie comme science particulière, il y a pour cela une bonne raison, notamment qu'ici la philosophie a tellement étendu son domaine qu'il n'y a presqu'aucun objet de la sociologie qui n'ait été traité également par la philosophie allemande ; de plus, l'histoire de la civilisation, la psychologie des peuples et l'ethnologie se sont ici également occupées de tous les objets et problèmes spécialement sociologiques, de manière que la constitution d'une sociologie indépendante doit nécessairement paraître inutile, du moins à l'examen superficiel (1). Aussi le représentant le plus éminent de l'historiographie moderne de la civilisation en Allemagne, Lippert, non-seulement appelle ses travaux du nom de « sociologiques », mais

1. La tâche assignée à l'histoire de la civilisation, par exemple, par Jodl, dans son ouvrage : *Die Kulturgeschichte, ihre Entwicklung und Probleme* (1878), embrasse *apparemment* tous les objets et problèmes de la sociologie. Car selon son programme de l'histoire de la civilisation (p. 115), elle embrasse non seulement « la lutte de l'homme contre la nature », mais aussi « la tendance à l'organisation sociale et politique » et « les relations internationales ». — Les limites de l'histoire de la civilisation étant si largement arrêtées, rien d'étonnant qu'on n'entrevoie pas la raison d'être de la sociologie.

étend si largement les limites de son histoire de la civilisation, que toute la sociologie pourrait certainement y trouver place. Car si « tout ce par quoi l'homme s'élève si peu que ce soit au-dessus de son humble condition naturelle, est une parcelle de civilisation », alors toutes les formes et organisations sociales appartiennent aussi à l'histoire de la civilisation. Et en effet Lippert s'occupe dans son histoire de la civilisation, à côté des choses qui n'entrent décidément pas dans la sociologie, comme le développement des outils, la propagation des animaux domestiques, l'influence du travail des métaux, etc., d'une quantité d'objets de nature sociologique, comme par exemple, l'évolution de la famille, la formation d'Etats, les fondations religieuses, etc.

Néanmoins l'idée maîtresse de l'histoire de la civilisation de Lippert n'en fait pas, à notre avis, une sociologie, car il se propose d'exposer l'évolution progressive de tout ce qui est « humain » c'est-à-dire, à son sens, de tout ce qui résulte des doubles impulsions de la nature et de ce qui est « personnel à l'homme ». Lippert est loin d'attribuer la direction de cette évolution exclusivement à la loi naturelle ; il laisse à l'initiative personnelle, à l'activité intellectuelle de l'individu, une bonne part dans la « création de la civilisation ».

Cette attitude intermédiaire entre le point de vue uniquement individualiste des historiens et le point de vue naturaliste (ou, à proprement parler, moniste) de Buckle, se traduit chez Lippert déjà par l'admission du « soin pour la vie » qui est « l'instinct fondamental et universel dans l'histoire de la civilisation ». Car dans ce « soin pour la vie », la matière et l'esprit, la nécessité et la liberté sont pour ainsi dire reliés et réunis, ou, comme dit Lippert lui-même : « dans lui se réunissent et se délimitent l'élément humain et l'élément animal ; dans lui se manifestent selon leur extension respective, l'instinct de l'animal et le sceau et le signe de l'humanité ».

De cet « instinct fondamental », de ce « soin pour la vie » naît donc toute la civilisation ; et nous savons que Lippert y fait entrer *tout* « ce par quoi l'homme s'élève si peu que ce soit au-dessus de sa condition naturelle ». Tout cela, Lippert nous l'aurait exposé dans son histoire de la civilisation, si seulement « l'espace ne lui était mesuré (1) ». Demandons maintenant, dans quel but Lippert nous expose — ou aurait exposé — tout cela, et nous ne pourrons trouver dans ses propres considérations que deux réponses. La première revient à dire que c'est pour nous expliquer la causalité de tout le devenir humain, la corrélation causale de tous les évènements humains, en prenant cette expression dans son sens le plus large. La seconde nous rappelle l'idée maîtresse de l'ethnologie de Bastian, elle est la suivante : c'est pour nous apprendre les transformations des idées de l'humanité et les conséquences qui en résultent, donc, pour employer les expressions de Bastian, « la logique des peuples », « les pensées des peuples ».

1. Dans le chapitre final de son deuxième volume, Lippert écrit : « Nous ne pouvons pas entreprendre la tâche de présenter au lecteur l'histoire de l'évolution de la technique, des inventions et des découvertes... C'est naturellement la même chose pour l'histoire des sciences. Bien que toute entière elle appartienne à l'histoire de la civilisation, pourtant, dans un exposé dont l'espace est mesuré, seuls les points principaux peuvent trouver leur place » (« Kulturgeschichte », II, 631).

En ce qui concerne la « causalité », elle joue dans l'histoire de la civilisation de Lippert un rôle analogue au « pragmatisme » de l'historiographie. De même que « l'historiographie pragmatique » se contente de « découvrir » les « causes » présumées des évènements historiques (elle nous doit toujours la preuve de leur justesse), de même Lippert se contente de nous donner une cause pour chaque phénomène de la civilisation. Naturellement, il ne peut attribuer à chacune de ces causes qu'une probabilité plus ou moins grande ; il ne peut ici être question de preuves scientifiques. Même quand il explique, à la manière de Bastian, un phénomène comme étant une émanation d'une conception ou d'une certaine marche des idées, cette explication peut être ingénieuse et même très plausible ; mais un autre historien de la civilisation peut expliquer le même phénomène d'une autre manière. A ce point de vue, au point de vue de son caractère scientifique, l'histoire de la civilisation de Lippert qui occupe certainement un haut rang, n'est pourtant pas supérieure à « l'historiographie pragmatique »; comme celle-ci, elle place le centre de gravité de son exposé dans la « corrélation causale », qu'elle établit pourtant très instable, de manière à nous laisser toujours la possibilité de ne pas tenir cette corrélation pour juste et de nous en construire une autre.

Si ingénieuses et plausibles que soient les causes que Lippert donne pour certains phénomènes, elles n'ont pas plus de force que quand, par exemple, un « historien pragmatique » nous prouve qu'un monarque a déclaré la guerre à un Etat voisin uniquement en obéissant aux conseils de son ministre. Une pareille preuve exclut-elle les autres causes, qui en réalité ont provoqué cette guerre ? — La même question peut se poser à chaque « corrélation causale », donnée par Lippert dans son histoire de la civilisation. Quand, par exemple, Lippert essaie d'expliquer l'infanticide chez les peuples primitifs par la crainte du surpeuplement, par la « pression de la nécessité » (t. I, p. 203), cette explication est très plausible, mais n'en exclue pas mille autres, qui sont peut-être plus conformes à la vérité. De même pour mille autres phénomènes. Rien d'étonnant, par conséquent, qu'une pareille « histoire de la civilisation » ne nous donne pas une véritable satisfaction scientifique. Car nous n'aurions cette satisfaction que si, au lieu d'être condamnés à nous contenter d'une pareille causalité subjective et arbitraire, nous pouvions ranger une série des causes sous l'empire d'une loi suprême. C'est comme un grand tableau représentant une bataille : s'il ne nous laisse entrevoir aucune idée maîtresse, alors il nous satisfait moins au point de vue esthétique, quand même il serait peint avec beaucoup de talent, qu'une miniature, représentant un seul personnage, mais qui exprime nettement une idée. — Il en est de même de l'histoire de la civilisation de Lippert. Nous avons devant nous une foule de phénomènes, dont le savant auteur s'efforce de nous expliquer avec beaucoup d'esprit la causalité ; mais nous cherchons en vain une loi suprême, selon laquelle se déroule toute cette procession interminable des phénomènes. Cette explication seule, à savoir que tout ce développement de la civilisation provient du soin pour la vie, ne peut pas nous satisfaire. Car le soin pour la vie est universellement répandu, et pourtant le développement de la civilisation n'est pas partout le même. En un mot, cette explication ne nous remplace nullement la maîtrise scientifique d'un système complet des mouvements sociaux, qui s'accomplissent selon des lois constantes et autorisent dès lors quelques prévisions. L'histoire de la civilisation partage encore avec la philosophie de l'histoire (et avec l'histoire universelle) l'erreur ou la malchance de vouloir nous présenter une évolution progressive d'ensemble, ce qui la pousse jusqu'à cette naïveté, de placer le commencement de cette évolution dans un point donné de l'espace et du temps, et ce qui la force aussi à démontrer et à défendre l'origine unique de l'humanité, la différenciation de toutes les races existantes à partir d'une souche commune, l'émigration des races américaines du vieux monde en Amérique, et tout ce qui s'en suit. Tout cet apparat des moyens de défense de la Bible, nous le retrouvons aussi chez Lippert. Il croit à une « patrie d'origine » (t. I, p. 201), aux « contrées heureuses de l'expansion primitive des hommes » (t. I, p. 167), où vit une race originelle, qu'il suppose de « couleur sombre » (p. 169, 170). Quant à l'apparition graduelle d'une race plus claire sortie de cette race originaire sombre, Lippert l'explique, entre autres, en disant que dans les habitudes d'infanticide, qui régnaient aux époques primitives, « la vanité maternelle a également joué un rôle », en laissant la vie de préférence aux enfants de nuances plus claires (t. I, p. 206). Mais Lippert oublie, qu'un enfant pâle aurait dû plaire moins à sa mère noire primitive, et si la nuance de la couleur avait eu à décider de la vie ou de la mort des enfants, la couleur claire n'aurait sûrement jamais obtenu le dessus !

Car les hommes noirs éprouvent la même horreur des visages « pâles » que les blancs des noirs !

Eh bien, à cette époque primitive que Lippert paraît placer (t. I, p. 201) 4000 ans à peu près avant Jésus-Christ (?), « et que nous pourrions appeler *sombre* à plus d'un point de vue » (t. I, p. 202), il se représente l'homme dans sa « patrie primitive », l' « ancienne Égypte » (t. I, p. 167). » Ici, le milieu originel imprimant à l'évolution une allure plus lente, mais pourtant non sans impulsion de la nature, fut formé le berceau de la civilisation » (t. I, p, 201). Mais pourquoi précisément et seulement ici ? pourquoi en même temps, ou même plus tôt, un « berceau de la civilisation » ne se serait-il formé aux bords du Wang-ho ou du Yang-tse-kiang, comme il s'est formé sur les rivages de la Méditerranée, aux bords du Nil ? Et pourquoi pas aussi aux bords du golfe de Méxique, du Mississipi, ou dans l'Amérique du Sud, aux sources de l'Amazone ? Lippert ne tombe-t-il pas ici dans l'erreur de toute l' « histoire de la civilisation » européenne, qui finalement aboutit exclusivement à la glorification de la civilisation européenne et de la race blanche et veut faire en grand à l'Europe et à la race blanche un sort comme celui fait par la Bible à la terre de Chanaan et au peuple élu ?

Nous respectons et reconnaisons pleinement la somme de science et la richesse d'idées, qui caractérisent l'histoire de la civilisation de Lippert ; mais cette défense éternelle des idées et des préjugés traditionnels, acquis par l'éducation et devenus favoris, ne doit pas être l'œuvre de la science. Rien donc d'étonnant, que l'histoire de la civilisation, malgré les grands talents qui s'y consacrent, malgré la science de ses représentants, ne puisse pas s'affermir comme « science », qu'elle soit, en cette qualité, comme nous l'avons vu ci-dessus, exposée aux attaques les plus sérieuses et doive encore toujours défendre sa raison d'être.

Simmel, dans son ouvrage sur « la Différenciation sociale », (1) a peut-être, au contraire, créé la première œuvre en Allemagne qui puisse avec raison complète porter le titre d'« étude sociologique ». Car ce que Simmel examine dans cet écrit, ce sont précisément les actions collectives des « groupes » et « cercles » sociaux en partie sur les individus, en partie sur les autres cercles. Ayant décrit d'une manière juste dans sa préface (« Contribution à la théorie de la connaissance de la science sociale »)la sociologie elle-même et les difficultés qu'elle a à vaincre dans ses études, il s'efforce dans les chapitres suivants d'analyser les faits qui se produisent grâce à l'action collective des « groupes » et « cercles » sociaux. Il attribue, entre autres, les objets suivants à la sociologie : « les rapports de l'individu et de la collectivité, les causes et les formes des groupements, les antagonismes et les disparitions des classes, l'évolution du rapport des gouvernés et des gouvernants » etc. En ce qui concerne la notion de la société, il remarque avec raison, que « la notion de la société n'a, évidemment, un sens qu'à la condition de se distinguer par quelque chose de la simple somme des individus » (p. 10).

Dans le chapitre sur la « responsabilité collective » il

1. « Soziale Differenzierung », Leipzig, 1890 (Schmollers Staats- und socialwissensch. Forschungen, X, 1).

explique les causes du groupement, qu'il aperçoit dans
« la défensive et l'offensive commune », d'où il suit que
« l'individu n'a une valeur que tant que le groupe est
« derrière lui » (p. 29), et cela explique à son tour beaucoup de phénomènes historiques, comme par exemple,
celui que les gouvernements absolus sont hostiles à ces
groupes organiques, etc. L'influence du groupe sur l'individu provient de ce que « l'individu sert son groupe et
reçoit de lui la forme et le contenu de son propre être. »
— « Volontairement ou involontairement, le membre
d'un *petit* groupe confond ses intérêts avec ceux de la
collectivité, et ainsi non seulement les intérêts du groupe
deviennent siens, mais aussi réciproquement, ses intérêts à lui deviennent ceux de la collectivité (p. 26). — Il
en résulte ensuite que par rapport à un tiers le membre
d'un groupe apparaît en tant que tel, et non comme individu », ce qui amène la responsabilité collective de la
famille ou de la tribu pour les actes de leurs membres.
Ce n'est que plus tard, quand « une différenciation extraordinairement fine s'est produite objectivement au
sein du groupe aussi bien que subjectivement dans l'esprit du lésé », — que « la réaction de ses sentiments et
de ses actes se localise exactement » (p. 33). « Le point
de vue de la plus haute civilisation montre ainsi un retour caractéristique à la conception antérieure. » Car à
ce point de vue « la conception transcendante de la domination exclusive de la causalité naturelle, excluant la
faute au sens du libre-arbitre, se rétrécit aux limites de
la croyance dans l'influence passagère des facteurs sociaux ». L'ancienne conception individualiste du monde
disparaît et est remplacée par la conception « historico-

sociologique », « qui ne voit dans l'individu que le point d'intersection des lignes sociales » (p. 36).

Ce contact intime de l'individu avec son groupe fait que l'extension du groupe amène des conséquences tout à fait déterminées pour la situation de l'individu. Elles se traduisent par la différenciation des individus, par leur *individualisation* toujours croissante. La loi sociale générale qui régit la marche de ce rapport, Simmel la formule de la manière suivante : « Plus le cercle, auquel nous appartenons, est étroit, et moins nous possédons la liberté individuelle ; mais en revanche, ce cercle est lui-même une sorte d'individu et, étant petit, se distingue par des limites nettes des autres cercles » (p. 49). Toute une série de phénomènes et faits sociaux s'explique par cette loi de proportionnalité entre « l'augmentation de l'élément individuel et l'extension du groupe social » (p. 57). Mais avec l'extension du groupe et la différenciation des individus apparaissent aussi certains changements du « niveau social », auxquels les individus prennent part, tout en pouvant aussi s'élever au-dessus de ce niveau. Cette évolution du niveau social et du rapport entre lui et l'individu fait l'objet des chapitres suivants de l'étude de Simmel.

« Si un membre du groupe se trouve très bas, il a relativement beaucoup en commun avec son groupe ». Simmel pense avec raison qu'à l'état primitif du groupe correspondait « un niveau social très inférieur et, en même temps, une différenciation individuelle insignifiante ». Mais l'évolution élève l'un et l'autre : le niveau social (le contenu commun) et la différenciation. Néanmoins, « le niveau social, bien que, considéré en lui-même, il s'accroisse sans cesse, devient de plus en plus bas et pauvre par rapport aux différences qui s'élèvent au-dessus de lui » (p. 77).

Il en résulte une règle pratique très importante pour l'unité d'action du groupe. « Si, notamment, on veut, dans une masse déjà différenciée, obtenir ce nivellement qui est nécessaire à l'unité de son action, on ne peut pas élever l'inférieur au niveau du supérieur, celui qui est resté au degré primitif du développement vers celui qui s'est différencié, mais il faut que celui qui est le plus haut descende au degré qu'il a déjà dépassé ; seul l'avoir de celui qui possède le moins peut devenir commun à tous. » (p. 79). Le juste instinct sociologique fait suivre cette règle à tous les bienfaiteurs du peuple, qui veulent conquérir les masses ; leurs revendications et leurs programmes se basent toujours sur ce pauvre avoir intellectuel commun des masses qui peut les exciter. Mais par cela Simmel explique aussi ce fait que « le cercle social » est exposé à peu d'erreurs et d'échecs dans la poursuite des simples buts qu'il se propose (1).

1. J'ai dit la même chose dans ma Sociologie de la manière suivante : « L'individu se trompe souvent, mais la société, au contraire, suit toujours la bonne voie, parce qu'elle obéit, conformément aux lois naturelles, à l'impulsion impérieuse de ses besoins ». Or, Simmel dit : « On a essayé d'expliquer ce fait, en disant que les mouvements des masses se distinguent de ceux de l'individu libre parce qu'ils sont déterminés par les lois naturelles, que les masses obéissent simplement à l'impulsion de leurs intérêts ». « Cette manière de voir recèle, selon Simmel, toute une quantité de malentendus au point de vue de la théorie de la connaissance », et d'abord cette croyance erronée « que la nature choisirait toujours la voie la plus courte pour ses buts ». Simmel a tort de m'attribuer cette croyance que je suis loin de partager. A l'endroit cité, j'ai simplement cons-

Simmel consacre ensuite un chapitre spécial au « croisement des cercles sociaux », qui provient de ce que « la marche de l'évolution tend à associer les éléments homogènes des cercles hétérogènes » (p. 101). « De là viennent notamment les divers cercles sociaux et de nouveaux « cercles tangents, qui coupent les cercles antérieurs, relativement plus naturels, sous les angles les plus différents ». — « Le nombre des cercles différents auxquels appartient l'individu, est un des signes du progrès de la civilisation » (p. 102), car « le développement de l'esprit public se montre dans l'existence d'un nombre suffisant de cercles de forme et d'organisation diverse, qui assurent la jonction et la satisfaction en commun de toutes les facultés d'une personnalité diversement douée » (p. 106). Mais les individus tombent sous la domination de ces cercles, surtout des partis politiques et sociaux, et de là vient ce fait que « les hommes les plus moraux et consciencieux contribuent à toute la cruelle politique des intérêts que le parti tout entier trouve nécessaire, en se souciant presque aussi peu de la morale individuelle que les Etats dans leurs relations entre eux. » (p. 121) (1).

Nous nous sommes plus longuement arrêtés à l'ouvrage de Simmel, car comme nous le disions, il nous semble être le premier, qui s'occupe d'un thème purement sociologique ; nous le croyons donc surtout apte à jeter quel-

taté en général le fait extérieur, que Simmel reçonnait aussi, sans entrer dans son explication, et je suis d'ailleurs tout à fait d'accord avec l'explication (p. 85-87) de Simmel.

1. Comp. mon « Précis de Sociologie », sur « le caractère moral de la lutte sociale ».

que lumière sur les problèmes propres de la sociologie. Naturellement, l'œuvre de Simmel n'est qu'un faible prélude, où l'auteur fait entendre quelques tons peu nombreux du grand concert que nous entendrons un jour, quand la sociologie sera devenue le champ d'études scientifiques saines et sérieuses. Simmel a le grand mérite d'avoir fait le premier essai d'une pareille étude et d'avoir montré l'importance des résultats qu'elle peut donner.

E. — L'Amérique.

Indiquons ici seulement un petit article de Franklin H. Giddings, du « Bryn Mawr College » à Philadelphie, sur « le domaine de la sociologie » (*The province of Sociology*) ; car il dénote le haut degré du développement de la science sociologique en Amérique (1).

Giddings pose la question : qu'est-ce qui distingue la sociologie, comme science indépendante, de l'histoire, « as history is not concieved by philosophical historians ? » Telle qu'on la pratique aujourd'hui, l'histoire n'est qu'une vaste science sociale : quel domaine reste donc à la sociologie? A cette question Giddings donne une réponse très juste, à savoir que la sociologie doit avoir un objet plus limité, de même que la biologie en a un moins large que l'ensemble de la botanique, de la zoologie, de la morphologie, de la physiologie et de l'embryologie, quoique pourtant la biologie s'occupe de toutes ces catégories de la *vie organique*. Il en est de même de la sociologie. « L'analyse des caractères généraux des phénomènes sociaux et la recherche d'une loi générale de l'évolution sociale doivent devenir l'objet d'études spéciales dans toutes les parties des sciences sociales. Or, c'est cette tâche que se proposent actuellement les sociologues, et le résultat de leurs tendances ne peut s'appe-

1. Annals of the Academy of Political and Social Science, 1890.

ler autrement que : *sociologie*. Dans ce sens plus étroit, la sociologie n'est pas la science sociale de l'ensemble, mais celle des principes ». En cette qualité la sociologie s'occupe, certes, également de la « population humaine de la terre », qui se divise en « groupes ethniques », appelés « hordes, tribus et nations » ; mais elle s'en occupe à un point de vue tout à fait spécial, que Giddings définit comme suit : « Au sein de chacun de ces groupes (hordes, tribus, nations), il y a certaines fonctions essentielles qui ont pour but la reproduction, la conservation et la défense. Dans un grand nombre de petits groupes et dans tous les grands groupes, ces fonctions sont différenciées en travaux et professions spéciales, et à cette division du travail correspond une structure sociale compliquée de relations coordonnées. Plus ces fonctions et relations sont spécialisées, plus chaque travail et chaque fait social dépend des autres, et plus le groupe entier devient sensible à chaque arrêt ou perturbation d'une des fonctions ou relations mentionnées. Ainsi compris, les groupes sociaux naturels forment l'objet des études sociologiques ».

Dans ces groupes, ce sont les « phénomènes sociaux », qu'il s'agit pour la sociologie d'expliquer par des causes naturelles.

La question la plus importante qui y apparaît, c'est celle de savoir, si et jusqu'à quel degré ces phénomènes diffèrent des phénomènes psychologiques, s'ils dépendent, et jusqu'à quel degré, des facteurs volontaires (*volitional factors*) ?

Eh bien, Giddings ne veut nullement exclure des phénomènes sociaux tout facteur volontaire, qui en serait la cause, seulement ce qui agit ici comme cause, c'est la volonté collective, la volonté du groupe, cause qui d'ailleurs n'est certes pas « indépendante et irréductible (*underived*) », mais qui est elle-même l'effet de causes extérieures : « causes physiques, biogénétiques et psychogénétiques, dont l'action commune produit l'évolution ».

L'article de Giddings est très significatif. D'un côté, il résume tous les travaux de la pensée sociologique, accomplis jusqu'à nos jours, de l'autre, il définit, quoique d'une manière un peu trop générale et qui est compréhensible pour les initiés seuls, le domaine à l'intérieur duquel la sociologie est appelée à travailler dans l'avenir le plus prochain.

NOTE SUPPLÉMENTAIRE

Depuis que les observations ci-dessus sur la littérature sociologique récente ont été écrites (1891), six ans se sont écoulés. J'ai eu depuis l'occasion d'ajouter quelques observations nouvelles sur les progrès des travaux sociologiques dans un chapitre supplémentaire (chap. XVI) de la traduction française de mon « Précis de sociologie » (Paris, 1896). Ce chapitre XVI a été écrit en printemps 1894 ; je renvoie donc le lecteur aux pages 94-100 de cette traduction, faite par les soins de M. Charles Baye, et je ne veux ici que dire encore quelques mots sur les ouvrages nouveaux, que je n'avais pas sous la main à cette époque ou qui ont paru dans les dernières années.

Gustave Le Bon entreprit la vérification de ses idées sociologiques dans une histoire magistralement composée des grandes civilisations ayant une importance universelle. « Après avoir étudié l'homme isolé et l'évolution des sociétés, dit-il lui-même de son ouvrage, il nous reste, pour compléter notre plan, à appliquer à l'étude des grandes civilisations les méthodes que nous avons exposées ».

Dans ce but il a écrit deux ouvrages, basés sur des études fondamentales et sur des idées originales : « La civilisation des Arabes » (1884) et « Les civilisations de l'Inde ». Dans ces ouvrages, il développe à l'occasion ses idées sur la nature et le développement des races, question à laquelle il a consacré aussi deux travaux spéciaux: (« L'Anthropologie actuelle et l'étude des races », *Revue scientifique*, et « De Moscou aux monts Tatras », *Bulletin de la Société de géographie*). En général, Le Bon considère la race comme produit d'une évolution, d'ailleurs très longue, et aperçoit dans les particularités psychologiques, le caractère le plus important et le plus durable d'une race. A cet élément psychologique de la vie des peuples, il consacre aussi son ouvrage « Les lois psychologiques de l'évolution des peuples » (Paris, 1894). Il appelle lui-même cet ouvrage « une sorte de synthèse des volumes consacrés à l'histoire des civilisations ». Aussi, à la fin de cet ouvrage, il réunit ses idées sur l'évolution sociale en un court *credo*, dont nous citerons une seule phrase pour caractériser toute sa conception de l'humanité : « Ce n'est donc pas vers l'égalité que marchent les peuples, mais vers une inégalité croissante ». En attribuant à l'évolution de l'humanité une tendance à l'inégalité toujours croissante, Le Bon doit logiquement admettre l'existence de l'égalité au début de la vie humaine sur la terre. Dans notre « Lutte des races » nous avons défendu justement la thèse contraire ; mais cela ne nous empêche pas de reconnaître que Le Bon appartient au nombre de ceux qui contribuent le plus au progrès de la sociologie et que, dans ses ouvrages, on trouve une foule d'observations précieuses et de pensées profondes sur la marche de l'évolution humaine.

Nous devons émettre le même jugement sur son talentueux compatriote, penseur profond et original, Gabriel

Tarde. La meilleure preuve du grand succès de ses œuvres et du grand intérêt que le public montre pour la sociologie, est que les « Lois de l'Imitation » de Tarde, publiées en 1890, ont eu en 1895 une deuxième édition. Tarde déduit toute l'évolution sociale de deux facteurs psychologiques : « croyance et désir » (voir son autre livre « Logique sociale », 1895) ; elle s'accomplit, selon lui, par deux phénomènes : l'imitation et l'invention. Il explique, en outre, dans la préface de la deuxième édition de ses « Lois de l'Imitation », qu'il comprend l'« imitation » dans le sens le plus large, qui embrasse ainsi la « contre-imitation », c'est-à-dire, l'opposition et la négation.

Ce qui est intéressant, c'est que Tarde aboutit au résultat tout opposé à celui de Le Bon, car cette imitation, aussi bien que la contre-imitation qui y est comprise, ont, selon lui, pour effet *l'assimilation* finale des hommes. « Car les hommes, dit-il, en faisant, en disant tout l'opposé de ce qu'ils voient faire et dire, aussi bien qu'en faisant ou disant précisément ce qu'on fait ou ce qu'on dit autour d'eux, vont s'assimilant de plus en plus (« Lois de l'Imitation », 2ᵉ éd., p. XII). Donc, tandis que Le Bon admet l'augmentation incessante de l'inégalité entre les hommes comme résultat de l'évolution sociale, Tarde paraît attendre une égalité croissante de cette évolution.

A côté de ces deux systèmes de la sociologie en France. René Worms en a inauguré un troisième, que l'on peut appeler organique, car il se rattache aux essais antérieurs des sociologues allemands, comme Schaeffle et Lilienfeld, sans les suivre dans leurs exagérations.

Worms voit dans les systèmes « organiques » de

ces prédécesseurs allemands un principe vrai, mais qu'ils n'ont pas réussi à démontrer d'une manière suffisante « La théorie (organique), dit-il, reste à édifier dans son ensemble ».

C'est ce qu'il tente dans son livre « Organisme et Société » (Paris, 1896). Worms croit que, pour constituer la sociologie en tant que science indépendante, il est indispensable de prouver que la société est un organisme; mais sagement il se contente de prouver les *analogies* existantes entre l'organisme et la société, et fait des réserves expresses contre l'hypothèse de l'identité de ces deux notions.

En même temps, Worms suit ce courant sociologique qui, dans ces derniers temps, prend le nom de « présociologie » (Giuseppe Fiamingo : *Præsociologia*, 1894) et qui fait des recherches sur la vie sociale des animaux et observe les organisations sociales des animaux vivant en troupes (1).

En outre de cet ouvrage important, nous devons à l'énergie et au talent d'organisateur de René Worms la création de la « Revue internationale de sociologie », qui paraît chaque mois depuis le 1er janvier 1893, et la fondation de « l'Institut international de Sociologie », association de sociologues qui tient des congrès périodiques et publie des Annales, dont trois volumes ont successivement paru en 1895, 1896, 1897. Ces deux recueils nous offrent le tableau des efforts des sociologues de tous les pays européens, faits pour le développement de la sociologie.

1. N'oublions pas de rappeler ici l'œuvre magistrale d'Espinas : « Les Sociétés animales ».

Notons enfin que le savant et infatigable de Roberty, continuant l'édification de son système de philosophie sociologique, vient de publier un nouveau volume sur « le Bien et le Mal », essai sur la morale, considérée comme sociologie élémentaire. Ce volume ouvre une nouvelle série d'études qui doivent ramener l'éminent sociologue à son point de départ, à ses études sociologiques (1).

En Italie, la sociologie est peut-être actuellement un peu trop liée à la politique et s'identifie parfois complètement avec le socialisme. C'est en première ligne l'éminent criminologue Enrico Ferri, qui s'obstine à ne pas séparer ces deux choses : la science et le socialisme. La phrase finale de son rapport lu, le 3 octobre 1894, au Congrès international de sociologie à Paris « la sociologie sera socialiste ou elle ne sera pas » est caractéristique non seulement pour lui-même, mais aussi pour la plupart de ses compatriotes (L'opinion contraire est représentée en Italie par Garofalo). Cette fusion de la politique quotidienne et du socialisme avec la sociologie ne peut pas, à notre avis, favoriser le progrès de cette dernière. Elle a pour base une idée que nous ne pouvons admettre, et que Ferri s'efforce de démontrer dans son livre « Le socialisme et la science moderne », à savoir que « le socialisme moderne est devenu une science ».

1. Ce volume contient la matière d'un cours professé récemment à l'Université nouvelle de Bruxelles, institution, « qui parachève et couronne l'œuvre de régénération du haut enseignement universitaire, due à l'heureuse initiative d'une élite de nobles esprits ».

A notre avis, la science ne doit pas être confondue avec les mouvements sociaux variables ni avec les divers courants d'idées. Ces mouvements et ces courants sont l'objet de la Sociologie, mais ils ne sont pas la science même.

Il y a une autre union, qui, elle, est appelée à contribuer fortement au progrès de la sociologie et de la science et il nous faut en dire quelques mots, en parlant d'Enrico Ferri ; c'est l'union de la sociologie et de la science pénale, qu'on appelle aujourd'hui *criminologie*. Elle a sa source dans l'école positive du droit pénal, fondée en Italie par Lombroso. On connaît le développement pris par cette « école ». Lombroso a supposé que le crime est préétabli dans les qualités physiques innées à certains individus, « les criminels-nés ». Cette idée a suscité une longue série d'investigations et de recherches qui ont fini par démontrer l'erreur de Lombroso. Enrico Ferri avait été un des plus zélés disciples de Lombroso ; mais bientôt il quitta l'horizon étroit de son maître pour aborder les vastes horizons de la sociologie. C'est précisément lui qui a proposé de transformer la science criminaliste, dont l'école positive (Lombroso) voulait faire une « anthropologie criminelle », en « sociologie criminelle ». Aussi, dans son ouvrage, sous ce titre (traduction française, Paris 1893), il montre déjà que ce ne sont pas seuls les facteurs physiologiques, mais bien aussi les facteurs sociologiques, qui déterminent le crime.

A l'occasion de la sociologie criminelle, passons á l'*Al-*

lemagne. Car là aussi c'est à la suite de la science pénale que la sociologie pénètre dans les sphères scientifiques et dans les universités, jusque là inaccessibles à cette parvenue parmi les sciences, devant laquelle les professeurs allemands ferment les portes des sanctuaires des hautes études et dont ils ne peuvent pas se résigner à écrire le nom sans d'ironiques guillemets.

Et pourtant un savant médecin de Berlin, A. Baer, en contrôlant par de nombreuses recherches et observations la théorie lombrosienne du criminel-né, est arrivé à un résultat éminemment sociologique ; car il a trouvé que le criminel, en général, ne manifeste point d'autres traits caractéristiques que ceux de *son milieu social* ! Baer, pour vérifier la théorie lombrosienne, a examiné très consciencieusement, avec une pédanterie vraiment allemande, mais qui ici était bien à sa place, un grand nombre de criminels ; et voilà que cette théorie s'est évanouie dans tous ses détails, et le seul résultat qui en est resté, c'est cette thèse sociologique, à savoir que l'homme criminel, lui aussi, comme tout homme, n'est pas autre chose que le produit de son milieu. Le livre de Baer, « Le criminel au point de vue anthropologique »(1), est un chef-d'œuvre, dont l'auteur a enrichi la science sociologique et la science anthropologique à la fois. L'influence bienfaisante de ce livre est grande ; elle ne se laisse pas encore apprécier à sa juste valeur. Si le criminel n'est plus un monstre difforme, comme le soutient Lombroso ; s'il n'est plus un dégénéré, comme

---

1. « *Der Verbrecher in anthropologischen Beziehung* », Leipzig, 1893.

l'affirme, entre autres nombreux savants, Max Nordau ; s'il n'est plus un scélérat agissant avec pleine conscience et avec l'intention de commettre son crime ; si, au contraire, il devient un homme pareil à nous tous, un représentant de son milieu qui, dans des circonstances données, a accompli un acte que chacun de nous aurait pu accomplir dans des circonstances identiques (et telle est une des idées qui se dégagent de l'ouvrage de Baer) ; alors on se demande pourquoi cet infortuné doit par surcroît être l'objet de notre vengeance ? En un mot, cette lumière nouvelle que la sociologie criminelle a jetée sur la vraie nature du crime, ne pouvait pas manquer de laisser entrevoir tous les côtés faibles de nos systèmes pénaux. Et voilà qu'un autre criminologue, le professeur Vargha, mon bien estimé collègue de Graz, dans un livre magistral sur « l'abolition de l'esclavage pénal », nous montre que tous nos systèmes pénaux sont fondés sur des présomptions, qui ne sont nullement d'accord avec les données scientifiques établies aujourd'hui par la science criminaliste. Car si la volonté de l'homme n'est pas libre, si toutes ses actions découlent nécessairement de l'état où se trouve au moment donné tout son système cérébral qui, à son tour, est un produit du milieu social, alors toutes les peines, qu'on veut justifier comme représailles, ne sont, en réalité, que la manifestation du penchant à la vengeance, sont des réactions irrationelles contre ses actes irrationnels, et n'ont plus aucune raison d'être. L'ouvrage de Vargha contient beaucoup plus que son titre n'indique, car il contient tout un système de sociologie criminelle, et aboutit à des projets de réformes qui changeraient de fond en comble tous nos systèmes pénaux.

Signalons encore un ouvrage qui prouve les rapports intimes, qui se sont établis entre la sociologie et la science pénale. Un jeune Polonais, Makarewicz, vient de publier une étude sur le crime, où il considère le crime moins comme un acte déclaré tel par l'Etat, que cemme un acte qui provoque la réaction d'un groupe social quel qu'il soit, et nous laisse voir la vraie nature de ce qu'on a appelé parfois : le crime naturel. Makarewicz s'appuie sur un grand nombre de faits tirés de l'ethnographie, du droit comparé et de la sociologie.

Ainsi la sociologie, d'un côté, reçoit un fort secours de la criminologie et fournit à celle-ci des documents pour la réforme du système pénal.

De l'autre, quoiqu'il manque encore à la sociologie en Allemagne un organe périodique, les vives discussions sur les questions de race (Ammon, Ploetz etc), ensuite les discussions sur le socialisme (Kautsky, Bebel etc.) et sur l'anarchisme (Stammler, Zenker etc.) préparent le terrain pour la sociologie.

En Angleterre, l'ouvrage de B. Kidd : « L'évolution sociale » contient des aperçus nouveaux sur le « mécanisme » du développement social.

En Espagne parut en 1895 la « Revista de Derecho y de Sociologia » sous la direction du professeur Posada et avec la collaboration des professeurs Pedro Dorado, Buylla et autres.

En Amérique enfin, on s'occupe de plus en plus de la sociologie, mais là on lui donne pour objet plutôt la morale et l'économie politique, au lieu du développement social dû à la lutte des divers éléments sociaux. Tel est le caractère du livre de Small et Vincent : « An introduction of the Study of Society » (New-York, 1894).

Il y a une exception remarquable : c'est M. Franklin Henry Giddings, dont nous avons ci-dessus mentionné une courte étude et qui depuis a publié un gros volume « The principles of Sociology » (Macmillan, 1896), contenant un système de sociologie tout à fait original. Il traite dans cet ouvrage des éléments et de la structure des sociétés, et fonde ses théories sur les données de l'anthropologie et de l'ethnographie.

Combien on s'occupe actuellement de la sociologie en Amérique, c'est ce dont témoigne le fait que non seulement les Annales de l' « Académie américaine des sciences sociales et politiques » (Philadelphie) publient beaucoup d'études sociologiques, mais qu'en outre à Chicago a commencé de paraître un « American journal of Sociology », avec la collaboration de Lester Ward, Small, Shailer Mathews et autres.

Ces quelques notes, si incomplètes qu'elles soient, prouvent suffisamment quelle est la place prise aujourd'hui par la sociologie dans la vie scientifique du monde civilisé (1).

1. Les publications sociologistes les plus récentes, jusqu'en 1897 inclusivement, ont été citées dans mon « Allgemeines Staatsrecht », 1897, pp. 31 et 462. Ici, je signale encore une œuvre très savante et approfondie sur l'histoire de la Sociologie moderne, par M. Paul Barth (privat-docent à l'Université de Leipzig) : « Die Geschichts-philosophie als Sociologie » (1897).

FIN

TABLE DES MATIÈRES

	Pages
Préface (par M. René Worms)	1

LIVRE PREMIER
LA NATURE DE LA SOCIOLOGIE

§ 1. La sociologie est-elle une science indépendante ?	33
Evolution de la notion de la société	34
§ 2. La raison d'être de la sociologie	44
Les adversaires de la sociologie	46
§ 3. La science sociale et la sociologie	49
§ 4. La sociologie et le socialisme	52
Dénominations abusives	53
§ 5. Le pressentiment du problème	55
§ 6. L'objet de la sociologie	58
§ 7. L'historiographie et la sociologie	60
§ 8. L'histoire est-elle une science ?	62
§ 9. L'historiographie pragmatique	64
§ 10. L'historiographie en tant qu'art	67
Les idées dans l'historiographie	71
§ 11. L'histoire et l'histoire de la civilisation	73
Les historiens contre les historiens de la civilisation	74
§ 12. L'histoire de la civilisation et la sociologie	90
L'histoire économique de l'Allemagne (Inama-Sternegg)	92
§ 13. La sociologie et la statistique	94
La statistique historique	98
§ 14. La sociologie et l'ethnologie	100
§ 15. La sociologie et l'économie politique	104
§ 16. La sociologie et la philosophie de l'histoire	106
§ 17. La sociologie et la philosophie du droit	110
§ 18. Analyse de la notion « société »	112
§ 19. « La société » comme notion générale	115
§ 20. La conception sociologique du monde	118
§ 21. Les adversaires de la conception sociologique du monde	125
L'évolution récente de l'idée sociologique	127
§ 22. Les causes de la lutte contre la sociologie	133
Ottokar Lorenz	135

LIVRE SECOND
L'HISTOIRE EN TANT QUE PROCESSUS NATUREL

§ 23. La matière et la division de la sociologie............	141
La loi de l'agglomération croissante................	143
§ 24. Le groupe social.............................	147
§ 25. Les sociétés et l'Etat........................	150
§ 26. L'Etat.....................................	153
Les éléments sociaux de l'Etat..................	155
§ 27. La loi suprême de l'évolution sociale............	157
§ 28. L' « exploitation » sociale.....................	164
Le schème sociologique.........................	166
§ 29. Les tendances des collectivités..................	168
Le pessimisme.................................	171
§ 30. L'influence du groupe sur l'individu.............	175
§ 31. Les bases naturelles de l'évolution historique......	178
§ 32. Les phénomènes socio-psychiques.................	181
§ 33. L'influence des facteurs socio-psychiques sur l'évolution sociale.......................................	183
§ 34. Le darwinisme dans la sociologie.................	186
§ 35. La guerre et le droit des gens....................	190

LIVRE TROISIÈME
LA POLITIQUE COMME SOCIOLOGIE APPLIQUÉE

§ 36. La sociologie et la politique pratique.............	195
§ 37. La politique en tant que science.................	199
Le pronostic sociologique.......................	203
§ 38. Un exemple du manque de prévoyance politique......	205
§ 39. La lutte entre les civilisations hétérogènes.........	213
§ 40. L'Allemagne et la France.......................	223
§ 41. La Prusse et la Russie..........................	228
§ 42. La tendance naturelle de la Russie...............	235
§ 43. La politique de l'Allemagne et de l'Autriche vis-à-vis des Polonais et des Slaves......................	241

LIVRE QUATRIÈME
LA LITTÉRATURE SOCIOLOGIQUE RÉCENTE

A. — La France....................................	252
B. — La Belgique..................................	263
C. — L'Italie.....................................	268
D. — L'Allemagne et l'Autriche.....................	274
E. — L'Amérique..................................	287
Note supplémentaire..............................	291

Laval. — Imprimerie Parisienne, L. BARNÉOUD et Cie.

V. GIARD ET E. BRIÈRE, ÉDITEURS, 16, RUE SOUFFLOT, PARIS

BIBLIOTHÈQUE SOCIOLOGIQUE INTERNATIONALE

Publiée sous la direction de RENÉ WORMS
Secrétaire-Général de l'Institut International de Sociologie

Cette collection se compose de volumes in-8°, reliure souple (1).

Ont paru :

RENÉ WORMS : *Organisme et Société*. . . . . 6 fr.
PAUL DE LILIENFELD, président de l'Institut International de Sociologie : *La Pathologie Sociale*. . . . . 8 fr.
FRANCESCO S. NITTI, professeur à l'Université de Naples, membre de l'Institut International de Sociologie : *La Population et le Système social*. . . . . 7 fr.
ADOLFO POSADA, professeur à l'Université d'Oviedo, membre de l'Institut International de Sociologie : *Théories modernes sur les Origines de la Famille, de la Société et de l'État* . . . . 6 fr.
SIGISMOND BALICKI, associé de l'Institut International de Sociologie : *L'État comme organisation coercitive de la Société Politique*. . 6 fr.
JACQUES NOVICOW, membre et ancien vice-président de l'Institut International de Sociologie : *Conscience et Volonté Sociales*. . . 8 fr.
FRANKLIN H. GIDDINGS, professeur à l'Université de Colombie (New-York), membre de l'Institut International de Sociologie : *Principes de Sociologie* . . . . 8 fr.
ACHILLE LORIA, professeur à l'Université de Padoue, membre de l'Institut International de Sociologie ; *Problèmes Sociaux Contemporains* . . . . 6 fr.
MAURICE VIGNES, chargé du cours d'économie politique à l'Université de Grenoble : *La Science Sociale d'après les principes de Le Play et de ses continuateurs*, 2 volumes. . . . . 20 fr.
M.-A. VACCARO, membre de l'Institut International de Sociologie : *Les Bases sociologiques du Droit et de l'État* . . . . 10 »
LOUIS GUMPLOWICZ, professeur à l'Université de Graz, membre de l'Institut International de Sociologie : *Sociologie et Politique*. 8 fr.
SCIPIO SIGHELE, agrégé à l'Université de Pise, associé de l'Institut International de Sociologie : *Psychologie des Sectes*. . . . . . 7 fr.

Paraîtront successivement :

G. TARDE, président de la Société de Sociologie de Paris, membre de l'Institut International de Sociologie : *Études de Psychologie Sociale*.
MAXIME KOVALEWSKY, ancien professeur à l'Université de Moscou, membre et ancien vice-président de l'Institut International de Sociologie : *Les Questions Sociales au Moyen-Age*.
JULES MANDELLO, chargé de cours à l'Université de Budapest, membre de l'Institut International de Sociologie : *Essai sur la Méthode des Recherches Sociologiques*.

(1) *Les volumes de la collection pourront aussi être achetés brochés avec une diminution de 2 francs.*

Laval. — Imp. Parisienne L. BARNÉOUD et Cie

www.ingramcontent.com/pod-product-compliance
Lightning Source LLC
Chambersburg PA
CBHW071415150426
43191CB00008B/925